Skapande av klart tänkande

Skapande av klart tänkande

Jag J N

Indien
2023

INNEHÅLL

INTRODUKTION

I oktober 2004 bjöd en europeisk mediemogul in mig till München för vad de beskrev som ett informellt utbyte av intellektuella. Även om jag inte hade betraktat mig själv som en intellektuell - efter att ha studerat företag snarare än litteratur - måste mina två litterära romaner ha kvalificerat mig för en sådan inbjudan.

Nassim Nicholas Taleb satt vid bordet. På den tiden var han en obskyr Wall Street-handlare med passion för filosofi som jag träffade som expert på engelsk och skotsk upplysningsfilosofi, särskilt David Humes. Tydligen hade jag misstagits för någon annan. Chockad över mitt misstag, men ändå försöka behålla lugnet, blinkade jag med ett trevande leende runt i rummet i hopp om att tystnaden skulle tjäna som bevis på mina filosofiska förmågor. I det ögonblicket drog Taleb över en ledig stol och klappade på sätet; bjuder in mig att sitta. Jag gjorde så. Efter att ha diskuterat Hume kort, gick vårt samtal snabbt vidare till Wall Street. Vi förundrades över de systematiska felen i beslutsfattandet av vd:ar och företagsledare – inklusive oss själva! Vi diskuterade varför oväntade händelser verkar mer troliga med facit i hand, samtidigt som vi diskuterade varför investerare vägrar att sälja aktier när deras värde sjunker under anskaffningskostnaden.

Efter händelsen skickade Taleb sidor från sitt manuskript till mig; en otrolig pärla som jag recenserade och kommenterade delvis; detta blev en del av The Black Swan, hans internationella bästsäljare som slungade honom till intellektuell all-star-status. Under tiden väcktes min aptit; Jag började sluka böcker skrivna av kognitiva och samhällsvetare om ämnen som heuristik och fördomar samt ökade e-postkonversationer med forskare samt besöka deras labb - 2009 hade jag insett att jag vid sidan av att vara en romanförfattare hade blivit en student i social kognitiv teknik. psykologi också.

Experter definierar kognitiva fel som systematiska avvikelser från logik - optimalt, rationellt tänkande och beteende som avviker från ett idealtillstånd. Med "systematisk" menar jag att dessa avvikelser från optimal tanke inte bara är enstaka felbedömningar eller bedömningsfel utan snarare upprepade felsteg, hinder för logik som vi stöter på gång på gång över generationer och århundraden. Att överskatta vår kunskap är vanligare än att underskatta den! Till exempel.
Underskattning är det som oftast händer. Dessutom motiverar rädsla för att förlora något oss mycket mer än utsikten att göra liknande vinster; när vi i närvaro av andra människor ofta anpassar vårt beteende för att matcha deras; anekdoter tenderar att dölja den statistiska fördelningen (basfrekvensen) bakom en händelse, vilket gör att felen hopar sig som smutstvätt i ett hörn medan andra hörn lämnas relativt rena (dvs. i det som har kommit att kallas "övertroendet hörn") istället.

Jag började göra en lista över kognitiva fel för att undvika att spela med den rikedom jag hade samlat på mig under hela min litterära karriär och för att skydda mig mot onödiga risker med den rikedomen, utan avsikt att publicera listan i framtida publikationer. Jag tänkte ursprungligen att den här listan endast skulle användas av mig själv. Vissa av tankefelen har funnits i århundraden medan andra kanske först nyligen har upptäckts. Vissa kommer också med två eller tre namn bifogade; Jag valde de mest använda. Snart upptäckte jag att att skapa en sådan lista inte bara kunde hjälpa mina investeringsbeslut, utan även affärs- och personliga angelägenheter. När jag väl var klar hjälpte skapandet av den här listan mig att känna mig lugnare och klarare i huvudet. Jag började känna igen mina fel tidigare, vilket gjorde det möjligt för mig att korrigera kursen innan någon bestående skada orsakades. Dessutom kunde jag för första gången någonsin i mitt liv identifiera när andra också kan bli offer för dessa systematiska misstag. Med min lista kunde jag nu motstå deras dragning - och till och med få ett övertag i mina affärer. Nu hade jag kategorier, termer och förklaringar som jag kunde avvärja irrationalitetens hot med - som Benjamin Franklin som flyger sin drake under åskväder; åska och blixtar har inte blivit mindre frekventa, kraftfulla eller högljudda - ändå blir de mindre besvärande; något som resonerade djupt inom mig själv när jag ställdes inför min egen irrationalitet nu.

Vänner noterade snabbt mitt kompendium, visade intresse och ledde till en veckotidningskolumn i Tyskland, Holland och Schweiz samt många presentationer (främst för läkare, investerare, styrelsemedlemmar, VD:ar och regeringstjänstemän) tills den här boken kom till.

Ha dessa tre punkter i åtanke när du utforskar dessa sidor: för det första är den här listan ofullständig - det kan finnas nya fel som upptäckts. För det andra verkar de flesta fel hänga ihop och borde inte komma som någon överraskning; trots allt är alla hjärnregioner sammankopplade via neurala projektioner som färdas genom våra kroppar.
För det tredje ligger min expertis främst som romanförfattare och entreprenör snarare än samhällsvetare; som sådan har jag inte mitt eget laboratorium för att utföra kognitiva felexperiment eller anställa forskare för att övervaka beteendefel. Så när jag skrev den här boken tänkte jag på mig själv mer som en översättare vars roll det är att tolka och syntetisera det jag har läst och lärt mig så att andra lättare kan förstå det. För det har jag enorm tacksamhet mot de forskare som under decennier har avslöjat beteendemässiga och kognitiva fel; deras forskning är skuldsättning ger utdelning som gör den här boken möjlig, vilket de förtjänar min tacksamhet eftersom jag tackar dem enormt.

Den här boken är inte en hur-man-bok; det kommer inte att finnas sju steg till ett felfritt liv här. Kognitiva misstag har blivit alltför invanda för att vi någonsin ska kunna göra oss av med dem, och det borde inte ens vara vårt mål; vissa kognitiva fel kan till och med vara avgörande för att leva ett lyckligt liv och bör därför förbli där; även om den här boken kanske inte innehåller nyckeln till lycka, fungerar den åtminstone som skydd mot överdriven självframkallad olycka.

Mitt mål är enkelt: om vi kunde lära oss att känna igen och undvika stora misstag i vårt tänkande i våra personliga, professionella och politiska liv, kanske välståndet skulle öka dramatiskt. Allt som krävs är mindre irrationalitet – inget av detta extra listiga eller nya prylar behövs här.

Rick kan hitta rockstjärnor överallt han tittar: tv-skärmar, tidningssidor, konsertprogram och fansajter på nätet svämmar över med bilder och sånger av dem; deras närvaro kan inte undvikas i gallerian eller gymmet - det finns hundratals av dem! Rick tror att det måste vara något fel med honom eftersom dessa stjärnor dyker upp så ofta och tillförlitligt i hans liv. Rick inspirerades av berättelser om många gitarrhjältar att starta sitt eget band och börja spela livemusik, men chansen är stor att han inte kommer att göra det stort som dem; som så många före honom kommer han med största sannolikhet att ansluta sig till tusentals misslyckade musiker som bor på en kyrkogård av misslyckade musiker som hyser 10 000 gånger fler musiker än scenen gör, men ingen journalist bryr sig om att täcka andra misslyckanden än fallna superstjärnor - vilket gör denna kyrkogård osynlig från utomstående.
.

På jobbet och i vardagen verkar framgång ofta mer synlig än misslyckande, vilket gör att vi överskattar sannolikheten för att lyckas. Precis som Rick faller utomstående ofta för denna illusion och felbedömer dess sannolikhet. Rick är bara ytterligare ett offer för "Survivorship Bias".

Bakom varje framgångsrik författare kan det finnas 100 andra författare vars böcker aldrig kommer att sälja; ytterligare 100 har inte hittat förlag; och ytterligare 100 vars ofullbordade manuskript ligger kvar olästa i lådor. Bakom var och en av dessa böcker finns 100 personer som drömmer om att en dag ge ut en bok – men man hör bara om framgångsrika författare (av vilka många publicerar sig själva), som inte uppskattar deras otroliga odds för litterär framgång. Fotografer, entreprenörer, konstnärer, idrottare, arkitekter, nobelpristagare, TV-presentatörer och skönhetsdrottningar måste också gräva ut sig under överlevnadsfördomen för att bekämpa dess effekt. Ingen annan kommer att göra det åt dig! För att själv övervinna överlevande partiskhet.

Överlevnadsbias uppstår också i ekonomiska beslut: tänk på att din vän öppnar en start-up. Som en av deras potentiella investerare ser du en otrolig möjlighet här: det kan bli nästa Google eller Amazon. Men verklighetskontroll: i de flesta fall misslyckas sådana satsningar direkt eller stänger inom månader eller år efter det att de startade; andra sannolika utfall inkluderar antingen konkurs eller helt enkelt överlevnad - båda alternativen är lika sannolika. Resultat: sannolikheten är att alla företag som bildas kommer att gå i konkurs inom tre år; av dem som överlever så länge når de flesta aldrig över tio anställda. Så ska du aldrig riskera dina surt förvärvade pengar i någon satsning? Inte nödvändigtvis; kom bara ihåg att överlevnadsfördomar snedvrider sannolikheten för framgång som skuret glas.

Ta till exempel Dow Jones Industrial Average Index: det omfattar endast framgångsrika företag; misslyckades och små företag kommer inte in på aktiemarknaden trots att de representerar de flesta affärsföretag. Ett aktieindex skildrar alltså inte en ekonomi korrekt och på samma sätt rapporterar inte pressen lika mycket om alla musiker; på samma sätt bör överflöd av böcker och coacher som handlar om framgång göra dig försiktig eftersom dessa misslyckade individer inte skriver böcker eller håller föreläsningar om sina misslyckanden.

Överlevnadsbias kan vara särskilt farligt när man blir en del av ett vinnande lag. Även när framgång uppstår av slump kan likheter med andra vinnare fresta oss att identifiera dessa likheter som nyckelfaktorer för framgång; ändå kommer ett besök på kyrkogårdar för misslyckade individer och företag att avslöja många liknande egenskaper bland sina hyresgäster som bidrog till din!

Om tillräckligt många forskare undersöker ett fenomen, kommer vissa studier att ge statistiskt signifikanta resultat genom ren slump - till exempel korrelationen mellan konsumtion av rödvin och hög förväntad livslängd. Sådana "falska" studier vinner snabbt popularitet och uppmärksamhet - till skillnad från studier med mindre spännande men korrekta fynd som förblir gömda på akademins baksidor.

Överlevnadsbias syftar på att människor överskattar sina chanser att lyckas. Ett sätt att bekämpa det är att regelbundet besöka gravarna för en gång lovande projekt, investeringar och karriärer; även om detta ibland kan vara obehagligt bör det hjälpa till att rensa ditt sinne och ge lite välbehövlig avslutning.
Se även Self-Serving Bias (kap. 45); Nybörjarlycka (kap. 49); Basränteförsummelse (kap. 28); Induktion (kap. 31); Försummelse av sannolikhet (kap. 26); Illusion av skicklighet (kap. 94) & intention-to-treat-fel (kap. 98).

GÖR HARVARD DIG SMARTARE?

Nassim Taleb bestämde sig för att göra något åt sina envisa extrakilon genom att ägna sig åt olika sportaktiviteter, men blev snart besviken på dem alla - från jogging- och tennisspelare till kroppsbyggare och kroppsbyggare. Simningen tilltalade mer på grund av deras välbyggda och strömlinjeformade kroppar - så han anmälde sig till sin lokala pool och började träna två gånger i veckan vid den poolen.

Kort därefter insåg han sin illusion: professionella simmare uppnår inte perfekta kroppar genom att träna oändligt; snarare avgör deras fysik om de blir fantastiska simmare - inte tvärtom. Kvinnliga modeller som gör reklam för kosmetika skapar också intrycket av att man blir vacker att använda dem; men denna övertygelse härrör från att konsumenter felaktigt tror att produkterna gör kvinnor modelllika; snarare är det helt enkelt deras naturliga attraktionskraft som lockar köpare; precis som professionella simmares kroppar väljs på grund av det och inte vice versa.

När vi blandar ihop urvalsfaktorer med resultat blir vi sårbara för vad Taleb kallar "simmarens kropps-illusion". Utan det skulle hälften av reklamkampanjerna misslyckas utan att det fungerade alls - ändå går denna fördomsfullhet mycket djupare än bara en besatthet för att ha definierade kindben och bröst. Harvard anses allmänt vara ett av de främsta universiteten, med många framgångsrika människor som studerar där. Indikerar detta att Harvard är en enastående utbildningsinrättning? Nej. Harvard kanske bara lockar smarta studenter. Upplevde detta fenomen från första hand vid University of St Gallen i Schweiz, en av de tio bästa handelshögskolorna i Europa; ändå tyckte jag att lektionerna (25 år sedan!) var en besvikelse och många utexaminerade lyckades trots detta; möjligen på grund av klimat eller kafeteriamat - men mer sannolikt på grund av rigorösa urvalsprocesser.

MBA-skolor lockar kandidater med imponerande statistik om framtida inkomstpotential. Många blivande studenter faller för detta tillvägagångssätt för att visa att studieavgifterna betalar sig själva över tiden, men många faller offer för det själva. Jag föreslår inte att skolor manipulerar statistik; fortfarande bör deras uttalanden inte tas för nominellt värde eftersom individer som ägnar sig åt en MBA skiljer sig markant från de som inte gör det, med skillnader i inkomst som härrör från många andra källor än bara MBA själv - ett annat exempel på "simmarens kropps-illusion". Så om ytterligare studier är på din agenda, gör det av andra skäl än att bara tjäna mer pengar senare.

När jag frågar glada människor om nyckeln till deras tillfredsställelse, hör jag ofta svar som "Du måste se saker som halvfulla istället för halvtomma" - vilket tyder på att de inte inser att de föddes lyckliga och istället ser möjligheter i allt. runt dem. Studier gjorda vid Harvard av Dan Gilbert visar att gladlynthet till stor del är ett bestående personlighetsdrag som förblir oförändrat hela livet. Samhällsvetarna Lykken och Tellegen har gjort detta klart; att försöka bli lyckligare är lika meningslöst som att försöka växa sig längre. Följaktligen är simmarens kroppsillusion också självillusion; när optimister skriver självhjälpsböcker som ytterligare sprider denna vanföreställning. Vid det här laget är det avgörande att vi undviker att ta för mycket hänsyn till råd från självhjälpsförfattare. Tyvärr tenderar deras förslag inte att hjälpa miljarder människor – men eftersom de flesta olyckliga människor inte publicerar böcker om sina misslyckanden, förblir denna verklighet dold.

Slutsats: det är bäst att vara försiktig när du uppmuntras att sträva efter vissa saker - vare sig det är magmuskler av stål, obefläckat utseende, högre inkomst, lång livslängd eller lycka - eftersom dessa kan leda till simmarens kroppsbild. Innan du gör ett språng i tro och dyker med huvudet först, se dig först i spegeln - var ärlig med vad du ser där!

Se även Halo Effect (kap. 38); Resultatbias (kap. 20); Självvalsbias (kap. 47) och alternativ blindhet (kap. 71) för ytterligare insikt.

VARFÖR SER DU FORMER I MOLEN

Klustrande illusion

1957 köpte den svenske operasångaren Friedrich Jorgensen en bandspelare för att spela in hans sång. När jag lyssnade tillbaka dök konstiga ljud och viskningar som verkade övernaturliga upp. Några år senare spelade han in fågelsång; under en inspelningssession hördes hans avlidna mammas röst viska i bakgrunden: 'Fried, min lilla Fried... Kan du höra mig... Mamma ringer.' Efter detta möte ägnade sig Jorgensen åt att kommunicera med de avlidna genom bandinspelningar.

Diane Duyser från Florida upplevde något liknande när hon, när hon bet i en bit rostat bröd och lade tillbaka den på tallriken, lade märke till en bild av Mary i den. I det ögonblicket slutade hon äta och lade undan det gudomliga budskapet för säker förvaring (minus en tugga). Senare samma november 2004 auktionerade Diane ut detta fortfarande ganska välbevarade mellanmål via eBay och belönades med $28 000!

1978 upplevde en kvinna i New Mexico något liknande; hennes tortillas svärtade fläckar liknade Jesu ansikte. Media tog upp den här historien och drog tusentals till New Mexico för att se Jesus i burritoform. Två år tidigare - 1976 - fotograferade Viking Spacecraft en stenformation som såg likadan ut. Det skapade rubriker runt om i världen; känd som "Ansikte på Mars".

Har du sett ansikten i molnen, djurkonturer i stenar eller dolda meddelanden i diffusa signaler tidigare? Förmodligen. Detta är helt normalt: vår hjärna söker mönster och regler, och när det inte finns några skapar den dem helt enkelt själv! Diffusa signaler som bakgrundsljud på band gör det lättare för oss att upptäcka "dolda meddelanden". Tjugofem år efter att Mars Global Surveyor upptäckte "Ansiktet på Mars" returnerade Mars Global Surveyor tydliga bilder som visar klippformationer med mänskliga ansikten som löstes upp till enbart klippor.

Dessa nyckfulla exempel kan få klungningsillusionen att framstå som ofarlig; men det är långt ifrån ofarligt.

Tänk på finansmarknaderna, som producerar enorma mängder information varje sekund. Utan att han visste det, var min vän glad över att förklara hur han hade upptäckt en anomali bland alla uppgifter: multiplicera den procentuella förändringen av Dow Jones med den procentuella förändringen i oljepriset skulle ge guldpriset en rörelse inom två dagar - vilket innebär att aktiekurserna och oljan klättrar eller faller samtidigt, kommer guld att följa efter och stiga nästa dag. Hans teori fungerade bra i flera veckor tills han började investera med allt större summor och så småningom förlorade alla sina besparingar - kände ett konstgjort mönster där inget fanns!

Psykologiprofessorn Thomas Gilovich intervjuade hundratals människor för att få svar på om denna sekvens var slumpmässig eller planerad, och de flesta avvisade en godtycklig förklaring eftersom de trodde att någon lag styrde dess ordning. Enligt Gilovichs tärningsfysikmodell är det faktiskt fullt möjligt för fyra på varandra följande kast att avslöja ett nummer; ändå kämpar många med att acceptera att sådana händelser inträffar enbart av en slump.

Under andra världskriget attackerade tyska bombplan London med V1-raketer - en typ av självnavigerande drönare - som en form av ammunition. Varje attack involverade att noggrant rita in nedslagsplatser på kartor för att terrorisera Londonbor; många trodde att de hade identifierat mönster och utvecklat teorier om vilka delar av London som var säkrast; statistiska analyser efter kriget visade dock att distributionen var helt slumpmässig på grund av V1-raketens inexakthet eftersom dess navigationssystem var så inexakt.

Slutsats: när det kommer till mönsterigenkänning tenderar vi att överreagera. Få tillbaka din skepsis; om du tror att du har upptäckt ett mönster, anta först att det kunde ha skett av en slump och överväg statistisk analys innan du fattar ett beslut. Likaså om krispiga delar av din pannkaka på något sätt liknar Jesu ansikte, fråga dig själv varför han inte har visat sig själv här på Times Square eller CNN istället!
Se även Illusion of Control (kap. 17); Tillfällighet (kap. 24); Falsk kausalitet (kap. 37).

Socialt bevis Föreställ dig det här: du är på väg till en konsert när du i en korsning ser en grupp människor titta uppåt. Utan att tänka två gånger tittar du också uppåt - utan att ens inse varför - omedvetet följer efter. Varför? Socialt bevis. Under ett exceptionellt solistframträdande i en konsertsal börjar någon klappa, vilket får andra i rummet att också vara med och klappa; du ansluter dig också utan någon annan anledning än socialt bevis. Efter att föreställningen är slut beger du dig för att hämta din rockcheck där folk köar före dig lämnar mynt trots att service ingår i biljettpriset men ändå... varefter du, när du går till rockcheck för att hämta den själv, observerar människor som lämnar mynt på tallrikar istället trots att de officiellt ingår i biljettpriset eftersom dricks i praktiken uppmuntras av att många andra konsertbesökare lämnar ett tips också för socialt bevis!

Sociala bevis eller "flockinstinkten" dikterar att individer känner sig validerade när deras beteende överensstämmer med andra individers. Enkelt uttryckt, ju fler människor som stöder eller anammar en idé eller ett beteende vi uppfattar det som sannare; likaså när fler individer visar det än inte. Även om det är uppenbart löjligt, håller denna logik.

Sociala bevis är drivkraften bakom finansiella bubblor och börspanik. Det visar sig i mode, managementtekniker, hobbyer, religion och dieter; leder ibland till så dramatiska konsekvenser som när sekter begår massjälvmord.

Solomon Asch genomförde ett spännande experiment under 1950-talet som visade hur grupptryck kan förändra verkligheten. Försökspersonerna visades en linje ritad på papper och tre identiska, korta, medelstora och långa linjer som motsvarar den på olika delar av deras kroppar - alla markerade "1, 2" för korthet; längre än den ursprungliga raden i längd och samma som den ursprungliga. Han eller hon måste välja vilken av tre rader som motsvarar den ursprungliga, föga förvånande med tanke på hur enkel uppgiften är. När fem personer väl kommer in ger alla för honom obekanta skådespelare felaktiga svar genom att svara med "nummer 1", även om det är klart att nummer tre ska anges istället. När det är upp till honom igen svarar han ofta felaktigt för att matcha vad andra människor svarade med - i ungefär en tredjedel av fallen ger han också fel svar.
Varför agerar vi så här? Förr sågs det att följa andra ofta som den bästa strategin för att överleva. Föreställ dig att resa runt i Serengeti tillsammans med några jägare-samlare för 50 000 år sedan när de plötsligt alla spreds och bultade ihop utan förvarning? Hur skulle du svara då? Skulle du ha stått där, förvirrad och ifrågasatt om det du såg verkligen var ett lejon eller helt enkelt något ofarligt som kunde ge fantastiska proteinrika måltider? Nej! Istället skulle du sannolikt ha tagit fart i jakten på dina vänner. Senare när du var säker från attack, kanske du tog dig tid att fundera över vem ditt "lejon" egentligen hade varit. Alla som agerade annorlunda än sina kamrater - vilket jag är säker på att det fanns - blev sannolikt

eliminerad från vår genpool; vi är ättlingar till dem som kopierade vad deras kamrater gjorde. Vi människor är knutna till detta mönster av sociala bevis; därför använder vi det även när det inte finns någon överlevnadsfördel med det; vilket är för det mesta. Det finns dock tillfällen då sociala bevis kan vara fördelaktiga: till exempel när man äter ute i en främmande stad utan att känna till några bra restauranger i närheten och är hungriga - att välja en där lokalbefolkningen besöker kan vara mer vettigt och kopiera deras beteende istället för ditt eget.

Komedi- och pratshower använder sociala bevis genom att lägga in konserverade skratt på strategiska platser för att uppmuntra tittarna att skratta med. Ett av de mest anmärkningsvärda och oroande exemplen är kanske Joseph Goebbels tal inför en enorm publik 1943 (se det själv på YouTube). När kriget förvärrades för Tyskland krävde Goebbels från deltagarna: 'Vill du ha totalt krig? Om det behövs, stödjer du radikalt krig i motsats till allt vi ens kan föreställa oss idag?" Hans krav orsakade en hejdundrande applåd; hade enskilda deltagare tillfrågats individuellt skulle de förmodligen inte ha accepterat detta vansinniga förslag!

Reklam gör det mesta av vår förkärlek för sociala bevis; det här tillvägagångssättet fungerar bra när vi står inför osäkerhet (som att välja mellan olika bilmärken, rengöringsprodukter och skönhetsprodukter utan tydliga fördelar eller nackdelar) och när människor som framstår som "som oss" dyker upp.

Var skeptisk närhelst ett företag hävdar att deras produkt är överlägsen eftersom den är populär - detta argument är inte meningsfullt om att sälja fler enheter inte indikerar överlägsenhet! Och kom ihåg W. Somerset Maughams visdomsord: "Även om 50 miljoner människor säger något dumt, förblir det dumt."
Se även: Grupptänkande (kap. 25); Social Loafing (kap. 33); In-Group Out-Group Bias (kap. 79) och False-Consensus Effect (kap. 77) för ytterligare referens.

VARFÖR DU BÖR GLÖMMA DET FÖRflutna

Sunk Cost Fallacy

Efter att ha sett en hemsk film i en och en halv timme frågade jag tyst min fru: "Kom igen, låt oss åka hem." På vilket hon svarade med: 'Ingen chans; vi kommer inte att slänga $30.' Vid det tillfället protesterade jag: "Det är ingen anledning att stanna - det är helt enkelt en deformationsprofessionell som arbetar här - som inte borde spela någon roll i vårt beslut att stanna eller lämna!" Naturligt nog gav jag så småningom efter och sjönk tillbaka i min stol

Jag fann mig själv sitta i ett marknadsföringsmöte nästa dag där en reklamkampanj som hade pågått i fyra månader men som inte nådde ens ett mål diskuterades. Medan jag förespråkade att skrota den, invände vår reklamchef: 'Men vi har redan investerat så mycket pengar i det; att sluta nu skulle betyda att alla våra pengar hade varit för intet'- ännu ett offer för misstaget med sänkta kostnader.

En av mina vänner led i flera år i ett svårt förhållande. Hans flickvän fuskade upprepade gånger och bad ångerfullt om förlåtelse varje gång. Trots det fortsatte min vän att investera energi i sin romantik eftersom det kändes fel att kasta bort det som redan hade investerats; ett exempel på "sunk cost felacy".

Fallet med sänkta kostnader är särskilt farligt när vi har investerat mycket tid, pengar, energi eller känslor i något. Vår investering kan bli grunden för att fortsätta trots uppenbara skäl att stoppa; Ju mer tid och resurser som investeras innebär, desto större är våra sänkta kostnader; därav vårt behov av att fortsätta även om något verkar omöjligt eller hopplöst. Ju mer investerat i något desto starkare är vår längtan att fortsätta;

Investerare faller ofta offer för felkostnadsfelet. Handelsbeslut kan enbart styras av förvärvspriser; Att åberopa detta argument som motivering är helt enkelt inte rationellt; Det som är viktigare än priset bör vara den framtida utvecklingen (och andra alternativ som finns att investera) för varje aktie eller portfölj av investeringar - ironiskt nog, ju mer pengar som går förlorade, desto längre kommer investerare att tendera att hålla fast vid det! Konsekvens är vårt raison d'etre; när något bryter från detta tanke- och handlingsmönster, finner vi motsättningarna avskyvärda och väljer att avbryta halvvägs istället för att erkänna att vi ändrar oss någon gång under projektets livstid. Att fördröja smärtsam insikt genom att fortsätta med meningslösa projekt håller uppe utseendet längre.

Concorde var ett ikoniskt exempel på offentliga underskottsutgifter. Både Storbritannien och Frankrike visste mycket väl att överljudsflygplansaffärer inte skulle fungera, men investerade ändå enorma summor för att rädda ansiktet. Att överge det skulle ha inneburit att man medgav nederlag; därav dess namn, "Concorde-effekt". Det leder till kostsamma och till och med katastrofala bedömningsfel; Amerikaner utökade sin inblandning i Vietnamkriget på grund av detta fenomen: de tänkte: 'Vi har offrat så mycket; att ge upp nu vore fel.'

Tänker du "har vi kommit så långt?." "Jag har redan läst så mycket av den här boken..." Om något av dessa påståenden stämmer in på dig, indikerar de att felkostnadsfelet fungerar i ditt sinne.

Att investera för att slutföra något kan naturligtvis ha sina egna fördelar; var bara försiktig med att göra det enbart för att motivera icke-återvinningsbara investeringar. Rationellt beslutsfattande kräver att du glömmer tidigare kostnader; i slutändan är det bara framtida kostnader och fördelar som spelar roll när man gör rationella val.

Se även: Det-kommer-bli-värre-innan-det-blir-bättre missförstånd (kap. 12); Oförmåga att stänga dörrar (kap. 68); Kapitaleffekt (kap. 23); Ansträngningsmotivering (kap. 60); Loss Aversion (kap. 32) och Outcome Bias (kap. 20) som andra kognitiva fördomar som leder till olämpliga beslut.

ÖMSESIDIGHET

Nyligen kan du ha stött på anhängare av Hare Krishna-sekten som flyter omkring i sina ljusa saffransfärgade dräkter medan du tävlade genom flygplatser eller tågstationer på din resa för att nå din destination. En medlem kanske gav dig en liten blomma och log varmt när de gav den. Som de flesta människor är chansen stor att du tog blomman bara för att undvika att vara oförskämd. Att vägra kan ha dragit fram en förklaring som, 'Ta den; detta är vår gåva till dig.' När man försökte göra sig av med blomningen i en papperskorg i närheten fanns det redan flera arrangemang där; När du letade någon annanstans för att avyttra det fann du att det redan fanns flera högar. När ditt dåliga samvete började gnälla mot dig starkare skulle en annan lärjunge till Krishna närma sig och be om donationer; många flygplatser förbjöd så småningom denna sekt på grund av denna framgångsrika pitch;

Robert Cialdini kan förklara framgången med dessa kampanjer med sin forskning om ömsesidighet. Han fann att människor har mycket svårt att stå i skuld till en annan individ.

Många icke-statliga organisationer och filantropiska organisationer använder liknande strategier: först ge, sedan ta. Nyligen fick jag ett kuvert med vykort med idylliska landskap från en naturvårdsorganisation; deras medföljande brev försäkrade mig att de borde förvaras som gåvor, oavsett mitt beslut att donera pengar. Även om jag förstod deras taktik tillräckligt bra, krävde det avsevärd viljestyrka och disciplin från min sida att lägga undan dem utan att dra fördel av dem!

Tyvärr är denna form av mild utpressning – ibland även kallad korruption – vanlig. En leverantör av skruvar kan bjuda in potentiella kunder att gå med honom på ett spännande sportspel; kommer beställningstid en månad senare, deras önskan att inte stå i skuld är så stark att köparen går med på det och lägger en beställning genom denna nya bekantskap.

Ömsesidighet är en uråldrig princip som finns bland alla arter med fluktuerande mattillgångar. Föreställ dig att du är en jägare och samlare som en dag lyckas döda ett rådjur och måste dela det mellan dina gruppmedlemmar; att göra detta säkerställer att du kommer att dra nytta av andras byte om ditt drag var mindre imponerande; de fungerar som kylskåp. Ömsesidighet är en ovärderlig överlevnadsstrategi och form av riskhantering, utan vilken människor – såväl som många djurarter – snart skulle gå under. Ömsesidighet ligger i kärnan av samarbete mellan människor som inte är relaterade till varandra och är en integrerad del av ekonomisk tillväxt och välståndsskapande - utan det skulle det inte finnas någon global ekonomi alls! Det är fördelen med ömsesidighet.

Men ömsesidighet för med sig också sin mörka sida: vedergällning. Hämnd föder mothämnd tills fullskaligt krig uppstår. Jesus predikade att vi skulle bryta denna cirkel genom att vända andra kinden till - även om detta visar sig vara svårt eftersom ömsesidighet drar även när insatserna är mycket mindre höga.

För flera år sedan blev vi inbjudna av ett par som vi bara hade känt slentrianmässigt; de var tillräckligt trevliga men långt ifrån underhållande. Tyvärr blev det precis som man tänkt sig: deras middagsbjudning var mer än tråkig; ändå kände vi oss tvungna att bjuda in dem igen flera månader senare av ömsesidighet; bara veckor senare kom en ny inbjudan från dem...Jag undrar ofta hur många andra middagsbjudningar som har utstått för att upprätthålla ömsesidighet?

På samma sätt som när du närmar dig i snabbköpet, skulle mitt bästa råd vara att tacka nej till deras erbjudande om vin, ost eller oliver om du inte vill ha ditt kylskåp fyllt med saker du inte ens gillar.

Se även Inramning (kap. 42); Incitament Super-Response Tendens (kap. 18); Gilla Bias (kap. 22) och Motivation Crowding (kap. 56) för att lära dig mer.

SE UPP FÖR "DET SPECIELLA FALLET"

NÄR BEKRÄFTANDE BIES SE UPP! (DEL 1).

Gil är på en diet för att gå ner i kilon. Varje morgon kliver han på vågen, kontrollerar framsteg mot hans valda plan och firar varje förlust eller vinst som bevis på att det fungerar eller skriver av det som normala fluktuationer. Men i månader i sträck förblir hans vikt stadig medan Gil lever under en illusion av att dieten fungerar trots att den faktiskt inte gör någonting - ett exempel på bekräftelsebias som spelar in i dess ofarliga form.

Bekräftelsebias är kärnan i de flesta missuppfattningar. Det hänvisar till vår tendens att tolka ny information så att den passar in i befintliga teorier, övertygelser och övertygelser - effektivt filtrera bort alla bevis som motsäger befintliga åsikter (känd som avvisande bevis) som kan utmana dem (vilket Aldous Huxley berömt skrev om som "Fakta gör inte upphöra att existera om de ignoreras") men denna farliga tendens kvarstår bland människor - superinvesteraren Warren Buffett säger det bäst: "Människor utmärker sig på att tolka all ny information så att deras tidigare slutsatser förblir intakta"

Bekräftelsebias lever och mår bra i branschen idag. Tänk till exempel på detta: ett ledningsteam beslutar om en ny strategi, och firar alla tecken på att det kan fungera bra - medan alla indikationer som tyder på annat förblir osynliga eller snabbt avfärdas som undantag eller specialfall - tills avvisande bevis blir osynliga för dem helt och hållet.

Vad kan du göra? Var försiktig när ordet "undantag" dyker upp; ofta indikerar detta att det finns avvisande bevis. Ta en pekpinne från Charles Darwin: från tidigt i sin ungdom satte han sig för att systematiskt motverka bekräftelsebias genom att ta alla observationer som stod i konflikt med hans teori på största allvar och spela in dem direkt så fort de dök upp - han visste mycket väl hur lätt våra hjärnor "glömmer". " att avvisa bevis efter det att en tid har gått - notera varje motsägelse så snart han såg den dyka upp och aktivt söka efter motsägelser baserat på sin bedömning av dess riktighet - mer så ju mer han tittade aktivt tittade han ut.

Detta experiment visar hur utmanande det kan vara att ifrågasätta våra egna teorier. En professor gav sina elever nummerföljden 2-4-6.
Eleverna utmanades av sin professor att bestämma den underliggande regeln skriven på ett pappersark genom att ange siffror i följd som antingen passade regeln eller inte, med svar som "passar regeln" eller "passar inte regeln" från honom . Medan eleverna kunde gissa många slumpmässiga siffror från 8-14 till exempel (de flesta föreslog 8 och fick svaret: "Passar regeln." För att vara säkra försökte de 10, 12 och 14 och fick höra varje gång av

professorn att dessa passade.). Många drog slutsatsen: 'Regeln är att lägga till två till varje nummer;' bara att låta professorn inte hålla med dem genom att säga att detta i själva verket inte är vad regeln är;

En kunnig student försökte ett okonventionellt tillvägagångssätt. Han testade siffran -2, som hans professor svarade med att säga att den inte passade regeln, innan han föreslog att sju skulle passa bättre än sin föregångare -2. När detta visade sig vara fruktlöst experimenterade eleven vidare genom att försöka -24, 9, 43... När inga fler motexempel kunde hittas sa han "Regeln är: varje successivt nummer måste överstiga dess föregångare." Att vända på hans papper avslöjade denna exakta regel!

Vad skilde den fyndiga studenten från sina kamrater? Medan de flesta studenter bara försökte bekräfta sina teorier, sökte han aktivt efter bevis som motbevisade dem. Du kanske tänker: "Bra för honom, men ingen stor grej för de andra." Att falla offer för bekräftelsefördomar är dock inget små intellektuellt brott - som avslöjats i efterföljande kapitel kan det påverka vårt dagliga liv drastiskt.

Se även: mes disponibilite Bias (kap. 11); Den funktionspositiva effekten (kap. 95); Tillfällighet (kap. 24); Forer Effect (kap. 64) och Illusion of Attention (kap. 88).

MÖRD DINA ÄLSKLINGAR

Bekräftelsebias del 2

I vårt förra kapitel utforskade vi en av kärnfelen - bekräftelsebias. Människor måste bilda sig föreställningar om livet, ekonomi, investeringar, karriärer och mycket mer - från vår världsbild till politik till ekonomi till konst - som sedan måste stödjas med bevis för att stödja dessa antaganden. Oavsett om man går genom livet och tror att människor är bra eller dåliga kommer de att finna bevis som stöder båda åsikterna. Både filantroper och misantroper filtrerar avvisande bevis samtidigt som de gynnar de som upprätthåller deras respektive världsbild genom att prioritera de som förstärker deras åsikter med välgörande personer eller diktatorer som främjar dem.

Astrologer och ekonomer arbetar med liknande strategier: att göra förutsägelser så vaga att alla händelser kan styrka dem: "under de kommande veckorna kommer du att uppleva sorg", eller "på medellång sikt kommer pressen på dollarn att öka" är båda tillräckligt vaga för att alla händelser ska kunna bära ut dessa förutsägelser; avskrivningsåtgärder mot guld, yen, pesos vete bostadsfastighetspriser på Manhattan Manhattan Manhattan korvpriser

Religion och filosofiska övertygelser tjänar som grogrund för bekräftelsebias att blomstra. Här i sin mjuka svamp frodas den vilt och fritt - till exempel finner tillbedjare alltid bevis för Guds existens även om han sällan visar sig öppet - förutom för analfabeter som bor i avlägsna bergsbyar; aldrig visa sig för masspublik som Frankfurt eller New York. Motargument mot hans existens avfärdas direkt av troende, vilket visar hur stark denna kraft verkligen är.

Affärsjournalister kan vara särskilt mottagliga för bekräftelsebias. När de skapar teorier kommer affärsjournalister ofta på enkla förklaringar med få "bevis" som stödjer det och går sedan snabbt vidare med att skriva sin berättelse - till exempel: Google är så framgångsrikt eftersom dess kultur främjar kreativitet. När denna idé väl har skrivits ner, bekräftar journalister vanligtvis detta påstående med exempel på andra välmående företag som odlar kreativitet samtidigt som de sällan söker motbevisande bevis som kämpande företag med betoning på kreativitet eller blomstrande företag som saknar någon som helst kreativitet - båda grupperna skulle göra bra berättelser!
Journalister tenderar att förbise flera medlemmar av en klan; varje försök av dem att lyfta fram bara en kan spåra ur hela handlingslinjen i deras artikel.

Självhjälps- och bli rik-snabbböcker är ytterligare ett exempel på ensidigt berättande. Deras kunniga författare samlar bevis som stöder till och med till synes löjliga teorier, som "meditation är nyckeln till lycka." Varje läsare som söker efter avvisande bevis skulle inte hitta sådana bevis här: ingenstans finns det exempel på människor som lever uppfyllda liv utan meditation eller de som trots att de utövar det fortfarande känner sorg.

Webbplatser ger en särskilt bördig grund för bekräftelsebias. När vi surfar på nyhetssajter och bloggar för att hålla oss informerade, slutar vi ofta med att vi väljer sidor som stärker våra befintliga värderingar – oavsett om de är liberala, konservativa eller någonstans däremellan. Dessutom skräddarsyr många webbplatser nu innehåll specifikt för individuella intressen eller surfhistorik, vilket gör nya eller olika åsikter ovälkomna helt och hållet och leder oss ner på vägar som bekräftar befintliga övertygelser genom att omge oss med likasinnade gemenskaper som förstärker samma övertygelser - vilket ytterligare förstärker konfirmationsfördomar. och förstärka våra övertygelser ytterligare förstärka dem ytterligare förstärka dem och ytterligare stärka övertygelser som förstärker bekräftelsebias.

Arthur Quiller-Couch hade ett bestående mantra: "Kill Your Darlings." Detta råd till författare som kämpar för att skära ned omhuldade men överflödiga meningar fick resonans långt bortom litteraturkritiker och hackare; hans råd resonerar med oss alla som lider av bekräftelsebias. För att bekämpa det, försök att skriva ner alla dina övertygelser – världsbild, investeringar, äktenskap, hälsovård, kost eller karriärstrategier – och ge dig ut och leta efter avvisande bevis mot var och en. Att skära av trosuppfattningar som känns som gamla vänner är svårt men livsnödvändigt!

Se även: Introspektionsillusion (kap. 67); Framträdande effekt (kap. 83); Kognitiv dissonans (kap. 50); Forer Effect (kap. 64) och News Illusion (kap. 99) för mer information.

NOTERA MYNDIGHETERNAS ORD

AUKTORITETSBIAS

I 1 Mosebok 1 berättar Gud för oss vad som händer om vi inte lyder en av hans auktoritetsfigurer: utvisning från paradiset. Tyvärr vill mindre gudomliga figurer (politiska förståsigpåare, vetenskapsmän, läkare, vd:ar, ekonomer, regeringschefer, sportkommentatorer och börsguruer) att vi också ska tro detta.

Psykologen Stanley Milgram genomförde ett experiment som livfullt illustrerade auktoritetsbias. Hans försökspersoner instruerades att ge ökande elektriska stötar till en person som satt bakom glasrutan. Med början på 15 volt, fick de instruktioner att gradvis öka till 30V, 45V och sedan slutligen den maximala dosen på 450V - även om ingen elektrisk ström faktiskt flödade - Milgram använde en skådespelare som sitt offer; Tyvärr var de som administrerade chocker omedvetna. Resultaten var chockerande: när personen i det andra rummet jämrade sig av smärta och försökspersonen som gav chock ville sluta, skulle deras professor uppmuntra dem att fortsätta eftersom "det här experimentet beror på det." Mest fortsatt elektrisk stöt; över hälften gick upp till full spänning av ren lydnad.

Under det senaste decenniet har flygbolagen också blivit medvetna om farorna med auktoritetsbias. Förr i tiden regerade kaptenerna överst; deras kommandon kunde aldrig ifrågasättas och någon biträdande pilot som misstänkte ett förbiseende kanske aldrig har vågat tala ut om det.
Sedan detta beteende upptäcktes har nästan alla flygbolag implementerat Crew Resource Management (CRM). CRM coachar piloter och deras besättningar att diskutera eventuella reservationer öppet och snabbt; med andra ord: avprogrammering av auktoritetsbias. CRM har bidragit mer till flygsäkerheten under de senaste decennierna än tekniska framsteg.

Många företag saknar framförhållning. Företag med dominerande vd:ar är särskilt utsatta, där anställda kan hålla sina mindre gynnsamma åsikter för sig själva - sannolikt till nackdel för företaget som helhet.

Myndigheter söker erkännande och hittar alltid nya sätt att befästa sin status. Läkare och forskare bär ofta vita rockar. Bankdirektörer bär kostymer och slipsar; bankdirektörer drar på sig slipsar medan kronbärande kungar använder rangmärken från militären; medlemmar av militären sportar ofta rankmärken också! Idag används fler symboler och rekvisita som markörer för expertis såsom talkshowframträdanden eller tidningsomslag, bokturer eller Wikipedia-inlägg; med auktoritet som utvecklas ungefär som mode gör och samhället tar hänsyn därefter.

Slutsats: Innan du fattar något större beslut, tänk alltid noga på vilka myndigheter som kan utöva ett avgörande inflytande över din resonemangsprocess och gör ditt bästa för att utmana makthavarna om det behövs.

Se även: Twaddle Tendens (kap. 57); Chaufförkunskap (kap. 16); Prognos Illusion (kap. 40); Illusion av skicklighet (kap. 94)

Kontrasteffekt

Robert Cialdini berättar i sin bok Influence sagan om två bröder vid namn Sid och Harry som drev en klädbutik under 1930-talets Amerika; Sid ansvarade för försäljningen medan Harry ledde skräddartjänster. Sid skulle bli hörselskadad när kunder som stod framför hans spegel var överväldigande nöjda med sina kostymer, vilket fick honom att fråga Harry: "Harry, hur mycket för den här kostymen?" Harry tittade sedan upp från sitt skärbord och svarade snabbt genom att ropa tillbaka att den här vackra bomullskostymen kostade 42 dollar. Sid skulle uppträda förvirrat och låtsas att han inte hade förstått. Harry skulle utropa: "Fyrtiotvå dollar!" Sid vände sig sedan om och rapporterade tillbaka: "Han säger 22 dollar." Vid det här laget skulle hans kund snabbt ha lagt pengar på bordet innan han snabbt lämnade med sin färg innan stackars Sid insåg sitt fel.

Känner du till det här experimentet från din skoltid? : Fyll två hinkar - en med ljummet och den andra med iskallt vatten - doppa sedan höger hand i en minut i varje. Växla tillbaka händerna, placera båda tillbaka i ljummet vatten samtidigt - vad har du märkt? Högerhand tycker att det är varmt medan vänsterhand tycker att det svalkar bra!

Dessa berättelser illustrerar kontrasteffekten: när vi presenteras med något fult, billigt eller litet tenderar vi att bedöma det som vackrare eller dyrare; omvänt finner vi absolut bedömning svårt.

Kontrasteffekten är en genomgripande illusion: när du köper lädersäten till din nya bil, jämfört med dess prislapp på 60 000 $, verkar 3 000 $ vara oviktiga jämfört med dess totala kostnad. Alla branscher som erbjuder uppgraderingsalternativ drar fördel av denna vilseledande uppfattning för att locka in konsumenter och sälja uppgraderingar.

Kontrasteffekt kan också spela en viktig roll på andra håll: experiment visar att människor kommer att gå tio minuter extra om det kommer att spara 10 USD på mat, men de skulle aldrig överväga att gå tillbaka för att spara 10 USD på en dyr kostym; ett irrationellt drag sedan 10 minuter är lika med 10 dollar oavsett. Därför bör gå tillbaka alltid göras eller helt enkelt inte hända alls.

Utan kontrasteffekten skulle lågprisföretag helt upphöra att existera.
En ohållbar position finns när produktpriserna sjunker från $100 till $70 på ett ögonblick; utgångspriset bör inte spela någon roll här. En investerare sa en gång till mig att en aktie var mycket värdefull eftersom den hade fallit 50 procent under topppriset; Jag svarade in natura genom att skaka på huvudet: aktiekurserna har aldrig låga eller höga poäng - allt som spelar roll är om de rör sig uppåt eller nedåt därifrån och ut.

Om vi stöter på kontraster svarar våra hjärnor ungefär som fåglar på ett skott: vi fladdrar ut och rör oss snabbt. Tyvärr är vår tendens dock inte att känna igen gradvisa förändringar när de inträffar: en illusionist kan få din klocka att försvinna utan att du ens inser det eftersom när du trycker mot en del av din kropp genom att trycka mot en annan del märker du inte när hans lättare beröring på din handled tar bort din Rolex-klocka från den; på samma sätt misslyckas vi med att observera hur våra pengar försvinner genom inflation som långsamt tar bort deras värde, medan vi påfört som skatter (vilket det egentligen är) skulle reagera mycket starkare mot sådana skatter (vilket det i själva verket i princip motsvarar).

Kontrast är en farlig kraft: En vacker kvinna gifter sig med en mer genomsnittlig man; men eftersom hennes föräldrar var ansedda individer, verkar han som en extraordinär figur för henne.

En sista tanke: med alla annonser med supermodeller ser vi nu vackra människor som endast måttligt önskvärda. När du söker efter kärlek, gå aldrig ut med supermodellvänner eftersom folk kommer att uppfatta dig mindre attraktiv än du egentligen är om du går ensam eller tar med dig två fula vänner istället.

Se även: Tillgänglighetsbias (kap. 11); Kapitaleffekt (kap. 23); Haloeffekt (kap. 38); Social Comparison Bias (kap. 72); Regression to Mean (kap. 19); Knapphetsfel (kap. 27); Inramning (kap. 42)

Att säga något som "Rökning är inte så skadligt om min farfar lyckades överleva genom att röka tre förpackningar om dagen och leva till över 100" eller: "Manhattan är verkligen säkert; min vän bor precis i byn utan att låsa sin dörr även under semestern - det har aldrig varit inbrott i hans lägenhet!" kan användas för att försöka bevisa en poäng, men de bevisar faktiskt ingenting alls; genom att göra så viker vi för tillgänglighetsbias.

Är fler engelska ord som börjar med K, eller fler med det som sin tredje bokstav? Svar: Över två gånger så många engelska ord har K på tredje plats än som börjar med det; även om många tror att de senare är fler. Människor tror av misstag något annat eftersom de är mer benägna att komma ihåg ord som börjar med ett K snabbare; därför är dessa lättare för våra minnen.

Tillgänglighetsbias säger: våra sinnen tenderar att skapa en bild av verkligheten baserat på exempel vi lättast hittar i våra minnen, även om dessa händelser faktiskt inte inträffar oftare eftersom de lätt kan föreställas.

På grund av tillgänglighetsbias navigerar vi ofta i livet med en felaktig riskkarta i åtanke. På grund av denna partiskhet tenderar vi att överskatta våra risker för flygolyckor, bilolyckor eller mord samtidigt som vi underskattar risker från mindre spektakulära orsaker som diabetes eller magcancer. Bombattacker är mindre frekventa än vi tror, medan depressionsfrekvensen kan vara mycket högre - denna fördomar leder till att vi lägger för mycket vikt åt spektakulära resultat samtidigt som vi nedgraderar tysta eller osynliga sådana lättare än vi borde; våra hjärnor gynnar mer prunkande resultat än vardagliga - detta får oss att tänka på dramatiska snarare än kvantitativa sätt!

Läkare ger ofta efter för tillgänglighetsbias: de använder sina vanliga behandlingar i alla möjliga fall, även om mer lämpliga kan finnas men förblir gömda i sina minnesbanker. Även konsulter faller ofta som offer för detta fenomen - snarare än att avfärda ett helt okänt fall genom att säga: "Jag vet verkligen inte", de försöker sitt bästa för att inte agera utifrån intuition utan agera istället.
Istället för att ta reda på exakt vad de borde berätta för dig, faller folk ofta tillbaka på ett av sina beprövade tillvägagångssätt, oavsett om det är idealiskt eller inte.

Upprepning kan skapa ett långsiktigt avtryck i våra sinnen; något som upprepas tillräckligt ofta blir en del av det kollektiva medvetandet, även om dess innehåll är falskt; fråga bara nazistiska ledare hur ofta de upprepade "Den judiska frågan", innan folk började tro att det var en viktig fråga! Allt som krävs för att börja tro på dessa begrepp är att säga orden UFO, livsenergi eller karma tillräckligt många gånger innan folk lägger märke till och tror på dem!

Tillgänglighetsbias har blivit en väletablerad funktion i företagsstyrelser över hela världen. Styrelseledamöter tenderar att fokusera sina diskussioner på vad ledningen har lämnat in - vanligtvis kvartalssiffror - istället för att ta upp viktigare frågor, som konkurrensdrag, motivationsfrågor för anställda eller förändringar i kundbeteende som kan påverka dem direkt. De tenderar inte att diskutera saker utanför agendan. Människor tenderar att föredra lättillgänglig information - oavsett om det är ekonomisk data eller recept - när de fattar beslut; att göra sina val på denna grund snarare än mer relevanta men svåråtkomliga uppgifter kan visa sig vara katastrofala för deras beslut. Exempel: vi har vetat i 10 år att den så kallade Black-Scholes-formeln för prissättning av finansiella derivatprodukter inte fungerar, men på grund av brist på hållbara lösningar fortsätter vi att använda ett olämpligt verktyg. Det skulle vara som att vara i en okänd stad utan en karta men sedan hitta en hemifrån någonstans och använda den istället - att föredra felaktig information framför ingen information alls - vilket leder till att banker drabbas av miljarder i förluster på grund av tillgänglighetsbias.

Frank Sinatra sjöng berömt: "Åh, mitt hjärta slår vilt/Allt på grund av dig/När jag inte är nära den jag älskar/Jag älskar henne fortfarande." Detta är ett exempel på tillgänglighetsbias - för att bekämpa det effektivt behöver vi input från andra med andra erfarenheter och expertis än vi själva för att övervinna dess effekter.
Se även Ambiguity Aversion (kap. 80); Illusion av uppmärksamhet (kap. 88); Föreningsbias (kap. 48); Funktionspositiv effekt (kap. 95); Confirmation Bias (kap. 7-8); Kontrasteffekt (kap. 10); Försummelse av sannolikhet (kap. 26) för mer om detta ämne.

VARFÖR "NO PAIN, NO GAIN" SKA LÅTA LARMKLOCKOR

"DET KOMMER ATT BLI VÄRRE INNAN DET BLIR BÄTTRE FELSLUT"

En gång när jag var på semester på Korsika blev jag sjuk. Symtomen var obekanta och smärtan ökade för varje dag. Så jag sökte medicinsk hjälp på en närliggande klinik. En ung läkare började inspektera mig noggrant - pressade min mage, höll hårt i axlar och knän och petade i varje kota efter tecken på problem. Hans undersökning verkade konstigt för mig men jag höll ut tills hans anteckningsbok kom ut med antibiotika skrivet på: 'Ta en tablett tre gånger dagligen tills dina symtom avtar. Ta din antibiotika tills symtomen förbättras innan du överväger medicin som behandling!' När jag var klar tog jag mig tillbaka till mitt hotellrum med recept.

Smärtan förvärrades under de kommande tre dagarna - precis som min läkare förutspått. Även om han måste ha vetat vad som var fel på mig, när smärtan inte avtagit efter tre dagar ringde jag honom igen för att fråga vad jag skulle göra åt det och fick rådet av honom att öka dosen till fem gånger dagligen för "det kan göra ont för ett tag till". Efter att ytterligare två plågsamma dagar gått bestämde jag mig för att ringa en internationell luftambulans där den schweiziska läkaren diagnostiserade blindtarmsinflammation omedelbart innan jag omedelbart opererade mig och frågade efteråt, "varför väntade du så länge?".

"Allt gick precis enligt vad läkaren förutspått, så jag litade på hans råd."

"Åh nej! Du föll för villfarelsen som säger att saker bara kommer att förvärras innan de förbättras." Din korsikanska läkare var sannolikt inte medveten om detta; förmodligen bara en annan turistfälla under högsäsong.

Ta ett annat exempel: en VD finner sig själv frustrerad, med försäljning på toaletten, säljare som inte är motiverade och marknadsföringskampanjer som susar ut helt. I desperation anlitar han en konsult för 5 000 USD om dagen vars bedömning inkluderar fynd som inkluderar att din försäljningsavdelning saknar vision och att ditt varumärke inte är tydligt positionerat - jag kan fixa båda åt dig men det kan ta längre tid innan förbättringar sker - troligen kommer försäljningen att minska ytterligare innan saker förbättras' VD:n anställer denna konsult; ett år senare minskade försäljningen ännu en gång innan framsteg sker, vilket denna konsult betonade; upprepade gånger under dessa samråd betonar de hur nära framsteg är förknippade med företagets framsteg, mätt mot hans resultat av analyser som gjorts tillgängliga av hans resultat denna dag av denne man vars analys.
När försäljningen fortsätter sin nedåtgående spiral under det tredje året beslutar VD:n att sparka konsulten.

Det-kommer-bli-värre-innan-det-blir-bättre felslutet är helt enkelt en ursäkt, ett exempel på bekräftelsebias. Om problemet fortsätter att förvärras som förutspått, bekräftar bekräftelsebias sig själv, medan om oväntad förbättring inträffar oväntat så är kunden nöjd och experten kan ta åt sig äran för sin kompetens; han vinner i alla fall.

Föreställ dig själv som president i ett land, utan kunskap om att hantera det effektivt. Vad skulle ditt första drag vara? Kanske förutsäga "svåra år", be medborgarna att dra åt svångremmen och lova förbättringar efter detta känsliga skede av "rening", "rening" och "omstrukturering", och lämna öppet hur länge och allvarlig denna period kan pågå?

Kristendomen står som det yttersta beviset på denna strategis effektivitet: dess troende tror att innan de upplever himlen på jorden, måste världen först förstöras genom katastrofer som översvämningar, bränder och dödsfall - dessa är alla en del av Guds större plan - alla försämrade förhållanden som en indikation på att deras profetia gick i uppfyllelse; alla förbättringar ses som Guds välsignelse.

Slutsats: När någon säger, 'Det kommer att bli värre innan det blir bättre', bör detta ringa varningsklockorna. Se dock upp: det finns situationer där saker först försämras innan de förbättras med tiden; till exempel inkluderar ett karriärbyte ofta lönebortfall medan omstrukturering av ett företag också kan ta tid. Men i alla dessa fall kan vi relativt snabbt se om vidtagna åtgärder fungerar; milstolpar ger tydliga indikatorer. Fokusera istället på dessa snarare än att söka lindring genom magiska lösningar.

Se även Action Bias (kap. 43); Sunk Cost Fallacy (kap. 5); Regression to the Mean (kap. 19) för ytterligare förklaring.

Livet kan vara förvirrande. Överväg att en osynlig marsbo följer dig med en lika osynlig anteckningsbok för att dokumentera allt du gör, tänker och drömmer. Ditt liv skulle lyda så här: 'Drack kaffe med två sockerarter'; "Trampade på en häftstift och svor som en sjöman", "drömde att jag kysste min granne", "bokade semester till Maldiverna men nu nästan slut på pengar", eller "hittade hår som sticker ut under mitt öra - plockade det direkt". Det här skulle alla vara poster i din dagbok som krönika vad som händer varje dag - bidragen skulle fortsätta komma. Människor tycker om att väva in bitarna av sina liv till en sammanhängande berättelse, forma berättelser från spridda detaljer som vi kallar mening respektive identitet. Max. Frisch, en uppskattad schweizisk romanförfattare, noterade en gång: "Vi provar historier som kläder.

Som människor använder vi berättelser för att förstå global historia, och kondenserar olika händelser till en sammanhängande berättelse. Genom denna lins kommer vi att förstå vissa frågor; som varför Versaillesfördraget bidrog till andra världskriget eller varför Alan Greenspans lösa penningpolitik orsakade Lehman Brothers kollaps. Förståelser kan variera; här hänvisar vi till förståelser som förståelse, men dessa saker kan inte förstås i sitt ursprungliga tillstånd - vi skapar mening från dem senare. Berättelser är mycket subjektiva enheter. De förvränger ofta verkligheten och filtrerar bort allt som inte passar, men vi är maktlösa utan dem. Varför detta är fortfarande oklart. Vad vi med säkerhet vet är att människor först använde berättelser som ett sätt att förklara världen innan de blev vetenskapliga; vilket gör mytologin äldre än filosofin och ger upphov till berättelsebias.

Berättelsens partiskhet florerar i mediarapporter. För att ge ett exempel: när en bil kör över en bro och den plötsligt kollapsar, vad läser vi nästa dag? En berättelse om dess olyckliga förare; var de kom ifrån och vart de var på väg; vi läser hans biografi (född någonstans, uppvuxen någon annanstans, tjänar sitt uppehälle någon annanstans); om han överlever och kan ge intervjuer får vi detaljer om exakt vad han kände när bron kollapsade - men ingen av dessa berättelser förklarar orsaken - hoppa bara förbi dem alla
Hänsyn bör också tas till själva bron: var var dess svaga punkt, om trötthet orsakade den och om skada skedde; användes en lämplig design och fanns det liknande broar som liknade denna. Även om alla dessa frågor är giltiga, är deras svar inte engagerande berättelser; vi gillar berättelser framför abstrakta detaljer. Därför prioriteras underhållande sidohistorier framför relevanta fakta (vilket på uppsidan skulle innebära att vi bara någonsin skulle läsa fackböcker!)

Här är två berättelser av den engelske författaren E. M. Forster som du kan överväga; vilket skulle du minnas bäst? A) "Kungen dog och drottningen dog av sorg." B) "Kungen dog och drottningen dog av sorg." De flesta kommer sannolikt lättare att minnas berättelse B eftersom dess två dödsfall inte bara sker i följd utan är kopplade känslomässigt; A är mer saklig medan B har djupare betydelse - informationsteorin tyder på att vi borde komma ihåg A lättare eftersom det är kortare men våra hjärnor fungerar inte så!

Annonsörer har lärt sig att utnyttja detta faktum också genom att skapa övertygande berättelser kring produkter snarare än bara deras fördelar. Google illustrerade denna teknik perfekt i deras Super Bowl-reklam från 2010 som heter "Google Parisian Love" på YouTube - ta en titt själv här.

Att reducera verkligheten till meningsfulla berättelser förvränger verkligheten och påverkar våra beslut; för att korrigera denna förvrängning finns det en lösning. Plocka isär dessa berättelser. Fråga dig själv: vad försöker de dölja? Besök ett bibliotek och tillbringa en halv dag med att läsa gamla tidningar; du kommer att se att händelser som nu verkar anslutna inte var vid den tiden; Försök dessutom att se din livsberättelse ur sitt sammanhang: gräv igenom gamla journaler och anteckningar för att upptäcka att livet inte har följt en rak väg som leder direkt mot idag; istället har det varit en oplanerad, oförutsägbar serie av upplevelser och händelser – något vi kommer att utforska vidare i kapitel 5.

Så snart du hör en berättelse, fundera på vem den kom ifrån och dess avsikter; vad har lämnats osagt; vilka detaljer som kan ha utelämnats som kan vara ännu mer relevanta än vad som presenteras, till exempel när man diskuterar finanskriser eller krig. Ett problem med berättelser: de ger oss en falsk känsla av säkerhet.
Förståelse driver oss oundvikligen att ta större risker och trampa försiktigt över okända vatten.

Se falsk kausalitet (kap.37); "För att" motivering (kap. 52); Personifiering (kap.87); Hindsight Bias (kap. 14); Fundamental Attribution Error (kap. 36); Konjunktion Fallacy (kap. 41); Historieförfalskning (kap.78); Cherry Picking (kap. 96) och News Illusion (kap. 99) som ytterligare frågor att överväga.

Hindsight Bias Nyligen kom jag över min farbrors dagböcker. 1932 flyttade han från en schweizisk by till Paris på jakt efter möjligheter till filmskapande och gjorde det här inlägget bara två månader efter att Frankrike invaderades: "Alla tror att tyska styrkor kommer att lämna i december, och England faller snabbt efteråt; då kan våra liv i Paris äntligen återupptas under Tyskland.' Tyvärr varade denna sysselsättning i fyra år.

Dagens historieböcker presenterar den tyska ockupationen av Frankrike som en del av en organiserad militär strategi; därför verkar det troligt i efterhand. Tyvärr har vi fallit offer för partiskhet i efterhand.

Tänk nu på det här exemplet från 2007: ekonomiska experter räknade med ljusa utsikter för de följande åren, men inom ett år imploderade finansmarknaderna. När reportrar ombads förklara denna kris, listade experter dess orsaker: Greenspans monetära expansion; slappa standarder för inteckningsvalidering; korrupta kreditvärderingsinstitut; låga kapitalkrav och så vidare - i efterhand verkar dessa förklaringar allt mer uppenbara.

Bias i efterhand är en av de mest genomgripande villfarelserna. Vi skulle kunna hänvisa till det som fenomenet 'jag sa till dig': när man tittar bakåt blir allt uppenbart och förutsägbart. Om en VD finner framgång genom rent hårt arbete och ren tur, är deras uppfattning om sannolikheten ofta mycket högre än vad den egentligen var. Efter Ronald Reagans triumferande valseger över Jimmy Carter 1980, förutspådde kommentatorer hans utnämning trots dess närhet fram till dagar före sista valdagen. Dagens affärsjournalister verkar övertygade om Googles eventuella dominans även om sådana förutsägelser skulle ha orsakat skratt om de hade gjorts redan 1998. Ett häpnadsväckande faktum: idag verkar det hjärtskärande troligt att ett skott som avfyrades i Sarajevo 1914 skulle leda till 30 år av konflikt och kostade 50 miljoner liv – något som varje skolbarn får lära sig i skolan – men då skulle ingen ha drömt om.
Upptrappning skulle ha verkat för absurd.

Vad är det som gör att fördomar i efterhand är så farliga? Det får oss helt enkelt att tro att vi är bättre förutsägare än vi faktiskt är och orsakar arrogant övertro på vår kunskap, vilket leder till att vi tar för stora risker med såväl globala som lokala frågor: "Har du hört det? Sylvia och Chris har separerat. Det gick alltid fel eftersom de är så olika personligheter - eller bara så lika - eller så kanske de spenderade för mycket tid tillsammans eller knappt såg varandra."

Att övervinna fördomar i efterhand kan vara svårt. Studier har visat att även människor som är medvetna om det ofta faller för det, så jag beklagar verkligen att du slösat bort din tid på att läsa det här kapitlet.

Om du har kommit så här långt erbjuder jag ett sista tips baserat på personlig snarare än yrkeserfarenhet: håll en dagbok. Registrera alla förutsägelser relaterade till politiska förändringar, din karriärutveckling, viktfrågor eller aktiemarknader. När en tid har gått, granska dessa förutsägelser med den faktiska utvecklingen för att bedöma eventuella avvikelser. Bli förvånad över hur dåliga dina prognosförmåga är! Läs inte bara historieböcker heller - lita inte enbart på retrospektiva teorier från efterhand! Dagböcker, muntliga historier och historiska dokument från den perioden erbjuder ovärderlig information som gäckar även experter! De som inte klarar sig utan nyheter bör läsa tidningar från fem, tio eller tjugo år sedan – detta kommer att ge en ännu djupare känsla av hur oförutsägbar vår värld kan vara. Att se tillbaka kan ge tillfällig tröst; men för djupare uppenbarelser om hur allt fungerar kommer vi att tjäna mer på att blicka framåt.

Se även: Fallacy of the Single Cause (kap. 97); Historieförfalskning (kap. 78); Berättelsebias (kap. 13); Prognos Illusion (kap. 40); Outcome Bias (kap. 20) och Self-Serving Bias (kap. 45) som ytterligare perspektiv att beakta vid överskattning av kunskap och förmåga.

VARFÖR ÖVERSKATTAR VI HELA TIDEN VÅR KUNSKAP OCH FÖRMÅGA?

Johann Sebastian Bach var inte bara one-hit wonder; hans arbete är många och kommer att diskuteras vidare i slutet av detta kapitel. För nu, här är en enkel uppgift för dig att försöka uppskatta hur många konserter han komponerade; Välj ett intervall från 100-500 helst med 98 % korrekta uppskattningar och endast 2–2 % avvikelser mellan uppskattningar.

Hur säkra ska vi vara i vår egen kunskap? Psykologerna Howard Raiffa och Marc Alpert ställde samma fråga till hundratals individer som de intervjuade genom intervjuer och fokusgrupper. De bad deltagarna att uppskatta den totala äggproduktionen i USA eller uppskatta antalet läkare och kirurger som är listade i Boston Yellow Pages-katalogen eller uppskatta utländsk bilimport till USA eller till och med uppskatta vägtullar av Panamakanalen i miljontals dollar. Försökspersonerna ombads välja vilket intervall de önskade med målet att inte vara felaktiga mer än 2 % av gångerna, men i verkligheten var de 40 % lägre! Forskare kallade detta fantastiska fenomen övermod.

Övertrohet gäller prognoser i termer av börsutveckling över ett år eller vinster över tre år, samt prognoser om vår kunskap och förmåga att förutsäga. Människor underskattar ofta både vår kunskap och förmåga att prognostisera, och även vår tilltro till att individuella uppskattningar är korrekta eller felaktiga; snarare mäter det vad människor vet kontra hur säkra de känner att de är i att göra förutsägelser. Det kan förvåna vissa att experter lider ännu mer än lekmän av övermod; När en ekonomiprofessor ombeds att förutsäga oljepriset om fem år kan han ge sin förutsägelse med större övertygelse än vad hans motsvarighet skulle göra; men när de ombads att förutsäga oljepriset fem år senare, ännu mer självsäkert än vad deras motsvarighet skulle ge sin prognos!

Övertroende sträcker sig bortom ekonomi: undersökningar visar att 84 % av fransmännen uppskattar sig själva som älskare över genomsnittet; utan övertroende effekter borde den siffran ha varit exakt 50 %; statistisk median betyder att 50 % bör rankas högre respektive 50 % lägre. En annan undersökning visar att 93% tror att de är över genomsnittet älskare trots denna övertroende effekt.

Undersökta amerikanska studenter uppskattade sig själva som "över genomsnittet" förare, och 68% av universitetet i Nebraskas fakultet rankade sig själva bland de 25% bästa för undervisningsförmåga. Entreprenörer och de som ville gifta sig uppfattade sig också som överlägsna: de trodde att de kunde slå oddsen. Utan övertro som existerar skulle entreprenörsaktiviteten sannolikt minska dramatiskt; till exempel hoppas varje krögare att deras restaurang ska bli nästa Michelin-stjärna, men många misslyckas inom tre år på grund av dålig avkastning på investeringar som är konstant under noll.

Knappast några större projekt slutförs i tid och till lägre kostnad än beräknat. Anmärkningsvärda exempel inkluderar Airbus A400M, Sydney Opera House och Bostons Big Dig. För att förstå varför, två krafter spelar in samtidigt: övertro är en faktor; För det andra har de som är direkt intresserade av projektet ofta incitament att underskatta kostnaderna: konsulter, entreprenörer och leverantörer söker alla fler affärer. Byggare känner sig uppmuntrade av optimistiska siffror medan politiker får mer stöd genom dessa aktiviteter – vi kommer att diskutera strategiska felaktiga framställningar (kapitel 89).

Det som gör övermod så genomgripande och dess effekt så besvärande är dess obönhörlighet: den svarar inte på incitament, utan är en instinktiv egenskap snarare än driven av incitament; inte heller dess motsvarighet, "underconfidence", närvarande. Inte överraskande för vissa läsare: manlig övertro tenderar att vara mer framträdande medan kvinnor inte tenderar att överdriva sina kunskaper och förmågor nästan lika mycket; dessutom är optimister inte ensamma när det gäller att överskatta sig själva - även självutnämnda pessimister överskattar sig fortfarande om än mindre extrema.

Slutsats: Kom ihåg att vara medveten om att det är lätt för oss att överskatta vår kunskap. Var försiktig med förutsägelser från experter; i alla planer, gynna det pessimistiska scenariot eftersom detta ger dig en chans att exakt bedöma situationer mer realistiskt.

Tillbaka till vår fråga: Johann Sebastian Bach lämnade efter sig 1127 verk som har överlevt fram till idag, även om många kan ha gått förlorade med tiden. För vidare läsning se: Illusion av skicklighet (kap. 94); Prognos illusion (kap. 40) och strategisk felaktig framställning. (kap. 89); Incitament Super-Response Tendens (kap. 18); Självbetjänande partiskhet (kap. 45).

TA INTE NYHETSANKARE PÅ ALLVAR

Efter att ha tilldelats Nobelpriset i fysik 1918 åkte Max Planck på en rikstäckande föreläsningsturné genom Tyskland för att presentera nya kvantmekaniska teorier. Vart han än gick höll han samma föreläsning. Med tiden blev hans chaufför bekant med hans tal: 'Professor Planck måste tycka att det är monotont att upprepa sig själv; låt mig göra det åt dig i München? Sitt på första raden med min chaufförsmössa och bär min chaufförsmössa eftersom det skulle ge oss båda lite variation!' Planck var nöjd med denna idé, så föraren höll en kvällsföreläsning om kvantmekanik inför en elitpublik. När en av Münchens fysikprofessorer reste sig med en fråga till honom blev hans förare förvånad: 'Aldrig skulle jag ha förväntat mig att någon från en så avancerad stad som München skulle ställa en så enkel fråga! Min chaufför ger gärna ett svar.'

Charlie Munger, en av världens främsta investerare (från vilken jag har tagit den här historien), identifierade två typer av kunskap. Verklig kunskap kan ses bland dem som har lagt ner mycket tid och ansträngning på att förstå ett ämne; chaufförkunskap avser kunskap från människor som vet hur man sätter upp en show med imponerande röster eller fantastiska frisyrer; men deras ord kommer ut som om de läser från manus.

Tyvärr har det blivit mer utmanande än någonsin att skilja sann kunskap från chaufförskunskap. Nyhetsankare ger ett bra exempel på denna dikotomi; alla vet att dessa skådespelare helt enkelt utför roller - ändå fortsätter jag att förvånas över den respekt som dessa polerade manusläsare har, förutom att de modererar paneler om ämnen som de knappt förstår själva.

Journalister presenterar fler utmaningar. Vissa journalister besitter sann expertis; dessa veteranreportrar är vanligtvis specialiserade inom ett område i flera år. Dessa reportrar anstränger sig för att förstå ett ämnes komplexitet och förklarar det sedan effektivt genom långa artiklar som beskriver fall och undantag. De flesta journalister liknar dock chaufförer: skriver ensidiga texter snabbt med hjälp av Google-sökningar utan att göra mycket research för ersättning; deras texter tenderar att vara ensidiga, korta och endimensionella till innehållet.
Dessa individer tenderar att visa lite kunskap, samtidigt som de utstrålar en känsla av överlägsenhet i tonen.

Företag kan ofta uppvisa ytlighet. När företagen blir större förväntas vd:ar ha "stjärnkvalitet". Tyvärr är hängivenhet, högtidlighet och tillförlitlighet ofta undervärderade i toppen. Ibland tror aktieägare och journalister felaktigt att showmanship kommer att ge bättre resultat, vilket verkligen inte är sant.

Warren Buffett, Mungers affärspartner, har kommit på en utmärkt lösning: hans "cirkel av kompetens". Det som faller inom denna cirkel kan förstås intuitivt medan det som ligger utanför den kanske bara delvis är meningsfullt. Munger råder människor att hålla sig inom vad han kallar sin kompetenscirkel: att förstå vad man förstår och inte förstår. Storleken spelar ingen roll så länge de vet var deras omkrets ligger.' Munger understryker detta. För att nå framgång i någon strävan måste man förstå sina egna anlag. Om att spela mot personer med större anlag än dem själva är till din nackdel, och du inte gör det, kommer det sannolikt att sluta med förlust - så mycket kan garanteras. Därför är det av yttersta vikt att hitta ett försprång och att hålla sig inom sin kompetenskrets.'

Slutsats: Håll utkik efter chaufförskunskap. Förväxla inte företagets talespersoner, ringmasters, nyhetsuppläsare, schmoozers eller ordförsäljare som experter med sann kunskap. En tydlig indikator: sanna experter vet när deras expertis tar slut och när den börjar igen; sanna experter känner också igen när något faller utanför deras krets av expertis, och håller tyst eller talar fritt för att indikera sådana kunskapsluckor; chaufförer gör sällan detta med hänsyn till sig själva!

Se även Authority Bias (kap. 9); Domänberoende (kap. 76); Twaddle Tendency (kap. 57) för ytterligare utforskningar.

Varje kväll runt niotiden, ungefär vid nio trettio, står en individ i röd hatt på en fyrkant och börjar vilt vifta runt med mössan. Efter fem minuter försvinner han och en dag senare när den blev kontaktad av polisen, svarade den här personen att han höll undan giraffer men ingen kunde ses här så måste göra ett effektivt jobb med det!' Till detta svarade polismannen "Jaha då mår jag väl bra då!"

En dag när min vän med ett brutet ben var bosatt och bad mig köpa lotter åt honom, gick jag in till stan, kollade i några lådor, skrev hans namn på den och betalade. Men så fort jag gav honom det invände han: 'Varför gjorde du det? Jag ville fylla i den själv; dessa siffror kommer inte att vinna mig någonting!"

"Tror du verkligen att val av nummer kommer att ha någon betydelse för dragningen?" frågade jag. Hans ansikte mötte tomt min blick.
Kasinospelare kastar ofta tärningarna så hårt som möjligt om de behöver ett högt antal, och mer försiktigt när de hoppas på låga - en absurd praxis ungefär som fotbollsfans som hoppas att de kan påverka ett spel genom att gestikulera framför en tv-apparat. Tyvärr delar de denna illusion med andra som också försöker påverka världens angelägenheter genom att sända ut positiva vibbar eller "karma".

Jenkins och Ward upptäckte 1965 illusionen av kontroll, tendensen att tro att vi kan påverka något som vi inte har något inflytande över, genom ett experiment med två strömbrytare och ett ljus. Genom att trycka på knapparna kunde de påverka när och om ljuset tändes slumpmässigt; Försökspersoner trodde fortfarande att de kunde påverka dess ljusstyrka genom att trycka på knapparna.

Tänk på det här exemplet: en amerikansk forskare genomförde tester för att undersöka akustisk känslighet för smärta genom att placera människor i ljudbås och gradvis öka volymen tills försökspersonerna signalerade honom att sluta. Hans två rum (A och B) var identiska förutom att B hade en röd panikknapp på väggen.
Knappen var bara menad som en illusion av kontroll; Dess närvaro gav dock deltagarna en känsla av att de kunde forma sin situation och därmed göra det möjligt för dem att tolerera betydligt högre ljudnivåer. Om du någonsin har läst Aleksandr Solzjenitsyn, Primo Levi eller Viktor Frankl, borde detta fynd inte komma som någon överraskning; deras böcker beskriver hur även små inflytanden på ödet uppmuntrade fängelsefångar att inte ge upp hoppet.

Att korsa gator i Los Angeles kan vara knepigt, men med en knapptryckning kan vi stoppa trafiken – eller kan vi? Syftet med knappen är att få oss att tro att vi har viss kontroll över trafikljusen, så att vi kan uthärda att vänta längre utan att bli otåliga eller tappa tålamodet med att vänta på att det ska förändras mer tålmodigt. Liknande knep används när det gäller hissens "dörr-öppna/stäng"-knappar: många är inte ens anslutna till en elektrisk panel! Liknande åtgärder har också genomförts i öppna kontorslandskap: för vissa kan det alltid vara för varmt, för andra för kallt. Smarta tekniker skapar en illusion av kontroll genom att installera falska temperaturrattar; detta minskar energiräkningar - och klagomål. Sådana strategier har kommit att kallas placeboknappar och de används överallt från hissar och kontor till butiker med kassadiskar.

Centralbanker och regeringstjänstemän använder placeboknappar sakkunnigt. Ett exempel skulle vara federal funds-räntan - en extremt kortfristig dagslåneränta. Även om denna ränta inte påverkar långfristiga räntor (som beror på utbud och efterfrågan och därför är avgörande för investeringsbeslut), väcker varje förändring starka reaktioner på aktiemarknaden. Ingen förstår varför dagslåneräntor har en sådan effekt på marknaderna, men alla tror att de gör det och så blir det. Uttalanden från Federal Reserve-ordföranden kan ha samma inverkan: marknaderna rör sig även om hans ord inte ger någon faktisk påtaglig fördel för realekonomin; de skapar bara ljudvågor. Ändå tillåter vi ekonomiska huvuden att fortsätta leka med illusoriska urtavlor. En verklig väckarklocka skulle komma om alla inblandade parter förstod att den globala ekonomin i slutändan är ur våra händer och inte kan hanteras effektivt.

Är du säker på att allt är under kontroll? Förmodligen mindre än du tror
Se även Tillfällighet (kap. 24); Försummelse av sannolikhet (kap. 26); Prognos Illusion (kap. 40); Illusion av skicklighet (kap. 94); Clustering Illusion (kap. 3); Introspektion Illusion (kap. 67) i detta kapitel.

SUPERRESPONSTENDENS

Franska kolonialhärskare i Hanoi på 1800-talet antog en lag för att kontrollera ett angrepp av råttor: för varje död som fördes in till myndigheterna skulle dess fångare få en belöning. Många råttor förstördes genom detta initiativ men också många fler uppfödda speciellt för det.

Arkeologer som upptäckte Dödahavsrullarna 1947 satte en upphittaravgift per pergament; istället för att upptäcka många fler rullar, rev arkeologer helt enkelt isär befintliga pergament för att öka upphittarens avgift. Liknande incitament erbjöds i Kina under 1800-talet: bönder hittade flera dinosaurieben på sin mark och bröt dem sedan isär för att tjäna in dem som belöningar. Moderna företagsstyrelser erbjuder bonusar när målen uppnås och chefer lägger sin energi på att försöka sänka målen istället för att växa sin verksamhet.

Dessa fall illustrerar Charlie Mungers berömda observation om incitament som orsakar superresponstendenser. Människor reagerar på incitament genom att göra det som ligger i deras bästa. Vad som är anmärkningsvärt är dock hur snabbt och markant människors beteende förändras när nya incitament kommer in eller befintliga ändras; Dessutom verkar det som om människor reagerar direkt på incitament själva snarare än några större avsikter bakom dem.

Bra incitamentssystem kombinerar avsikt och belöning; till exempel, i antikens Rom bjöds ingenjörer in att stå under sin brokonstruktion under öppningsceremonier. Dåliga incitamentssystem å andra sidan döljer eller till och med förvränger det avsedda målet; censurera en bok kanske bara gör dess innehåll mer ökänd, att belöna bankanställda för varje sålt lån kan skada kreditportföljerna ytterligare och att göra VD-lönerna offentliga gjorde inget annat än att öka dem; ingen ville uppfattas som "förlorad VD".

Vill du ändra beteendet hos individer eller organisationer? Att predika om värderingar och visioner eller vädja till förnuft skulle kunna fungera, men incitament fungerar ofta bättre – de behöver inte ens vara ekonomiska!
Allt man lärt sig kan komma till nytta – från bra betyg och Nobelpriser, till specialbehandling i livet efter detta.

Långt innan jag kom till att förstå varför utbildade medeltida adelsmän gav upp sina lyxiga liv för att delta i korstågen, kämpade jag för att förstå vad som kunde få välutbildade adelsmän från denna period att lämna sin bekväma livsstil bakom sig och stiga på hästar, väl medveten om att resan tog minst sex månader och passerade direkt genom fiendens territorium - ändå tog de risken. Efter lite eftertanke och eftertanke insåg jag: incitamentssystem spelade en viktig roll. Om de överlevde kunde de behålla allt sitt krigsbyte samtidigt som de blev rika män medan de som dog automatiskt blev martyrer med alla dess fördelar för dem eller så gick de rakt in i himlen som martyrer - vilket gjorde denna win-win-lösning möjlig för alla inblandade denna satsning lönsam från dag ett för båda parter om båda kunde komma hem levande; hur som helst så var det win/win situation

Föreställ dig för en sekund om krigare och soldater istället debiterade fiender per timme för utförda tjänster - vi skulle i praktiken uppmuntra dem att ta så lång tid som möjligt, eller hur? Så varför betalar vi timpriser när vi anlitar advokater, arkitekter, konsulter, revisorer eller körlärare? Mitt råd: förhandla istället fast prisavtal innan du anlitar deras tjänster.

Var försiktig med investeringsrådgivare som stöder specifika finansiella produkter; deras fokus kanske inte är ditt ekonomiska välbefinnande utan att tjäna provision. Entreprenörers och investeringsbankers affärsplaner visar sig ofta vara värdelösa eftersom säljarna bara har sina egna intressen i centrum; som det gamla ordspråket säger "Fråga aldrig en frisör om du behöver en frisyr."

Håll utkik efter incitament-superresponstendenser; när någon eller en organisations beteende förbryllar dig, fråga vilka incitament som kan ligga bakom det och du kommer sannolikt att kunna förklara 90 % av fallen med lätthet; alla återstående 10 % kan vara passion, idioti, psykos eller illvilja.

Se även Motivation Crowding (kap. 56); Ömsesidighet (kap. 6); Overconfidence Effect (kap. 15) för ytterligare material om motivationsträngning.

REGRESSION TILL MEDELVÄRDE

Hans ryggsmärtor fluktuerade mellan att vara bättre och sämre. Vissa dagar var bättre än andra; det skulle finnas dagar han kände för att flytta berg, andra när ens minimal rörelse var omöjlig. När detta blev problematiskt - vilket lyckligtvis bara inträffade sällan - körde hans fru honom till en kiropraktor; väl där, nästa dag skulle han hitta honom mer rörlig och skulle rekommendera honom varmt till alla hans kontakter.

En annan, yngre man med ett golfhandikapp på 12, hyllade entusiastiskt över sin instruktör, som han bokade en timme med när hans spel haltade och kort därefter förbättrades hans prestation avsevärt.

En investeringsrådgivare från en storbank skapade en bisarr "regndans" och utförde den varje gång hans aktier gick dåligt på toaletten. Även om det verkade absurt på den tiden, kände han sig tvungen att göra det; och saker och ting förbättrades alltid efteråt.

Det som länkar de tre männen samman är ett fel som kallas regression-till-mean vanföreställning.

Säg att din region har upplevt en ovanligt kall period; temperaturerna kommer troligen gradvis att återgå till sitt månadsmedelvärde under de kommande dagarna. Detsamma gäller sannolikt med extrem värme, torka eller regn: vädret varierar runt ett medelvärde. Vädret är bara en indikator; likaså är kronisk smärta, golfhandikapp, aktiemarknadsprestationer, tur i kärlek, subjektiva lyckonivåer och testresultat - de varierar alla runt någon typ av medelvärde. Och på liknande sätt för kronisk ryggsmärta utan kiropraktikbesök; handikapp som återgår till 12 utan att lektioner läggs till; investeringsrådgivarens prestation återvänder mot en genomsnittlig marknadsprestation - oavsett toalettdanser!

Extrema prestationer varvas med mindre extrema. Även de mest framgångsrika aktievalen från tre år sedan kommer sannolikt inte att förbli så om tre till. Du kan förstå varför vissa idrottare helst undviker att skapa rubriker.
Tidningar rapporterar ofta toppresultat, men vet ändå omedvetet att nästa gång kanske de inte når liknande toppresultat - något som inte har något att göra med mediauppmärksamhet; men beror på naturliga variationer i prestanda.

Eller överväg fallet med en divisionschef som vill höja medarbetarnas moral genom att skicka de minst motiverade 3% av sin personalstyrka på en kurs, bara för att motivationsnivåerna inte ska återvända som tidigare (de som hade deltagit utgör inte längre denna procentsats - det kommer att sannolikt andra istället för sig själva i botten). Var kursen värd det? Svårt att säga eftersom motivationsnivåerna sannolikt skulle återgå till sin norm även utan träning; liknar patienter inlagda på sjukhus för depression som ofta lämnar och känner sig något bättre men det kan mycket väl inte ha bidragit alls!

Exempel 2: I Boston placerades lågpresterande skolor i ett intensivt stödprogram. Inom ett år hade deras prestationer förbättrats - något som myndigheterna direkt tillskrev denna ansträngning snarare än naturlig regression mot elak.

Att gå tillbaka till att elaka kan få destruktiva konsekvenser, vilket leder till att lärare (eller chefer) tror att disciplin är bättre än beröm, till exempel genom att belöna högpresterande personer samtidigt som man straffar lågpresterande efter prov. Som ett resultat kan lärare dra slutsatsen att förebråelse hjälper och beröm hindrar — att skapa en upprepad cykel där bestraffning hjälper och beröm hindrar prestation — så deras övertygelse blir "förbråelse hjälper och beröm hindrar", vilket ger upphov till en annan felaktighet som inte kan undvikas.

Slutsats: När jag hör berättelser som "Jag blev sjuk, besökte min läkare och blev gradvis bättre" eller "Vårt företag upplevde svårigheter under året; därför anlitade vi en konsult och nu har resultaten återgått till det normala", kan det tyda på regression-till-medelfel.

Se även Problem med medelvärden (kap. 55); Kontrasteffekt (kap. 10); Det kommer att bli värre innan det blir bättre villfarelse (kap. 12); Tillfällighet (kap. 24); Gambler's Fallacy (kap. 29)

RESULTATBIAS

Föreställ dig att en miljon apor investerar på aktiemarknaden; köpa och sälja aktier till synes slumpmässigt - vad händer? Efter en vecka kommer ungefär hälften ha gjort vinst medan hälften har gått med förlust. Endast de apor som gjorde en vinst får stanna; alla som gjort förluster ska skickas hem. Efter en vecka kommer hälften fortfarande att åka högt medan hälften har upplevt förluster och måste skickas iväg; denna cykel fortsätter hela tiden. Efter 10 veckor kommer cirka 1000 apor att finnas kvar som konsekvent har investerat sina pengar klokt. Efter 20 veckor kommer bara en att finnas kvar och den här apan – vi kommer att kalla framgångsapan – valde konsekvent aktier som den kunde tjäna på och är nu miljardär! Låt oss ringa honom.

Hur kommer media att reagera? De kommer att kasta sig över detta djur i jakten på dess "framgångsprinciper", och kommer utan tvekan att hitta några: kanske äter apan mer bananer än sina andra primater; kanske sitter han i ett annat hörn av sin bur; kanske svänger han genom grenar handlöst och tar långa, eftertänksamma pauser när han sköter sig själv; Det måste väl finnas någon hemlig ingrediens som gör att den här briljanta artisten orkar gå tjugo veckor? Omöjlig!

Apberättelsen illustrerar utfallsbias: vi tenderar att bedöma beslut utifrån deras resultat snarare än processer, ofta känd som historikerfel. Ett klassiskt exempel på detta villfarelse skulle vara Japans attack mot Pearl Harbor; borde dess militärbas ha evakuerats innan den attackerades? Idag: Ja. Bevisen var överväldigande för en förestående attack; men först i efterhand är signalerna uppenbara. Vid den tiden gav 1941 många motsägelsefulla signaler som pekade mot en attack; vissa angav det medan andra inte gjorde det. För att bedöma kvaliteten på detta beslut vid dess början (dvs innan det inträffade), måste endast information som är tillgänglig vid det ögonblicket beaktas; allt vi lär oss efter attacken måste också beaktas.

Ett annat experiment kräver att du bedömer tre hjärtkirurger. För att göra detta ombeds var och en att utföra fem svåra operationer på sig själva i följd.
Med tiden har sannolikheten för dödsfall från dessa ingrepp stabiliserats på 20 %. Kirurg A förlorar ingen under operationen medan kirurg B förlorar en patient medan två gör det med kirurg C. Hur ska dessa tre kirurger dömas mot varandra? Om du är som de flesta människor är betyg A som bäst, B som näst bäst och C som sämst helt enkelt att falla offer för utfallsbias - möjligen på grund av att för få prover undersöks - vilket gör resultaten meningslösa. En noggrann utvärdering av en kirurg kräver först en förståelse för hans eller hennes område, följt av noggrann observation under förberedelse och genomförande av

operationer - med andra ord, du behöver bedöma både process och resultat när du gör sådana utvärderingar. Alternativt, om det finns tillräckligt många patienter som kräver just denna operation - 100 eller 1000 operationer - kan du använda en större provstorlek. För närvarande räcker det att förstå att det för en genomsnittlig kirurg är 33 % chans att ingen kommer att dö, 41 % chans att en person dör och 20 % chans att två personer dör; det är en enkel sannolikhetsberäkning och visar ingen stor varians mellan noll döda och två döda; att bedöma dessa tre kirurger enbart på dessa resultat skulle vara både oaktsamt och oetiskt.

Slutsats: det är klokt att inte bedöma beslut enbart baserat på resultatet, särskilt när slumpmässighet eller yttre påverkan spelar en roll. Ett dåligt resultat betyder inte automatiskt ett dåligt beslut, vice versa. Därför, istället för att beklaga dåliga val som gjorts eller applådera dig själv för sådana som bara resulterade i framgång av misstag eller av enbart tillfälligheter, kom ihåg varför du valde det du gjorde; var dina skäl rationella och begripliga? Om den här metoden fungerade tidigare men inte gav resultat den här gången - håll dig till den och se vart den annars kan leda!

Se även Sunk Cost Fallacy (kap. 5); Swimmer's Body Illusion (kap. 2), Hindsight Bias (kap. 14) och Illusion of Skill (kap. 94) som relaterade begrepp.

VARFÖR ÄR MINDRE MER

Eftersom min syster och hennes man nyligen köpte ett ofärdigt hus, är allt vi kan prata om badrumsplattor: keramik, granit, marmor, metall, sten, träglaslaminat. Min syster utbrister ofta "Det finns alldeles för många att välja på", och kastar upp händerna i förbittring innan hon vänder tillbaka till katalogen som hennes bästa källa till kunskap.

Min forskning visar att min lokala livsmedelsbutik har 48 sorters yoghurt, 134 sorters rött vin och 64 rengöringsprodukter för totalt 30 000 artiklar; Amazon har för närvarande två miljoner titlar tillgängliga för dem onlinebokhandlare. Människor i dag står inför många alternativ från psykiska störningar till karriärer till semesterdestinationer och livsstilsval – det har aldrig funnits så mycket val tillgängligt för dem!

I mitt barndomshem i Schweiz fanns det bara tre typer av yoghurt, tre tv-kanaler, två kyrkor, två sorters ost (mild eller stark), öring som den enda fisken tillgänglig och en telefon från Swiss Post - med sin enda ratt tjänar bara till att ringa - gör livet enklare för oss än dagens skyltfönster fulla av märken, modeller och kontraktsalternativ!

Men urval är måttstocken för framsteg; det skiljer oss från planekonomi och stenåldern. Även om överflöd kan göra dig lycklig, kan det förstöra livskvaliteten när det överskrids - detta fenomen är känt som valparadoxen.

Psykoterapeuten Barry Schwartz beskriver i sin bok med samma titel varför detta är sant. Ett stort urval kan leda till inre förlamning; För att visa denna effekt satte en stormarknad upp en monter där kunderna kunde prova 24 typer av gelé, som de kunde prova innan de köpte till ett rabatterat pris. På dag två av deras experiment med sex smaker i stället, ökade försäljningen tiofaldigt. Varför? Att ha så stor variation kanske gör beslutsprocessen överväldigande?
Kunderna kunde inte bestämma sig, så de gick ut utan att köpa något. Detta experiment upprepades flera gånger med olika produkter; varje gång gav dock liknande resultat.

För det andra kan ett brett urval leda till dåliga beslut. På frågan av unga människor vilka egenskaper som gör en idealisk livspartner, nämner många intelligens, gott uppförande, värme, förmågan att lyssna, humor och fysisk attraktionskraft som prioriteringar. Men tar man verkligen hänsyn till dessa kriterier när man väljer någon? Tidigare kunde unga män från medelstora byar välja bland kanske tjugo flickor i skolåldern som han kunde tänka sig att gifta sig med. Han kände deras familjer, vilket ledde till att han fattade ett beslut baserat på ett antal gemensamma egenskaper. Nu i nätdejtings tidsålder finns det miljontals potentiella partners tillgängliga för oss alla. Studier har visat att manliga hjärnor blir överväldigade med det överväldigande urvalet av potentiella partners som deras urvalsprocess begränsar till endast ett kriterium: fysisk attraktionskraft. Du är förmodligen väl bekant med denna urvalsprocess från dina personliga erfarenheter eller genom mediarapportering.

Stort urval kan leda till missnöje. Hur kan du vara säker på att du gör rätt val när 200 alternativ bombarderar och förbryllar dig? Du kan helt enkelt inte. Med fler valmöjligheter till hands kommer mer osäkerhet och i slutändan missnöje efteråt.

Så vad ska du göra? Tänk noga på dina önskade kriterier innan du söker efter tillgängliga erbjudanden och håll dig sedan fast vid dem. Tänk också på att perfekta beslut inte kan existera med tanke på de stora valen som finns där ute; sikta på tillräckligt bra istället för perfektionism istället! Snarare uppskatta "tillräckligt bra" val - som kan inkludera livspartners (men bara du och jag kan välja exakt de vi vill ha!).

Se Decision Fatigue (kap. 53); Alternativ blindhet (kap. 71) och standardeffekt (kap. 81) för vidare läsning.

DU GILLAR MIG MYCKET; VILL DU INTE BARA VILL BETALA DET FÖR MIG??!

Kevin gjorde nyligen ett impulsköp av två lådor fint Margauxvin. Även om han vanligtvis inte dricker Bordeaux-viner, var han så charmad av deras försäljningsassistent; inte falsk eller påträngande men verkligen lättillgänglig att han bestämde sig för att köpa två fodral som presenter till någon speciell.

Joe Girard anses allmänt vara världens främsta bilförsäljare. Hans mantra för framgång: "Det finns inget mer effektivt i att sälja något än att övertyga kunderna om att de är viktiga och att du verkligen uppskattar dem som människor" Istället för att bara prata talar Girard använder kort med en mening som läses högt från dem varje månad för att visa sina tillgivenhet: jag gillar dig'

Fenomenet att tycka om bias är förvånansvärt enkelt att förstå, men vi faller ofta offer för det. Enkelt uttryckt betyder det detta: ju mer vi gillar någon, desto mer sannolikt är det att vi köper eller hjälper den personen. Ändå kan man fråga sig vad som är "likvärdigt". Enligt forskning uppfattar vi människor som tilltalande om de A) har attraktiva egenskaper, B) har liknande bakgrund eller intressen som vi själva och C) delar våra intressen. Reklam visar ofta attraktiva människor. Fula människor framstår som ovänliga och klarar sig inte ens (se A). Reklam sysselsätter också "människor som vi", nämligen de som liknar utseende, accent eller bakgrund - ju mer lika desto bättre! Spegling är en effektiv försäljningsteknik som används för att uppnå just denna effekt. Här försöker säljaren att spegla sin blivande kunds gester, språk och ansiktsuttryck för att uppnå maximal effekt. Om en köpare talar långsamt och tyst samtidigt som han ofta kliar sig i huvudet, skulle det vara vettigt för säljaren att göra detsamma och därmed öka sina chanser att avsluta en affärsaffär. Annonsörer använder ofta komplimanger som en del av sin säljpresentation: hur ofta har du hört annonser säga något i stil med: "du förtjänar det här!"? Återigen spelar faktor C in här - folk tycker att vi är mer attraktiva om de gillar oss; komplimanger fungerar magi även om de ringer falskt.

Marknadsföring på flera nivåer (säljer genom personliga nätverk) bygger enbart på dess förmåga att tilltala tycke. Även om det finns överlägsna plastbehållare på marknaden, fungerar multilevel marketing fortfarande genom att dra fördel av tycke.
Tupperware har en årlig omsättning på två miljarder dollar, på grund av dess överkomliga detaljhandelspriser och vänliga fester som arrangeras av vänner som uppfyller båda trivselstandarderna perfekt.

Biståndsorganisationer använder tyckefördomar till sin fördel. Kampanjer visar nästan uteslutande leende barn eller kvinnor; aldrig kommer du att se en sårad gerillakämpe med stenansikte stirra tillbaka från skyltar även om han också behöver ditt stöd.

Naturvårdsorganisationer använder liknande tekniker; Se inte längre än till någon broschyr från World Wildlife Fund som visar spindlar, maskar, alger eller bakterier som stjärnorna - även om dessa utrotningshotade varelser kan vara lika avgörande för ekosystemet som pandor, gorillor, koalor eller sälar! Men vi känner ingenting för dessa varelser – istället kopplar vi starkare till varelser som agerar likadant och agerar likt oss än att något utdött som benskepparflugan är utdöd... det är synd!

Politiker är mästare på att skapa en atmosfär av tycke bland sin publik. Baserat på demografi- och intresseanalyser skräddarsyr de budskap efter bostadsområde, social bakgrund eller ekonomiska frågor - och smickrar oss: varje potentiell väljare får känna sig oumbärlig och hör ord som: "Din röst räknas!" och även då endast med den minsta bråkdelen - ibland borderline irrelevant!

En av mina vänner som handlar med oljepumpar relaterade till rörledningar berättade för mig om hur han framgångsrikt stängde en åttasiffrig affär för en rörledning i Ryssland utan att använda några mutor för att stänga den. "Bestickning?" Jag frågade, varpå min vän svarade nej: de började prata om segling och upptäckte plötsligt att vi båda älskade 470 jollesegling! Från och med det var deras affär komplett med vänskaplighet som vida överlägsen än mutor."

Så om du är en säljare, få dina köpare att tro att du gillar dem med smicker eller på andra sätt. På konsumentsidan av saker, bedöm alltid produkter objektivt oavsett vem som sålde dem till dem - förvisa säljare från ditt sinne genom att låtsas att de inte gillar dem!
Se Ömsesidighet (kap. 6); Personifiering (kap. 87) för vidare läsning om dessa ämnen.

Endowment Effect Jag blev chockad när jag såg BMW:n som stod stolt på parkeringen hos en begagnad bilhandlare, gnistrande som ny med bara några mil på vägmätaren och såg ut som ny. För mig verkade det värt runt $40 000. Men dess säljare ville tyvärr ha $50 000 och ville inte vika en tum på priset. Jag bestämde mig för att gå för det när han ringde tillbaka veckan efter och sa att han skulle acceptera 40 000 $ istället, ta ut den på sin första snurr den dagen och stannade vid en bensinmack där ägaren kom ut och beundrade min bil - bara för honom att sedan ge mig $53 000 kontanter då och då! Det behöver inte sägas att jag artigt tackade nej. På min bilresa hem blev det uppenbart för mig hur löjligt mitt beslut hade varit: ett föremål värt $40 000 hade kommit i min ägo och omedelbart blivit värt mer än $53,000! Om mitt tänk hade varit rent rationalitetsdrivet hade bilen dock sålts direkt - men tyvärr för mig, på grund av något som kallas donationseffekten (där föremål blir mer värda när de ägs), och därför tenderar vi att ta mer betalt. när vi säljer en vara än vi skulle göra om vi köpte direkt själva.

Psykoterapeuten Dan Ariely genomförde ett experiment för att testa denna teori: i en av hans klasser lottade han ut biljetter till en stor basketmatch och tillfrågade elever för att bedöma deras värdering av dem; tomhänta studenter uppskattade omkring $170; dock skulle vinnande studenter aldrig sälja sin biljett under ett genomsnittligt försäljningspris på $2 400 - ägande är förknippat med högre försäljningspriser än förväntat.

Fastigheter har länge visat begåvningseffekten. Säljare blir känslomässigt fästa vid sina hus, vilket ofta får dem att överskatta dess värde och förväntar sig att köpare ska betala mer än vad marknadspriset tillåter – något som helt enkelt inte kan hända eftersom detta överskott representerar sentimentalt värde enbart.

Richard Thaler genomförde ett ögonöppnande klassrumsexperiment vid Cornell University för att mäta begåvningseffekten. Han delade ut kaffemuggar slumpmässigt till hälften av sina elever och berättade för dem att de antingen kunde ta eller sälja det till önskat pris; de utan en tillfrågades sedan hur mycket de skulle vara villiga att betala för en; kort sagt, Thaler mätte vad som kallas begåvningseffekt.
Skapa en marknad för kaffemuggar. Man skulle anta att ungefär 50 % av eleverna skulle handla, antingen sälja eller köpa. Men resultatet var mycket lägre; endast 1 av 4 ägare sålde under $5,25 medan köpare vanligtvis inte skulle betala mer än $2,25 per mugg.

Man kan lugnt säga att människor är bättre på att samla på saker än att kassera dem, vilket förklarar både varför vi samlar så mycket stök i våra hem och varför samlare av frimärken, klockor och konst sällan skiljer sig från sina värdefulla ägodelar.

Otroligt nog sträcker sig begåvningseffekten inte bara till ägande utan också nära ägande. Auktionshus som Christie's och Sotheby's trivs med detta fenomen: människor som lägger bud till sista minuten känner att ett objekt praktiskt taget är deras och är villiga att betala mycket mer än planerat; varje återkallande från budgivning ses som en förlust trots all logik. Stora auktioner, som de för gruvrättigheter eller mobila radiofrekvenser, visar ofta "vinnarens förbannelse", där en första vinnare faktiskt slutar med att förlora ekonomiskt när han fångas upp av budglöd och överbud. För mer insikt i detta ämne, se kapitel 35!

Det finns ett liknande fenomen på arbetsmarknaden. Om du söker ett jobb och inte får någon feedback eller får avslag i ett intervjuskede, kan din besvikelse intensifieras ännu mer genom att bli känslomässigt investerad i vad som kunde ha varit en annars rutinmässig urvalsprocess. Antingen får du jobbet eller inte; inget annat borde spela roll.

Slutsats: Bli inte fäst vid fysiska föremål; se dem som tillfälliga gåvor från universum som snabbt kan försvinna utan förvarning. Ha detta i åtanke och njut av den lilla tid som återstår. Se även Hus-pengareffekt (kap. 84); Sunk Costs Fallacy (kap. 5); Vinnarens förbannelse (kap. 35); Kontrasteffekt (kap. 10); Förlustaversion (kap. 32); Kognitiv dissonans (kap. 50); Inte-uppfunnet-här-syndrom (kap. 74) och rädsla för ånger (kap. 82)

Tillfällighet

Den 1 mars 1950 klockan 19.15. i Beatrice, Nebraska var de 15 medlemmarna i en kyrkokör planerade för repetition. På grund av olika anledningar rann de alla efter schemat; särskilt eftersom ministerns familj försenades med att stryka sin dotters klänning. Klockan 19.25 exploderade kyrkan och skickade chockvågor genom byn och krossade väggar och tak. Mirakulöst nog dödades ingen i explosionen som av brandchefen tillskrivs gasläcka, även om medlemmar i kören trodde att det var gudomligt ingripande eller bara en ren tillfällighet.

Något förra veckan påminde mig om Andy, en gammal skolkompis som jag inte hade pratat med på ett tag. Till min förvåning och förvåning ringde min telefon just då utan någon annan ringare än Andy på den! "Du måste vara telepatisk!" var mitt utrop i spänning när jag tog upp det för att svara på det... Men var detta en tillfällighet eller telepati?

Den 5 oktober 1990 rapporterade The San Francisco Examiner att Intel skulle stämma sin rival AMD i domstol efter att ha upptäckt att de planerade att släppa ett datorchip med en akronym känd som AM386, vilket tydligt anspelar på Intels 386-chip. Intel var bara medveten om AMD:s avsikter genom ren slump: båda företagen anställde någon som hette Mike Webb; båda männen checkade ut från samma hotell samma dag efter att ha bott tillsammans; receptionen fick ett paket avsett för Mike Webb men skickade det istället till Intel istället, där det omedelbart vidarebefordrades för juridisk analys och åtgärder som vidtogs mot AMD omedelbart av juridiska avdelningens jurister från båda företagens juridiska avdelningar.

Hur sannolika är sådana berättelser? Den schweiziske psykiatern C.G. Jung såg i dem bevis på en osynlig kraft som han kallade synkronicitet; hur ska rationella tänkare närma sig sådana berättelser? Gärna med papper och penna; till exempel i fallet med kyrkexplosionen, överväg att rita fyra rutor för att representera potentiella resultat, den första är vad som faktiskt ägde rum: kören försenad och kyrkan exploderade (i verkligheten); dessa fyra rutor kan sedan representera fyra möjliga händelser: (1) kör försenad innan kyrkans explosion inträffade (2) möjliga körförseningar utan att explosion inträffade (3) möjliga körinställda händelser som inträffade mellan körförseningar innan kyrkan exploderade (i verkligheten var det precis vad som tog plats) innan dess förstörelse (kör försenad repetition, kyrkexplosion). Det finns fyra möjliga möjligheter när man närmar sig sådana konton med papper och penna: 1) Kören försenade repetitionen sedan en explosion i kyrkan inträffade (dvs.
Uppskatta frekvensen av dessa händelser och skriv dem i deras motsvarande rutor, och ägna särskild uppmärksamhet åt hur ofta "kören i tid och kyrkan inte exploderade" har inträffat; notera hur ofta miljontals körer träffas för repetition och inte möter liknande omständigheter

som det som ägde rum i Beatrice, Nebraska (vilket kan hända en gång varje århundrade eller mer baserat på statistiska sannolikheter), så det kan inte finnas något gudomligt ingripande (förutom, det verkar ganska dumt för Gud att vilja spränga en kyrka!)

Tillämpa detta tänkande på telefonsamtal: tänk på alla gånger "Andy" tänker på dig men inte ringer; när du tänker på honom men han ringer inte; eller när ingen av er tänker på dem men de fortfarande ringer?...Det kan finnas hur många tillfällen som helst när ingen av er tänker på varandra alls - men en så småningom svarar och ringer, speciellt med 100 vänner att välja mellan!

Att uppskatta sannolikheter kan vara knepigt. När någon säger "aldrig" brukar jag registrera detta som en uppskattning högre än noll då "aldrig" aldrig kan kompenseras med negativa sannolikheter.

Så låt oss inte ryckas med: osannolika sammanträffanden är verkligen osannolika men helt möjliga händelser; deras utseende bör inte komma som någon chock; vad som skulle vara förvånande skulle vara om de aldrig förverkligades.

Se även: Falsk kausalitet (kap. 37); Confirmation Bias (kap 7-8); Regression till medelvärde (kap 19); Illusion av kontroll (kap 17) och klusterande illusioner (kap 3).

Har du någonsin upplevt grupptänkande på ett möte? Säkert. Att sitta där och tyst nicka med i hopp om att inte vara oenighetens ständiga röst är tufft när alla runt omkring håller med, så du bestämmer dig för att inte säga till. Tyvärr är grupptänkande på spel här: när alla medlemmar agerar på detta sätt fattar de hänsynslösa beslut eftersom alla anpassar sina åsikter till vad som verkar vara konsensus trots att enskilda medlemmar vet bättre; Detta resulterar i sin tur i att motioner antas som annars inte skulle ha gått igenom utan grupptryck inblandat – en effekt vi diskuterade utförligt i kapitel 4.

I mars 1960 började den amerikanska underrättelsetjänsten rekrytera antikommunistiska exilar som bodde i Miami från Kuba som vapen mot Fidel Castros regim. Bara dagar efter tillträdet informerades president Kennedy om denna hemliga plan att invadera Kuba. Tre månader senare, vid ett avgörande möte i Vita huset där Kennedy och hans rådgivare deltog, röstade alla för en invasion. Den 17 april 1961 landade 1 400 exilkubaner vid Bay of Pigs på Kubas sydkust med stöd från den amerikanska flottan, flygvapnet och CIA-styrkorna. Till en början gick allt som planerat i deras försök att störta Castros regering. På dag ett nådde dock inga förrådsfartyg Kuba; två sänktes av kubanska flygvapen innan ytterligare två återvände hem - alla vände tillbaka, vände om eller flydde tillbaka mot Amerika helt och hållet. Dag två omringade och förstörde Castro deras brigad helt och hållet. På den tredje dagen tillfångatogs alla 1 200 överlevande och internerades i militärfängelser. President Kennedys invasion av Grisbukten anses allmänt vara en av de värsta misstagen i amerikansk utrikespolitik; dess uppfattning och genomförande verkar absurt redan nu. Alla antaganden till förmån för invasion var falska; till exempel underskattade Kennedy och hans team Kubas flygvapen med enorm marginal. Som en del av sin nödstrategi var det också meningen att brigaden, om ett utbrott skulle uppstå, skulle kunna fly till Escambray Mountains och därifrån föra underjordisk krigföring mot Castro. En snabb titt på en karta visar att denna potentiella fristad var 100 miles från Bay of Pigs - vilket ger gott om skydd.
Men Kennedy och hans rådgivare hade anmärkningsvärd intelligens för att leda en amerikansk regering. Så vad gick fel mellan januari och april 1961?

Psykologiprofessorn Irving Janis har genomfört omfattande studier av många fiasko. Han hittade ett gemensamt tema: sammansvetsade grupper utvecklar laganda genom att (omedvetet) skapa illusioner. En sådan vanföreställning är en känsla av oövervinnerlighet: Om både vår ledare [Kennedy] och gruppen är säkra på att vår plan fungerar, så borde turen komma vår väg. Enhällighet bidrar också till att skapa denna villfarelse: när alla är överens om något måste alla avvikande åsikter vara ogiltiga. Ingen gillar att vara den person som stör lagets enhet. Individer uppskattar i allmänhet att vara inkluderade, så att uttrycka invändningar kan innebära uteslutning; en sådan förvisning skulle sannolikt innebära döden för vår art, därav vår starka instinkt att förbli en del av en grupp.

Grupptänkande i affärer är inget nytt, vilket Swissair bevisar. Här samlade sig en grupp högt betalda konsulter bakom sin tidigare VD och utvecklade en högriskexpansionsstrategi (som innefattade köp av flera europeiska flygbolag). Eftersom deras iver skapade en överväldigande konsensus inom deras team, undertrycktes även rationella reservationer tills dess kollaps 2001.

Om du någonsin befinner dig i en miljö där alla är överens om allt, bör det inte bara tolereras utan också välkomnas. ifrågasätta tysta antaganden även vid risk för utvisning kan också hjälpa till att bryta stillastående tänkande och etablera en meningsfull dialog. Som ledare, överväg att utse någon som djävulens advokat. Även om hon kanske inte är den mest populära medlemmen, men kan visa sig vara mest fördelaktig.

Se även: Socialt bevis (kap. 4); Social Loafing (kap. 33); In-Group Out-Group Bias (kap. 79) och Planning Missacy (kap. 91).

VARFÖR SKA DU SNART SPELA MEGATRILLIONER

Försummelse av sannolikhet

Föreställ dig två hasardspel där båda ger dig lika stor chans att vinna $10 miljoner; vilken skulle du välja? Att vinna den första skulle förändra ditt liv; du kan sluta ditt jobb, sparka din chef och leva på dina vinster; däremot skulle vinna 10 000 dollar ge dig ledigt från jobbet samtidigt som du tar en oförglömlig semester till Karibien utan rädsla för att ditt vykort kort därefter kommer tillbaka till jobbet - oddsen för att båda är en på 100 miljoner - så vilket skulle du välja? Sannolikheten för varje är 1/10000! Vilket spel väljer du?

Känslor får oss ofta att välja ett spel framför det andra trots objektiv utvärdering av deras odds (förväntad vinst gånger sannolikhet). Trenden har alltså gått mot allt större jackpottar som Mega Millions, Mega Billions eller Mega Trillions oavsett små odds inblandade.

I ett experiment som genomfördes 1972 delades deltagarna in i två grupper; de som tilldelats den ena informerades om att de kan få en elektrisk stöt medan de i den andra fick veta att det bara fanns en 50 % risk att detta skulle hända. Forskare vidtog åtgärder för fysisk ångest (puls, nervositet och svettning) strax innan de började. Vad de upptäckte var häpnadsväckande: det fanns absolut ingen skillnad i stressnivåer i någon av grupperna - alla deltagare i båda var lika överväldigade av oro. Därefter tillkännagav forskare en serie minskningar av chocksannolikheten för den andra gruppen: från 50 % ner till 20 % och sedan 10 % och slutligen 5 %. Men ingen skillnad kunde noteras! Men när båda grupperna fick höra att de skulle öka styrkan på den förväntade strömmen steg ångestnivåerna igen - i ungefär samma grad. Detta visar hur vi reagerar på händelser baserat på förväntad omfattning snarare än deras sannolikhet; vi saknar ett intuitivt grepp om sannolikhet.

Försummelse av sannolikhet leder till misstag i beslutsfattandet. Vi investerar i nystartade företag eftersom deras potentiella vinster drar vårt intresse, men försummar (eller är för lata) för att undersöka om nya företag faktiskt uppnår sådan tillväxt. Eller efter omfattande mediabevakning av en flygolycka ställer vi in flygningar utan att helt överväga våra alternativ. Eftersom det är osannolikt att kraschar inträffar (och därför inte förändrar deras avkastning), jämför amatörinvesterare ofta investeringar enbart baserat på avkastning – till exempel ses Google-aktier med en förväntad avkastning på 20 % som dubbelt så önskvärda än fastigheter med 10 % avkastning i deras sinnen. Tyvärr förbiser det tillvägagångssättet risker, något som vår naturliga intuition inte säger åt oss att överväga ordentligt.

Tillbaka till experimentet med elektriska stötar: i grupp B minskade sannolikheten att få en elektrisk stöt gradvis från 5 % till 4 % till 3 % tills sannolikheten nådde noll; först då reagerade grupp B annorlunda än grupp A; detta verkade oändligt mycket att föredra än att riskera ens bara 1%!

Låt oss testa detta genom att överväga två metoder för behandling av dricksvatten. Antag att en flod har två lika stora bifloder, båda behandlade med metoder A och B som minskar risken att dö på grund av förorening med 5 procentenheter till 2 procentenheter respektive; och B som minskar det från 1 procentenhet ner till noll, vilket eliminerar det helt, dvs. eliminerar hotet helt och hållet. Det verkar förnuftigt för de flesta att gå med B; men detta skulle vara dumt med tanke på att med åtgärd A dör tre gånger färre människor än med B; medan metod A är tre gånger bättre! Denna felaktighet är känd som nollriskbias

Ett ikoniskt exempel är U.S. Food Act från 1958, som förbjöd livsmedel som innehåller cancerframkallande ämnen för att uppnå noll cancerrisker. Även om det från början var effektivt ledde detta förbud till att farligare (men icke-cancerframkallande) livsmedelstillsatser introducerades. Paracelsus visade på 1500-talet att förgiftning alltid är en fråga om dosering, vilket gör varje lag som förbjuder förgiftning väsentligen ineffektiv eftersom det inte skulle finnas något sätt att eliminera varje förbjuden molekyl från livsmedelsprodukter. Varje gård skulle behöva fungera som en hypersteril datorchipfabrik och kostnaden för mat skulle skjuta i höjden; ekonomiskt sett är noll risk sällan vettigt; med undantag är dödliga virus som flyr biotekniska laboratorier eller svåra stormar som förstör en jordbruksgröda.

Människor saknar ett intuitivt grepp om risker och skiljer därför dåligt mellan hot. Vi uppfattar en ökad risk som mindre betryggande när vi hanterar ett känslomässigt ämne som radioaktivitet; två forskare från University of Chicago har visat detta fynd.
Rädsla för kontaminering av giftiga kemikalier är ofta ett irrationellt svar; men det är fortfarande förståeligt.

Se även Availability Bias (kap. 11); Base-Rate Neglect (kap. 28), Problem With Averages (kap. 55), Survivorship Bias (kap. 1), Illusion of Control (kap. 17) Exponential Growth (Ch 34) och Ambiguity Aversion (Ch 80).

VARFÖR GÖR DEN SISTA KAKAN I BUKEN VATTEN VATTEN

Hemma hos min vän för kaffe en kväll började hennes tre barn brottas på golvet och vi gjorde vårt bästa för att få dem att prata medan deras kroppar slogs om vem som skulle få en sista kula ur min påse med glaskulor - jag kom ihåg att jag hade tagit med några och sprid ut dem i hopp om att de skulle spela fredligt tillsammans; till min misstro bröt ett hett argument ut! Det som hade hänt var helt oväntat: bland alla de många blå kulorna fanns bara en blå som barnen klättrade efter; alla andra kulor hade exakt samma storlek och ljusstyrka, men den ena blå kulan hade en fördel på grund av att den var unik; fick mig att skratta högt åt hur barnsliga barn kunde vara!

Så fort jag hörde att Google skulle lansera sin e-posttjänst i augusti 2005 visste jag att jag ville ha en (vilket jag till slut gjorde). På den tiden var dock nya konton extremt begränsade och beviljades endast på inbjudan - detta gjorde min önskan ännu större! Inte för att jag behövde ett annat e-postkonto (jag hade redan fyra vid den tidpunkten); inte för att Gmail var överlägset konkurrenterna; bara att alla inte hade tillgång till det och gjorde mitt sug efter en ännu större! När jag ser tillbaka får detta mig att le; vuxna kan ibland vara barnsliga!

Rara sunt cara, som romarna sa. Sällsynt är värdefullt. Människor har verkligen länge lidit av denna felaktiga uppfattning om brist. Min vän med tre barn jobbar deltid som fastighetsmäklare; närhelst hon har potentiella köpare som inte kan välja mellan två fastighetsalternativ ringer hon och säger att "En läkare från London besökte det igår". "Han gillade det väldigt mycket. Hur är det med dig, är du fortfarande intresserad?"' Doktorn från London (ibland kan det också vara professor eller bankir) är uppenbarligen fiktiv; ändå kan hans effekt vara mycket verklig: framtidsutsikter ser en möjlighet försvinna framför dem och agerar snabbt för att avsluta en affär, återigen på grund av potentiell brist på utbud; Denna situation kan inte förklaras objektivt eftersom de antingen vill ha marken till det fastställda priset eller inte. oavsett eventuella fiktiva läkare från London som kan dyka upp.

Professor Stephen Worchel delade in deltagarna i två grupper för att testa kakkvaliteten: en fick en hel ask medan den andra bara fick några.
Undergrupp B inkluderade endast två cookies; när de ombads att betygsätta sin kvalitet överträffade dessa försökspersoner vida de från grupp 1. Experimentet upprepades flera gånger med liknande resultat varje gång.

Annonser säger ofta "Bara så länge lagret räcker." Affischer varnar oss ofta att agera snabbt när knapphetsfel uppstår. Galleriägare drar fördel av detta fel genom att placera röda sålda prickar under de flesta målningar, vilket gör de återstående få sällsynta och önskvärda bitarna ännu mer önskvärda och skapar därmed knapphetsfel som snabbt bör ryckas upp innan de blir mer knappa föremål som måste knäppas upp snabbt. Frimärkssamlare, myntentusiaster, både veteranbilsentusiaster samlar ofta på frimärken, mynt och bilar även om dessa inte längre tjänar praktiskt till - attraktionen härrör från knapphetsfel snarare än något praktiskt! Allt detta lägger ihop.

Eleverna fick i uppdrag att arrangera 10 affischer efter attraktionskraft - med förutsättningen att de efteråt kunde behålla en som belöning för att delta. Fem minuter senare fick de besked om att en inte hade varit tillgänglig - varav tre var otillgängliga på grund av att de blivit utdragna av säkerhetspersonal. Därefter ombads de att granska alla tio affischer från grunden, med en affisch som inte längre fanns som plötsligt blev den vackraste. Psykologer hänvisar till detta fenomen som reaktans: när vi ställs inför val vi inte kan ha, reagerar vår hjärna ofta genom att tilldela större attraktivitet till alternativ som inte längre existerar - en handling av trots mot förlust av kontroll över ett alternativ. Romeo och Julia-effekten är välkänd: förbjuden romantik mellan tonåringar från Shakespeare leder dem till en oåterkallelig längtan som inte känner några gränser. Inte nödvändigtvis romantisk till sin natur - i Amerika är studentfester fyllda med desperata berusade studenter på grund av att lagar om att dricka minderåriga är förbjudna.

Slutsats: Som svar på knapphet tenderar de flesta människor att fatta beslut med lite tydligt tänkande. När du gör inköp och beslut som enbart baseras på kostnads-nyttoanalys bör alla tecken på att en vara snabbt försvinner inte spela någon roll; inte heller bör Londonläkare intressera sig.
Anmärkningar om kontrasteffekt (kap. 10); Fear of Regret (kap. 82) och House-Money Effect (kap. 84) För ytterligare insikt, förvänta dig inte en zebra när du hör hovslag!

BASPRIS FÖRSUMMELSE

Imagine Mark är en smal man från Tyskland med glasögon som gillar att lyssna på Mozart. Är han med största sannolikhet antingen: A) en lastbilschaufför i Tyskland, eller B) en professor i litteratur i Frankfurt? De flesta kommer att gissa B, vilket skulle vara felaktigt eftersom Tyskland har 10 000 gånger fler lastbilschaufförer än litteraturprofessorer - vilket betyder att han mer sannolikt borde vara en lastbilschaufför! Våra sinnen lurades av en detaljerad beskrivning som ledde oss bort från den statistiska verkligheten; vetenskapsmän hänvisar till detta logiska fel som försummelse av bashastigheten, vilket leder oss bort från att överväga grundläggande distributionsnivåer - ett av våra vanligaste resonemangsfel! Många journalister, ekonomer och politiker faller regelbundet offer för det, vilket resulterar i att felaktiga beslut fattas när man gör antaganden om vilket resultat som kan uppstå från våra antaganden om grundläggande distributionsnivåer som ignoreras när man fattar beslut som kan leda oss på den här vägen!

Här är ett annat scenario där en ung man blir dödligt knivhuggen: vilket alternativ är mer troligt? A) En angripare kan vara en illegal rysk invandrare som importerar stridsknivar illegalt, eller B) En angripare är från medelklassens Amerika som importerar dessa knivar illegalt - alternativ B är mycket mer sannolikt eftersom det finns miljontals fler medelklassamerikaner än det finns ryska knivar importörer.

Bas-rate neglect spelar en avgörande roll inom medicin. Migrän, till exempel, kan indikera allt från virusinfektion eller hjärntumör till hjärtproblem; läkare bedömer vanligtvis för virusinfektioner först innan de testar för tumörer för att säkerställa patientens välbefinnande. Medicinska skolinvånare tillbringar avsevärd tid med att rensa bort försummelse med baspriset; ett motto som ofta upprepas för framtida läkare i USA är "När du hör hovslag bakom, förvänta dig inte att se en zebra!" vilket innebär: undersök mer troliga åkommor först innan du diagnostiserar exotiska även om den specialiteten kräver dig.

Läkare är de enda yrkesverksamma som har tillgång till så omfattande utbildning; tyvärr är det få personer i näringslivet som får en sådan introduktion. Jag blir ofta upphetsad när jag läser högflygande affärsplaner för entreprenörer som kan bli nästa Google! Men vid närmare granskning inser jag att sannolikheten att deras företag kommer att överleva sina första fem år bara är 20 %; därför måste deras sannolikhet att överleva också spegla denna verklighet. Warren Buffett förklarade en gång varför han inte investerar i bioteknikföretag: 'Hur många av dessa företag omsätter flera hundra miljoner dollar? Det händer helt enkelt inte?...?Det mest sannolika scenariot för dessa företag kommer sannolikt att förbli någonstans i mitten.' Detta är ett tydligt baspristänkande. De flesta människors försummelse på grundnivå kan tillskrivas partiskhet i överlevande (kapitel 1): de tenderar att bara se framgångsrika individer och företag eftersom misslyckade fall tenderar att bli orapporterade (eller underrapporterade), vilket leder till att de förbiser de mer "osynliga" fall som finns inom.

Föreställ dig det här: när du provar vin på en restaurang har etiketten på varje flaska tagits bort, vilket bara lämnar en indikator på dess ursprung: Frankrike är vanligtvis tre fjärdedelar av vinerna som erbjuds så, utan att veta bättre, skulle du troligen välja Frankrike över Chilenska eller kaliforniska alternativ.

Ibland har jag det olyckliga nöjet att tala inför studenter från prestigefyllda handelshögskolor. På frågan om sina karriärmål svarar många att de på medellång sikt ser sig själva i styrelser för globala företag – liknande svar gavs av mina studiekamrater när vi deltog. När de ges denna information svarar eleverna vanligtvis att med en examen från den här skolan är chansen att få en plats i Fortune 500-företagets styrelse mindre än 0,1 % - att de med största sannolikhet kommer att hamna någonstans inom mellanledningen istället - vilket alltid får chockade blickar men jag tror att jag gjorde ett litet bidrag för att mildra deras framtida medelålderskriser!
Se även:hesitez 1 26 Gambler's Fallacy (kap. 29); Konjunktion Fallacy (kap. 41); Problem med medelvärden (kap. 55) Information Bias (kap. 59); Tvetydighetsaversion (kap 8) (Baloney Theory 29 - Ett bevisat faktum).

Gambler's Fallacy Något anmärkningsvärt inträffade i Monte Carlo under 1913: stora folkmassor samlades runt ett roulettebord blev förvånade över att se bollen landa på svart tjugo gånger i rad! Spelare utnyttjade detta fenomen till fullo och placerade snabbt pengar på rött, men ännu en gång kom bollen att vila på svart trots att fler satsade rött än tidigare - tills slutligen på sin tjugosjunde snurr, när bollen äntligen satte sig på rött - lämnar miljoner insatta och spelarna går i konkurs inom några minuter.

Föreställ dig det här: medel-IQ för elever i en storstad är 100. För att undersöka detta ytterligare tar du ett slumpmässigt urval av 50 elever med ett barn som testats med en IQ på 150 och observerar deras framsteg under flera månader. De flesta gissar 100; kanske tror att den supersmarta studenten kommer att kompenseras av att antingen någon som har en genomsnittlig IQ på 50 eller två under genomsnittet har 75 IQ respektive - men detta scenario är högst osannolikt; snarare måste vi förvänta oss att var och en av våra återstående 49 kommer att representera sin befolkning genom att var och en har en genomsnittlig IQ på 100 vilket ger oss ett medelpoäng på 101 för dina 50 elever.

Monte Carlo och IQ-experiment visar hur människor tenderar att tro att det finns en osynlig "balanserande kraft i universum"; detta är känt som gambler's fallacy. Med oberoende händelser finns det dock ingen sådan kraft: bollar kommer inte ihåg hur ofta de landar på svart. Ändå skriver en av mina vänner in sina veckovisa Mega Millions-siffror i ett Excel-kalkylblad innan han spelar de som har dykt upp minst ofta -- allt detta fungerar för ingenting - även han blir offer för spelares felslut!

Ett skämt illustrerar detta fenomen: En matematiker som är rädd att flyga på grund av risken för terroristattack tar varje flyg med en bomb i handbagaget ifall något skulle hända ombord; med denna åtgärd på plats ökar hans sannolikhet att ha en ombord avsevärt. "Möjligheten att två bomber finns på ett plan är ytterst liten!" Han uppger vidare.

Föreställ dig att du tvingas spendera tusentals dollar av dina egna pengar på att satsa på resultatet av nästa myntkast, varje gång du landar med huvuden varje gång. Med tanke på detta scenario skulle många människor troligen välja svansar även om huvuden är lika sannolikt. Gamblers villfarelse får oss att tro att något måste förändras!

Återigen tvingar någon dig att lägga en satsning. Plockar du huvud eller svans den här gången? Nu när du har sett några exempel är du bekant med spelet; att veta att det kan gå åt båda hållen. Tyvärr har vi precis stött på en annan fallgrop av matematikers deformationsprofessionell (professionell tillsyn); logiken säger att huvuden troligen är det klokare alternativet eftersom myntet verkar riggat mot svansar.

De senaste artiklarna undersökte regression till betyda. Som en illustration, överväg detta scenario: Om ditt område upplever rekordkyla, är chansen stor att temperaturen kommer att återgå till normala värden under de kommande dagarna - precis som på ett kasino! Komplexa återkopplingsmekanismer i atmosfären säkerställer att extremer balanserar sig över tid medan extremer ibland intensifieras - till exempel när rika människor blir rikare och aktier som exploderar skapar ytterligare efterfrågan på grund av att de sticker ut - vilket skapar något av en omvänd kompensationseffekt.

Var uppmärksam på både oberoende och ömsesidigt beroende händelser i din miljö. Rent oberoende evenemang finns bara i kasinon, lotterier och teoretiska miljöer - dessa kan finnas på kasinon, lotterier eller teoretiska nivåer; Det verkliga livet ger oss ofta inbördes relaterade händelser som påverkar varandra - tänk på finansmarknader eller hälsa. Tidigare händelser har ett inflytande över framtida. Som tröstande en idé kan låta, det finns helt enkelt ingen balanserande kraft där ute för att skydda oberoende händelser mot negativ påverkan; inget sådant "vad som går runt, kommer runt"-koncept finns heller!
Se även: Medelvärden (kap. 55); Base-Rate Neglect (kap. 28); Deformation Professionnelle (kap. 92); Regression to the Mean (kap. 19); Enkel logik (kap. 63) för ytterligare diskussion om dessa ämnen. 29

VARFÖR LYCKANS HJUL FÅR OSS SPIRALER?

Var föddes Abraham Lincoln? Hur skulle du svara på en sådan fråga utan omedelbar tillgång till ett svar och när batteriet i din smartphone precis har tagit slut? Kanske räcker det för dig att veta att han tjänstgjorde som president under det amerikanska inbördeskriget 1860-talet och att han blev den första amerikanska presidenten som någonsin mördats? Att titta på Lincoln Memorial i Washington frammanar inte bilder av en energisk ung person utan mer i stil med en åldrad veteran vid 60 år. Eftersom han mördades någon gång mellan 1860-1864 (han dog 1809) är 1805 vårt beräknade födelseår (det borde egentligen vara 1809). Hur kom vi på det här? Genom att använda en ankarpunkt som 1865 som utgångspunkt och arbeta baklänges därifrån för att göra en utbildad uppskattning.

När vi behöver gissa något - till exempel längden på Mississippifloden, befolkningstätheten i Ryssland eller antalet kärnkraftverk i Frankrike - använder vi ankare. Med utgångspunkt från något bekant utforskar vi okänt territorium därifrån. Vilket annat sätt kan det finnas att göra det om vi inte tar bort slumpmässiga siffror från våra huvuden? Det vore helt irrationellt!

Tyvärr kan även ankare missbrukas. Till exempel, i en föreläsningsklass lät en professor sina elever skriva ner de två sista siffrorna i deras personnummer innan de fattade beslut om de skulle bjuda på en flaska vin på auktionen baserat på dessa siffror - vilket ledde till att de lade nästan två gånger till om deras antal var högre jämfört med lägre! På så sätt demonstrerar hur personnummer fungerar som ett ankare; även om det är på ett indirekt eller bedrägligt sätt.

Psykologen Amos Tversky genomförde ett experiment med ett lyckohjul. Deltagarna skulle snurra på det, och efteråt tillfrågades hur många medlemsländer FN har; deras gissningar bekräftade ankareffekten: individer som hade snurrat höga siffror på hjulet hade gett högre uppskattningar än personer som inte hade snurrat lika högt på det.

Russo och Shoemaker genomförde forskning som syftade till att avslöja när Hunnen Attila besegrades i Europa - på samma sätt som att fråga studenter vilket år socialförsäkringen började lanseras.
Deltagarna fick sedan ankarpunkter baserat på de sista siffrorna i deras telefonnummer, med de med högre nummer som valde senare år och vice versa (Attila dödades 453)

Ankare finns i överflöd, och vi håller alla fast vid dem. Till exempel innehåller många produkter ett annonserat "rekommenderat detaljpris", som fungerar som en ankarpunkt. Säljare vet att de måste fastställa priser tidigt - långt innan ett erbjudande har presenterats - för att säkra försäljningsframgång. Dessutom har forskning visat att kunskap om elevernas tidigare betyg påverkar hur lärare markerar nya arbeten – de senaste betygen fungerar som utgångspunkt.

Mina första år tillbringade jag på en konsultfirma. Min chef var skicklig på att använda ankare. I sitt första samtal med vilken kund som helst, satte han ett öppningspris som, enligt lag, vida överträffade våra interna kostnader: "Bara så att du inte blir förvånad när du tar emot din offert, Mr. So-and-So: nyligen avslutade en liknande projekt för en av dina konkurrenter var i storleksordningen fem miljoner dollar". Det ankaret släpptes då - prisförhandlingar började på exakt detta belopp.

Se även Inramning (kap. 42).

Till en början verkar det skygga djuret skeptiskt; så småningom avtar dock motståndet och de börjar äta regelbundet från varandra. Så småningom ger dock deras misstänksamhet vika och så småningom växer deras tillit starkare än tidigare. Efter flera månader kommer gåsen att tro att bonden har sitt bästa för ögonen, eftersom varje extra dags utfodring bekräftar detta antagande. Hon blev förstummad när han på juldagen tog ut den ur sitt inhägnad - bara för att slakta henne istället! David Hume använde en allegori som involverade julgäss som en varning för induktivt tänkande - tendensen att sluta sig till universella sanningar från individuella observationer. Även om hans berättelse kan verka relevant bara under julen, sträcker sig lärdomarna långt bortom denna symboliska semesterfågel. Men induktiva resonemang påverkar inte bara gäss.

En investerare köper aktie X och blir till en början misstänksam när aktiekursen skjuter i höjden och misstänker att en bubbla kan existera. Men allt eftersom tiden går och den fortsätter sin uppåtgående bana, ger hans misstanke vika för spänning: den här aktien kanske aldrig faller! På bara ett halvt år lägger han alla sina besparingar på det utan hänsyn till klusterrisken som är förknippad med att investera sina livsbesparingar i det - för att senare betala dyrt för sådana dumma beslut som fattats av girighet och okunskap.

Induktivt tänkande behöver inte leda dig på en väg mot katastrof; i själva verket kan du göra induktivt tänkande till en vinstkälla genom att skicka ut e-postmeddelanden med prognoser för både stigande priser nästa månad och sjunkande - en som förutsäger att de kan sjunka. Skicka det första mejlet till 50 000 personer och sedan en separat grupp på 50 000 personer efter en månad, då indexen hade sjunkit markant. Skicka nu ytterligare ett e-postmeddelande men denna gång bara till de 50 000 personer som fick korrekta förutsägelser i sitt första e-postmeddelande. Efter 10 månader kommer cirka 100 av dina kunder att finnas kvar. Ur deras perspektiv har du bevisat dina profetiska krafter. Vissa kommer att lita på dig med sina pengar - ta dem och börja leva livet igen i Brasilien.
Men vi är inte bara lurade av naiva främlingar; även vi själva kan bli lurade; de som sällan blir sjuka tror sig vara odödliga. VD:ar som bokför kvartal med ökad vinst i följd tenderar att tycka att de är oslagbara – liksom deras anställda och aktieägare. Jag hade en gång en vän som tyckte om att hoppa i bas. Han skulle skjuta upp sig själv från klippor, antenner, byggnader etc. Han drog bara i snöret i sista stund innan han landade säkert på jorden. En dag frågade jag om risknivån som hans valda sport utgjorde och hans svar var ganska slentrianmässigt: "Jag har över 1 000 hopp under bältet och ingenting händer mig någonsin." Två månader senare hade han dött när han hoppade från en särskilt farlig klippa i Sydafrika - denna tragiska händelse motbevisade alla teorier som bevisats upprepade gånger.

Induktivt tänkande kan få katastrofala återverkningar, men vi är beroende av det varje dag
för att överleva. När vi går ombord på ett flygplan förblir aerodynamiska lagar giltiga; vi litar
på att slumpmässiga attacker inte kommer att ske på gatan; våra hjärtan borde fortfarande slå
i morgon - dessa är viktiga försäkringar utan vilka livet inte skulle gå vidare - men man måste
alltid komma ihåg att endast säkerheter som död och skatter är permanenta; Benjamin
Franklin sa det bäst: "Ingenting är säkert utom döden och skatter."

Induktion kan invagga oss till att tro saker som: "Mänskligheten har alltid överlevt, så vi
kommer att kunna möta alla framtida utmaningar också." Även om detta verkar logiskt i
teorin, är vad många misslyckas med att erkänna att sådana uttalanden bara kan komma från
arter som har överlevt fram till denna punkt; Att göra antaganden om att vår överlevnad idag
indikerar framtida överlevnad skulle vara ett episkt misstag och möjligen det allvarligaste
resonemangsfelet någonsin.

Falsk kausalitet (kap.37); Survivorship Bias (kap. 1) behandlas också här.

VARFÖR SLÅR ONDAN HÅRDARE ÄN GOTT?

Förlustaversion Hur mår du just nu på en skala från 1-10? Föreställ dig nu vad som skulle ta dig upp till 10, som den där resan till Karibien du alltid har längtat efter eller en ökning av karriäravancemang? Att fortsätta med den här övningen: vad kan få ner din poäng med samma siffra? Förlamning, Alzheimers, cancer, depression, krigshunger tortyr ekonomisk ruin skada rykteförlust vän att bli kidnappad blindhet död är bara några tillgängliga alternativ som skulle orsaka stort missnöje; att helt enkelt tänka igenom alla dessa möjligheter gör oss medvetna om hur många hinder det finns när det gäller att hålla uppe lyckospektrumet jämfört med allt det positiva inflytandet; alla dessa listor belyser hur många hinder det finns och deras mycket allvarligare effekter än fördelar; inte konstigt att vi inte söker lycka än vad vi någonsin trodde att vi gjorde tidigare.

Vid ett tillfälle i vårt evolutionära förflutna var detta ännu mer sant - ett litet misstag kunde leda till döden omedelbart. Hur många saker som helst kan orsaka din snabba avgång från livet: slarviga jaktmetoder, seninflammation eller uteslutning från gruppen. Människor som var vårdslösa eller hänsynslösa dog ofta innan de skickade sina gener vidare till framtida generationer; endast försiktiga överlevde och är våra ättlingar idag.

Så det är förståeligt varför vi fruktar förlust mer än vinst; Att förlora 100 dollar kostar oss mycket större lycka än någon glädje det kan ge oss om jag gav det till oss istället. Studier har faktiskt visat att en känslomässig reaktion väger dubbelt så stor som en liknande vinst - samhällsvetare kallar detta fenomen förlustaversion.

Av denna anledning, när du försöker övertyga någon om något, fokusera inte på dess fördelar; betona istället hur det hjälper dem att undvika nackdelar. En kampanj för att främja bröstsjälvundersökning (BSE) använde två olika broschyrer som distribuerades bland kvinnor för att sprida information om BSE. I broschyr A stod det: "Forskning visar att kvinnor som deltar i BSE har en ökad chans att upptäcka tumörer i ett tidigt, mer behandlingsbart skede". Broschyr B säger: "Forskning har avslöjat att kvinnor som avstår från att utföra BSE har en ökad chans att hitta cancertumörer tidigt och mer behandlingsbara stadier," Studien visade att broschyr B:s berättelse (skriven från en "förlustram") skapade betydligt större medvetenhet och beteendeförändring än pamflett A:s (skriven i en "tjäna ram").
Rädsla för förlust motiverar människor mer än möjligheten att få något av samma värde, så om ditt företag erbjuder hemisoleringsprodukter är ett effektivt sätt att uppmuntra kunder att köpa genom att visa dem hur mycket pengar de skulle kunna förlora utan isolering istället för hur mycket de kan spara med det - även om båda beloppen skulle förbli desamma.

På aktiemarknaden ignorerar investerare ofta förluster på papper eftersom en orealiserad förlust är mindre smärtsam än en faktisk; så de förblir investerare även om chanserna för återhämtning eller ytterligare nedgång kan vara små. Jag träffade en gång en mångmiljonär som var väldigt upprörd över att han hade förlorat 100 dollar på ett ögonblick; ändå fluktuerade hans portfölj med minst detta belopp varje sekund! Jag försökte förklara för honom att denna känsla är obefogad eftersom hans portfölj fluktuerar varje sekund med åtminstone detta belopp!

Chefer i stora företag pressar vanligtvis anställda att vara djärvare och mer entreprenöriella, men i verkligheten tenderar många anställda att vara riskvilliga. Ur deras perspektiv är detta vettigt: varför riskera något som kan ge antingen en ökad bonus eller värre - en rosa slip? I de flesta fall och situationer överträffar karriärskydd all potentiell belöning - så om du har varit förbryllad över varför risktagande bland dina anställda verkar saknas, nu vet du varför (även om när anställda tar betydande risker kommer detta ofta under sken av att gruppbeslut - läs mer i kapitel 33 om social loafing).

Det onda är mer kraftfullt och utbrett än gott; vi tenderar att reagera starkare när negativa saker kommer vår väg än när positiva gör det; läskiga ansikten tenderar att sticka ut mer på gatan än leende; vi minns dåligt beteende längre - förutom när det gäller oss själva!
Se även Hus-pengareffekt (kap. 84); Endowment Effect (kap. 23), Social Loafing, (kap. 33) Default Effect, Sunk Cost Fallacy och Framing samt Affect Heuristic i kapitel 42 för ytterligare insikt. (CH 66).

VARFÖR LATA MEDLEMMAR ÄR LATA

År 1913 forskade den franske ingenjören Maximilian Ringelmann om hästprestanda. Till hans förvåning var två hästar som drar en tränare inte lika dubbelt så mycket som en häst ensam. Ringelmann var förvirrad över detta resultat och vände sin forskning till människor; Att ha flera individer som drar ihop rep samtidigt samtidigt som de mäter kraften som appliceras av var och en individuellt, fann att när två personer drog ihop de investerade i genomsnitt 93 % av sin individuella styrka på att dra ihop sig; med tre som drog ihop den sjönk till 86% investering; när tre drog ihop bara 49%!

Vetenskapen hänvisar till detta fenomen som den sociala loafing-effekten. Detta inträffar när individuell prestation inte är lätt att märka - när individuella bidrag blandas in i den kollektiva ansträngningen snarare än synliga för observatörer direkt. Social loafing sker ofta i roddares lopp men inte stafettlopp där individuella bidrag blir uppenbara. Social loafing kan vara rationellt beteende: varför investera all din energi när hälften duger? Att ta genvägar utan att någon inser är också vanligt - som Ringelmanns hästar! Sammantaget kan social loafing ses som en form av fusk som vi alla gör oss skyldiga till omedvetet, precis som Ringelmann gjorde när han arbetade mot dem mot motståndare!

När människor arbetar tillsammans tenderar individuella prestationer att minska - något som inte borde komma som någon överraskning - men det som borde sticka ut är vår fortsatta insats trots minskande individuella prestationer. Vad hindrar oss från att helt enkelt ge upp helt och lämna allt det hårda arbetet åt andra att göra? Konsekvenser - noll prestation skulle uppmärksammas och kan resultera i allvarliga konsekvenser såsom uteslutning från en grupp eller förtal; Evolutionen har gett oss finstämda sinnen som gör att vi kan urskilja hur mycket ledighet som kan passera oupptäckt från oss själva eller upptäcka det hos andra.

Social loafing sträcker sig långt bortom fysisk prestation; vi slappar också mentalt. Till exempel tenderar möten där för många deltagare är närvarande att se svagare individuellt deltagande än när endast 20 eller 100 är närvarande; När denna tröskel har passerats, blir dock prestandanivån platå. Om en grupp består av 20 eller 100 medlemmar spelar ingen roll eftersom vi har nått maximal tröghet och nå maximal prestationspotential.

En tjatande fråga kvarstår: vem skapade uppfattningen att team överglänste individer? Kanske japanska. Trettio år sedan.
Företagsekonomer undersökte Japans industriella mirakel och observerade att dess fabriker organiserades i lag. Företagsekonomer försökte sedan kopiera denna modell med blandad framgång - vissa team presterade exceptionellt bra, men inte andra (möjligen för att social loafing sällan förekom där), medan i Europa team som bestod av olika men ändå

specialiserade personer presterade bäst totalt sett; inom sådana grupper kunde individuella föreställningar lätt identifieras och spåras tillbaka.

Social loafing kan ha djupgående konsekvenser. Gruppmedlemmar tenderar att begränsa både deltagande och ansvarstagande för gruppens missgärningar eller dåliga beslut. Ingen vill ta på sig skulden ensam. Ett märkligt exempel är åtal mot nazister vid Nürnbergrättegångarna; mindre kontroversiellt, överväg någon styrelse eller ledningsgrupp. Vi gömmer oss ofta bakom teambeslut för att slippa ta ansvar; denna praxis är känd som spridning av ansvar. Teamdynamik får dem också att ta större risker än de skulle ta individuellt; medlemmar tenderar att tro att de inte kommer att hållas personligt ansvariga om något går fel, vilket leder till riskfyllda förändringar. Detta fenomen är särskilt riskabelt bland företags- och pensionsfondstrateger med miljarder på spel och försvarsavdelningar där grupper bestämmer när kärnvapen ska sättas in.

Slutsats: Människor beter sig annorlunda när de är i grupp än ensamma (annars skulle det inte finnas grupper). De negativa aspekterna av grupper kan kompenseras genom att göra individuella framträdanden synliga så mycket som möjligt – länge leve meritokratin! Länge leve prestationssällskapet!

Motivation Trängsel (kap. 56); Socialt bevis (kap. 4); Grupptänkande (kap. 25); Förlustaversion (kap. 32)

OMGIFT AV PAPPER?

Exponentiell tillväxt

Föreställ dig att du viker ett pappersark upprepade gånger till två, men den här gången viker du det igen på sig själv - totalt 50 gånger? Vad uppskattar du att dess tjocklek blir efter 50 vikning? Anteckna din gissning innan du fortsätter läsa.

Andra uppgiften. Välj ett av två alternativ nedan. A) Under de kommande 30 dagarna kommer jag att ge dig 1 000 USD dagligen. B) Jag ger en cent dagligen från och med dag 1, följt av två cent på dag 2, sedan fyra cent och så vidare tills dag 31 anländer och din belöningssumma når åtta cent varje dag därefter. Men bestämma snabbt mellan A eller B?

Är du beredd? Om man antar att ett ark kopieringspapper är ungefär 0,004 tum tjockt, blir dess tjocklek efter 50 veck över 60 miljoner miles; som är lika med avståndet mellan jorden och solen mätt med en miniräknare. När du svarar på fråga 2 kan valet av alternativ B verka mindre tilltalande men kommer att ge fler belöningar på bara 30 dagar än vad A gör; att ta alternativ A skulle ge dig $30 000 men B mer än $5 miljoner!

Linjär tillväxt greppas intuitivt. Men vi har ingen känsla för exponentiell (eller procentuell) tillväxt - troligen för att våra förfäder inte behövde det tidigare! Deras erfarenheter tenderade att vara linjära: att spendera dubbel tid på att plocka bär gav dubbelt så mycket inkomst och att döda två mammutar istället för en förlängde jakten med hälften så länge. Men idag är exponentiell tillväxt inte längre sällsynt! Under stenåldern mötte människor sällan exponentiell tillväxt. Nu är det annorlunda.

"Varje år ökar trafikolyckorna med 7%", varnar en politiker. För att förstå vad detta betyder intuitivt, låt oss använda en enkel formel: 70 dividerat med 7 = 10 år - vilket indikerar att trafikolyckor fördubblas varje decennium (anmärkningar avsnitt för ytterligare förklaring om varför den siffran 70?). Detta skulle tyda på ett alarmerande scenario! Om denna siffra verkar obekant för dig, notera logaritmen; dess definition finns där).

Ett annat exempel: Inflationen ligger på 5 %, vilket leder till att många tror att det inte utgör ett alltför stort hot – tills man räknar ut fördubblingstiden: 70 dividerat med 5 = 14 år, vilket betyder att om 14 år bara kommer en dollar att vara värd hälften så mycket - en absolut katastrof för alla med sparkonton!

Föreställ dig att du är en journalist som rapporterar att registrerade hundregistreringar i din stad ökar med 10 % årligen; hur kommer du att berätta för läsarna den här nyheten? Ingen bryr sig, så säg i stället: 'Skydd av hundar: dubbelt så många muttrar på 7 år!' Ingen kommer bry sig lika mycket – folk kommer inte bry sig om att anmälningarna har ökat med 10 % heller.

Inget som växer exponentiellt kommer att fortsätta för evigt; många politiker, ekonomer och journalister glömmer denna sanning. Sådan tillväxt når så småningom sin gräns; till exempel delar sig Escherichia coli var tjugonde minut och kan täcka planeten inom några dagar men kan inte fortsätta på grund av att den förbrukar mer syre och socker än vad som finns tillgängligt. Därför hamnar dess tillväxt så småningom i en återvändsgränd och avbryts.

Forntida perser förstod svårigheten i samband med procentuell tillväxt. Här är en intressant lokal berättelse: en klok hovman gav kungen ett schackbräde som gåva och frågade hur de kunde tacka honom; hans svar? Täck den med ris som täcker ett korn på varje ruta innan du ökar med två extra korn två gånger varje ruta därefter! När förvånad svarade kung Darius att det verkligen var en ära för dem att sådana blygsamma förfrågningar kom från så värdiga hovmän!

Men hur mycket ris behöver han? Först uppskattade han ungefär en säck. När hans tjänare började med uppgiften - att placera ett korn på varje ruta i tur och ordning tills det fanns fyra korn per ruta och så vidare - insåg han att han krävde mer korn än vad som fanns tillgängligt på jorden.

När det kommer till tillväxttakt, lita inte på intuition - du har ingen. Acceptera det istället. Det som verkligen hjälper är att använda en miniräknare - eller i fall med låga tillväxthastigheter med 70 som magiskt tal.

Se även, Enkel logik (kap. 63); Försummelse av sannolikhet (kap. 26); Lagen om små tal (kap. 61)

Vinnarens förbannelse

Texas på 1950-talet. Tio oljebolag tävlar om en auktionerad tomt värd mellan 10 miljoner och 100 miljoner dollar; när priserna eskalerar under budgivningen lämnar fler företag budgivningen tills slutligen ett företag lägger in det högsta budet och vinner auktionen med champagnekorkar!

"Vinnarens förbannelse" menar att auktionsvinnare ofta slutar som förlorare, vilket framgår av branschanalytiker som noterade att företag som konsekvent kom ut som vinnande budgivare från oljefältsauktioner betalade för mycket och senare gick i konkurs - något som inte borde komma som någon överraskning när uppskattningarna varierar mellan $10 miljoner och $100 miljoner; uppskattningar ligger ofta någonstans däremellan; ofta överstiger auktionsbuden deras verkliga värde; i Texas firade dock oljeförvaltare vad som trots allt blev en kostsam seger.

Idag påverkar detta fenomen oss alla. Från eBay till Groupon till Google AdWords, priserna bestäms av auktioner - från eBay till Groupon till Google AdWords; budkrig om mobiltelefonfrekvenser driver telekomföretag närmare konkurs; flygplatser hyr ut sina kommersiella utrymmen för högstbjudande; eller när Walmart planerar en utrullning av tvättmedel som begär anbud från fem leverantörer (i själva verket en auktion med risk för att vinna och bli förbannad med vinnarens förbannelse!). Till och med Walmart introducerar produkter genom auktioner - att be leverantörer om anbud från fem leverantörer är bara ytterligare en auktion - men den här gången riskerar man att bli förbannad!

Internetauktionering av vardagslivet har spridit sig även till hantverkare. När jag behövde måla mina väggar, istället för att leta efter vilken målare som helst i närheten, lade jag upp min annons på nätet istället - 30 målare från över 300 miles tävlade om den, och erbjöd så låga offerter att det blev omöjligt för mig att acceptera - av vänlighet för gallerian! Det bästa erbjudandet kom från en så fattig att jag av sympati tackade nej för att bespara honom eller henne vinnarens förbannelse!

Initial Public Offerings (IPOs) och fusioner och förvärv, mer allmänt kallade fusioner och förvärv, kan också ses som auktioner. Tyvärr förstörde mer än hälften av förvärven värde enligt en McKinsey-studie!
Varför viker vi efter för vinnarens förbannelse? Det finns ett par faktorer som spelar in. För det första är verkliga värden för många saker osäkra. Dessutom ökar fler intressenter oddsen för att ett alltför entusiastiskt bud läggs. För det andra är konkurrensen mellan leverantörer; en vän som äger en mikroantennfabrik berättade hur Apple startade ett intensivt budkrig för

leverantörer när de utvecklade iPhone - alla vill ha ett officiellt kontrakt även om det kan innebära ekonomiska förluster på vägen för att vinna leverantörer.

Hur mycket skulle du erbjuda för $100? Anta att du och en motståndare bjuds in till en auktion där den som ger det högsta erbjudandet vinner och båda budgivarna måste lämna sina slutliga erbjudanden vid den tidpunkten - hur högt skulle ditt erbjudande gå? Ur ditt perspektiv är det vettigt att erbjuda $20, $30 eller $40; din motståndare gör detsamma och till och med $99 verkar rimligt när man diskuterar $100-sedlar - men de föreslår nu att erbjuda $100 istället! Om detta förblir det högsta budet kommer han att gå i noll (betalar $100 för $100), medan du bara behöver hosta upp $99. Så länge detta är det högsta budet kommer båda spelarna att komma bort jämnt. Så du fortsätter att bjuda. Vid $110 har du en garanterad förlust på $10; din motståndare skulle behöva komma med $109 (hans sista bud), vilket innebär att båda kommer att fortsätta spela tills den ena eller båda ger upp helt och hållet - när slutar du bjuda och när kommer din konkurrent att sluta bjuda? Testa det med vänner!

Warren Buffett gav några goda råd angående auktioner: "Gå inte." Om auktioner är nödvändiga i din bransch, sätt ett maxpris och dra av 20 % från det som en kompensation mot vinnarens förbannelse; skriv ner denna siffra och överskrid den inte på något sätt.

Se Kapitaleffekt (kap. 23) för ytterligare information.

FÖRfattare SKA ALDRIG FRÅGA FÖRfattaren OM HANS ROMAN ÄR SJÄLVBIOGRAFISK

Grundläggande tillskrivningsfel

När du öppnar din tidning får du veta om ännu en vd som tvingats bort på grund av dåliga resultat. Under tiden läser du i sportavdelningen att spelare X eller tränare Y bidrog avsevärt till ditt lags vinnande säsong, medan historieböckerna berättar att Napoleon var ansvarig för att leda och leda sin armé så framgångsrikt i början av 1800-talets Frankrike. "Varje berättelse har ett ansikte" verkar vara en oförytterlig regel för varje redaktion; journalister (och deras läsare) tar denna princip vidare genom att se upp för alla möjliga "människors vinkel". Som ett resultat av denna "människors vinkel" faller många journalister (och läsare) offer för grundläggande tillskrivningsfel: ett fel som orsakas av att överskatta individers inflytande samtidigt som man underskattar externa, situationella faktorer.

Forskare från Duke University genomförde ett experiment 1967: deltagarna läste argument som antingen hyllade eller nedvärderade Fidel Castro från en författare som tilldelats oberoende av hans faktiska åsikter; ändå trodde de flesta åhörarna att det han sa representerade hans sanna åsikter och ignorerade externa faktorer - d.v.s. professorer som skapade det.

Fundamental Attribution Error är särskilt effektivt för att förenkla negativa händelser till hanterbara enheter. Vi tillskriver ofta individer skulden för krig - som den jugoslaviske lönnmördaren i Sarajevo har första världskriget på sina axlar eller Hitler startade andra världskriget själv - även om krig är oförutsägbara händelser med komplex dynamik som vi förmodligen aldrig helt kommer att förstå - ungefär som finansmarknader och klimatfrågor!

När företag tillkännager bra eller dåliga resultat, tenderar allas ögon att fokusera på sin VD trots att de känner till sanningen: ekonomisk framgång beror mycket mer på faktorer utanför deras kontroll, som branschens attraktionskraft. Det är anmärkningsvärt hur ofta företag i kämpande branscher byter ut sin VD jämfört med hur sällan detta sker i mer blomstrande företag.
Är branscher som möter svårigheter mindre försiktiga i sina rekryteringsmetoder? Sådana beslut verkar inte vara mindre irrationella än vad som händer mellan fotbollstränare och deras klubbar.

Min hemstad, Luzern i Schweiz, förser mig med massor av läckra klassiska framträdanden som aldrig slutar att imponera. Men under paus tenderar konversationer att fokusera nästan enbart på dirigenter och solister medan komposition sällan skapar rubriker; förutom under världspremiärer då tonsättare kan diskutera det öppet. Varför är det så? Musikens sanna mirakel ligger i kompositionen: dess skapande av ljud, stämningar och rytmer från till synes ingenting; men det blir ofta underskattat på grund av vår oförmåga att tänka på att partitur inte har några ansikten att jämföra med dirigenter och solister när dessa två element i själva verket utgör framföranden av det partituren (till skillnad från dirigenter eller solister eller dirigenter/solister).

Som skönlitterär författare stöter jag på detta grundläggande tillskrivningsfel varje gång efter att ha läst (vilket i sig kan vara kontroversiellt), när folk frågar: "Vilken del av din roman är självbiografisk?" Vid tider som dessa önskar jag att jag kunde ropa tillbaka: 'Det handlar inte om mig - det handlar om den här boken, texten, språket och historien!' men min uppväxt tillåter inte sådana utbrott tillräckligt ofta.

Tillskrivningsfel bör inte bedömas hårt. Vår upptagenhet med andra människor härrör från vårt evolutionära förflutna: gruppmedlemskap var avgörande för överlevnad - reproduktion, försvar, jakt på stora djur var omöjligt utan hjälp från ens stam - förvisning innebar en säker död; de som valde sololiv mötte ofta också en viss undergång.

Men även de som överlevde lämnade till slut genpoolen, vilket gjorde livet ännu svårare för efterföljande generationer. Våra liv var beroende och kretsade kring andra; det förklarar varför vi idag förblir så upptagna av dem - till den grad att vi spenderar cirka 90 % av vår tid på att tänka på andra människor medan vi bara ägnar 10 % åt att överväga andra faktorer och sammanhang.

Slutsats: Även om vi finner livets spektakel fascinerande, är dess invånare långt ifrån idealiska karaktärer som fattar beslut utan att behöva hjälp utifrån. De flyger från situation till situation snarare än att agera på egen hand. För att verkligen förstå alla aktuella pjäser eller musikaler, se bortom dess artister och ägna stor uppmärksamhet åt hur influenser formar skådespelarnas karaktärer.
Se även Story Bias (kap. 13); Swimmer's Body Illusion (kap. 2), Salience Effect (kap. 83), News Illusion (kap. 99), Halo Effect (kap. 38) och Fallacy of Single Causes (kap. 97)

VARFÖR SKA DU INTE TRO VAD BERÄTTAREN BETALAR

Falsk kausalitet

Huvudlöss var en integrerad del av livet på Hebriderna norr om Skottland, och deras frånvaro skulle få deras värdar att bli sjuka och febriga. För att bekämpa sin sjukdom och feber, skulle sjuka människor avsiktligt lägga tillbaka löss i håret för att bli av med febern; när dessa nya löss hade slagit rot och satt sig på plats igen, började patienterna visa förbättringar.

Studier som utförts i en stad visade att ju fler brandmän som kallades ut för att bekämpa bränder, desto större var skadan. Efter dessa resultat inledde borgmästaren omedelbart en omedelbar anställningsstopp och minskade brandbekämpningsbudgeten i enlighet med detta.

Båda berättelserna kommer från de tyska fysikprofessorerna Hans-Peter Beck-Bornholdt och Hans-Hermann Dubbens bok (det finns tyvärr ingen engelsk version). Båda berättelserna illustrerar hur kausalitet kan bli förvirrad; när löss lämnar en invalids huvud eftersom han har feber, blir deras närvaro tillfällig när heta fötter slår in; när febern har brutit kommer de tillbaka! Och större bränder kräver fler brandmän – inte tvärtom!

Falsk kausalitet vilseleder oss ofta och affärsboksförfattare och konsulter använder ofta detta missriktade tänkande för att sälja oss falska berättelser om kausalitet. Ta till exempel rubriken "Anställdas motivation leder till högre företagsvinster." Håller det verkligen vatten, eller kanske människor helt enkelt blir mer motiverade när deras företag går bra? På liknande sätt hävdar ett annat påstående att kvinnor i styrelser korrelerar med ökad lönsamhet - men är det verkligen så det fungerar eller är dessa företag helt enkelt mer benägna att rekrytera fler kvinnor till styrelser än mindre lönsamma företag gör? Dessa affärsboksförfattare och konsulter använder ofta liknande falska (eller åtminstone luddiga) kausaliteter när de skriver eller konsulterar om affärsböcker eller ger råd.

Alan Greenspan var vördad som chef för Federal Reserve under 90-talet. Hans oklara uttalanden gav penningpolitiken sken av att vara en exakt vetenskap som höll Amerika på en uppåtgående väg mot välstånd, och fick lovord från både politiker, journalister och företagsledare. Tyvärr för dessa kommentatorer spelade USA:s nära band med Kina (en lågkostnadsproducent som lätt köpte amerikanska skulder) mycket större roll än vad man först antog; Greenspan hade helt enkelt tur att hans politik fungerade så bra.
Så bra avtjänade han sin mandatperiod.

Forskare genomförde nyligen studier som tydde på att förlängda sjukhusvistelser var skadliga för patienternas hälsa. Denna information gladde sjukförsäkringarna; som vill får hålla sig kort. Men längre vistelser verkar inte vara skadliga alls eftersom patienter som kan lämna omedelbart är friskare än de som kräver ytterligare behandlingar - och därför kan långa vistelser faktiskt ha positiva resultat!

Eller ta den här rubriken: 'Faktum: Kvinnor som använder schampo XYZ regelbundet har starkare hår.' Även om vetenskapliga bevis kan stödja sådana påståenden, säger det här uttalandet oss inte så mycket - minst av allt att schampot gör dina lås starkare! Kanske tenderar kvinnor med starka lockar att använda just detta märke - kanske för att det på flaskan står "speciellt designad för tjockt hår".

Nyligen läste jag att elever med hem som innehåller många böcker tenderar att uppnå högre betyg i skolan. Även om denna studie kan ha gett bokhandlare ett uppsving, visade den här forskningen falsk orsakssamband - mer utbildade föräldrar tenderar att lägga större värde på sina barns utbildning, liksom utbildade individer som i allmänhet har fler böcker hemma; trots det kommer ett dammtäckt exemplar av Krig och fred inte att förändra någons betyg; Det som spelar roll är både föräldrars utbildningsnivå och gener!

Falsk kausalitet var som bäst i Tyskland mellan födelsetal och antal storkpar i nedgång från 1965-1987. Båda trenderna verkade nästan korrelerade; kan detta betyda att storken verkligen tar med sig bebisar? Utan tvekan inte; snarare kunde denna korrelation helt enkelt ha varit oavsiktlig.

Slutsats: korrelation är inte detsamma som orsakssamband. Ta en närmare titt på händelser kopplade av korrelation: ibland visar sig det som verkar vara dess orsak vara dess effekt, och vice versa; andra gånger kan det till och med inte finnas något uppenbart orsakssamband - som det var med storkar och spädbarn.

Se även Tillfällighet (kap. 24); Association Bias (kap. 48); Clustering illusioner (kap. 3); Story Biases (kap. 13) * Induktion (kap. 31) och nybörjarlycka (kap. 49)

Silicon Valley-företaget Cisco hyllades en gång av affärsjournalister som en ikon för den nya ekonomin, och fick strålande recensioner för sin fantastiska kundservice, utmärkta strategi, snabba förvärv, livfulla företagskultur och karismatiska VD. I mars 2000 hade det blivit världens mest värdefulla företag.

När Ciscos aktie föll med 80 % året därpå ändrade journalister sin melodi. Nu uppfattades dess konkurrensfördelar som skadliga brister: dålig kundservice, en oklar strategi, okloka förvärv, lam företagskultur och en oinspirerande vd fick skulden - ändå hade varken dess strategi eller vd förändrats; efterfrågan hade helt enkelt minskat tack vare dot-com-kraschen och denna förändring hade ingenting med dem att göra.

"Haloeffekten" uppstår när en aspekt av en helhet bländar oss och förändrar hur vi uppfattar dess helhet. Cisco var ett exceptionellt fall där detta fenomen uppenbarade sig: journalister sänktes av dess aktiekurser och antog att hela dess verksamhet var lika anmärkningsvärd utan att göra noggranna undersökningar av det ytterligare.

Haloeffekten fungerar vanligtvis så här: vi tar en lättöverskådlig eller slående detalj om ett företag, som dess ekonomiska situation, och extrapolerar slutsatser därifrån om mer svårbedömda aspekter som ledningens meriter eller genomförbarheten av strategi. Härifrån drar vi slutsatser som kanske är korrekta eller inte, såsom huruvida dess ledningsförtjänst eller strategisk genomförbarhetsförtjänst. Ibland ges framgång och överlägsenhet där ingen förtjänar, till exempel när vi köper produkter från tillverkare helt enkelt på grund av deras goda rykte - ett annat exempel är att tro att VD:ar från en bransch kommer att blomstra över andra sektorer samtidigt som de är hjältar både i deras personliga liv!

Edward Lee Thorndike upptäckte "haloeffekten" för nästan 100 år sedan. Hans observation var att en individuell egenskap (skönhet, social status eller ålder) kan skapa antingen positiva eller negativa uppfattningar som överväldigar allt annat - som utseende. Forskning har bekräftat detta fynd genom ett flertal studier som bekräftar vår partiskhet mot snygga människor som mer trevliga, ärliga och intelligenta; attraktiva människor har också ofta större framgång i livet överlag.
Dessa resultat korrelerar inte med någon myt om kvinnors sömn på vägen till framgång'; faktiskt, lärare ger oavsiktligt attraktiva elever högre betyg än mindre attraktiva.

Reklam har hittat en allierad i form av haloeffekten: tänk bara på alla kändisar vi ser le tillbaka från tv-reklam, skyltar och tidningar. Vad som gör professionella tennisspelare som Roger Federer till en sådan expert på kaffemaskiner är fortfarande osäkert; ändå har det inte förringat deras kampanjers framgång. När vi blir vana vid att se kändisar stödja godtyckliga produkter utan att ifrågasätta varför deras stöd kan ha så stor betydelse; det är precis så här haloeffekten fungerar: undermedvetet. Allt som behöver registreras i våra sinnen är attraktiva ansikten med drömlivsstilar förknippade med den produkten - sedan boom - boom - framgång!

På den negativa sidan kan haloeffekten leda till stora orättvisor och stereotyper när nationalitet, kön eller ras blir i fokus. Inget behov av att vara rasist eller sexistisk: låt bara haloeffekten grumla vår syn; journalister, utbildare och konsumenter blir alltför lätt offer.

Har du någonsin upplevt att bli kär? Om så är fallet, så förstår du upphetsningen av att hitta den där "en perfekta personen". De verkar attraktiva, intelligenta, sympatiska och varma - medan andra kan peka på uppenbara fel; allt du ser är förtjusande egenheter!

För att minska denna halo-effekt och få klarhet i verkliga egenskaper, se bortom nominellt värde för att eliminera de mest slående egenskaperna som drar ditt öga. Orkester gör ofta detta genom att screena kandidater framför en skärm så att kön, ras, ålder och utseende inte spelar in i deras beslut; affärsjournalister bör göra likadant och överväga att se bortom kvartalssiffror (börsen ger redan det). Gräv djupare - att investera tid och energi i forskning ger ofta oväntade men ofta pedagogiska resultat.

Se även: Fundamental Attribution Error (kap. 36); Framträdande effekt (kap. 83); Simmarens kroppsillusion (kap. 2) Kontrasteffekt (kap. 10); Förväntningar (kap. 62)

ALTERNATIVA VÄGAR

Föreställ dig att du träffar en rysk oligark utanför din stad i skogen i närheten. Han anländer kort därefter bärande både en resväska och ett vapen; placera sin resväska på huven på sin bil så att du kan se dess innehåll: 10 miljoner dollar totalt i högar med kontanter! På frågan av honom om du skulle vilja spela rysk roulette föreslår han denna strategi genom att bjuda in dig att dra en avtryckare för att vinna allt - en kula med fem kammare tomma för närvarande skulle göra allt detta till ditt med bara ett tryck av en avtryckare! Du överväger alla möjliga resultat: 10 miljoner dollar skulle förändra allt; aldrig behöva arbeta igen eller gå från frimärkssamlar frimärkssamlar frimärkssamlar frimärkssamlar frimärkssamlar frimärkssamlar frimärkssamlar frimärkssamlar till sportbilssamlare!

När du tackade ja till utmaningen, satte du revolvern mot tinningen och klämde på avtryckaren, hörde ett hörbart klick innan du känner adrenalinet rusa genom din kropp - men ingenting hände; kammaren var tom! Nu med pengar i handen flyttar du till en av de mest pittoreska städerna du vet där de sannolikt kommer att bygga lyxiga villor som orsakar upprördhet bland lokalbefolkningen.

En av dina grannar vars hem nu ligger i närheten är en skicklig advokat som arbetar tolvtimmarsdagar över 300 veckor om året till priser som inte är ovanligt imponerande för advokater: 500 dollar i timmen. Hans årliga nettobesparingar, efter skatter och levnadskostnader, uppgår till en halv miljon efter att alla utgifter har beaktats. Du ler inombords varje gång han går förbi på din uppfart: det kommer att ta honom tjugo år bara att komma ikapp dig!

Föreställ dig det här: efter 20 år har din hårt arbetande granne lyckats samla ihop 10 miljoner dollar. En journalist kommer en dag och skriver en artikel om mer välbärgade invånare i ditt område - med foton av spektakulära byggnader och andra fruar som du och din granne har skaffat, inredningsdetaljer och utsökta landskapsdetaljer; men en viktig skillnad förblir dold: risken som lurar bakom vart och ett av deras $10 miljoner konton; för att det här stycket ska vara vettigt måste de känna igen alternativa vägar som är tillgängliga för var och en.

Men det är inte bara journalister som kommer till korta med denna färdighet – det är vi alla. Alternativa vägar avser alla utfall som kunde ha inträffat men som inte gjorde det. När du spelar rysk roulette leder fyra möjliga vägar till att vinna 10 miljoner dollar medan fem andra kan leda till din död - vilket gör en stor skillnad. Däremot, för advokater som utövar juridik, tenderar deras möjliga vägar att ligga närmare varandra; tjäna $200 i timmen på landsbygden; men i urbana New York kunde arbeta för en av de stora investeringsbankerna tjäna dem 600 dollar i timmen utan att riskera en alternativ väg som kan ha kostat dem deras förmögenhet eller liv.

Alternativa vägar är kanske inte alltid synliga, och vi överväger dem sällan. Ändå bör de som spekulerar i skräpobligationer, optioner och kreditswappar för att tjäna miljoner komma ihåg de många alternativa vägarna som leder rakt mot ruin. Ett rationellt sinne skulle hävda att värdet på 10 miljoner som tjänats in genom mer riskfyllda medel skulle vara mindre än det som tjänas genom mer vardagligt arbete (även om en revisor kan inte hålla med).

Nyligen deltog jag i en middag med en amerikansk vän som föreslog att vi skulle kasta ett mynt för att se vem som skulle betala räkningen. Tyvärr för honom förlorade han och så blev denna besvärliga situation mer besvärlig för mig när han var min gäst i Schweiz. "Nästa gång," lovade jag, "vare sig det är här eller hemma i New York kommer jag att täcka halva fliken själv." Han tänkte på detta och sa till mig: "Med tanke på alternativa vägar har du kanske redan betalat hälften."

Slutsats: Risk kan ofta vara osynlig, så bedöm alltid möjliga alternativa vägar innan du fattar beslut som involverar riskfyllda affärer. Även om framgång som uppnås med sådana riskabla medel kan tyckas lockande till en början, bör den för ett rationellt sinne inte jämföras med framgång som uppnås via mer mödosamma metoder (till exempel genom att bli advokat, tandläkare, skidlärare, pilot, frisör eller konsult). Även om det är utmanande att se andra vägar från en extern synvinkel; att titta inuti dig själv är nästan omöjligt eftersom din hjärna kommer att arbeta övertid för att övertyga dig om dess värde trots alla upplevda risker och aktivt blockerar tankar på att ta andra vägar än de som övervägs för närvarande.

Se även Black Swan (kap. 75); Tvetydighetsaversion (kap. 80), Fear of Regret (kap. 82) och Self-Selection Bias (kap. 47)

FALSKA PROFETER

Prognos Illusion

Vardagsexperter bombarderar oss med förutsägelser, men hur tillförlitliga är de egentligen? Fram tills nyligen brydde sig ingen om att undersöka; men så kom Philip Tetlock. Under en 10-årsperiod utvärderade han 28 361 förutsägelser från 284 självutnämnda proffs; hans resultat visade endast marginell förbättring jämfört med slumpmässiga prognosgeneratorer när det gäller noggrannhet; medieälsklingar presterade särskilt dåligt medan undergångsprofeter som de som förutspådde kollapsen av Kanada, Nigeria, Kina, Indien, Indonesien, Sydafrika, Belgien eller till och med EU. Ingen har imploderat!

John Kenneth Galbraith sa berömt, "Det finns bara två typer av prognosmakare: de som inte vet någonting och de som inte inser att de inte vet någonting", och tjänade sig själv på utbredd kritik i sitt yrke. Fondförvaltaren Peter Lynch sammanfattade det vidare vältaligt: 'I Amerika finns det cirka 60 000 heltidsanställda ekonomer som försöker förutsäga lågkonjunkturer och räntor; hade de gjort detta två gånger framgångsrikt, skulle de alla vara miljonärer vid det här laget; ändå förblir de flesta förvärvsarbetande vilket säger oss något. Detta publicerades för tio år sedan - idag kan detta antal tredubblas utan att det påverkar kvalitetsprognoserna överhuvudtaget!

Problematiskt är att experter åtnjuter obegränsad handlingsfrihet med liten återverkan. Om en expert bryter en förväntning eller bryter mot regler kan deras agerande få allvarliga återverkningar som är svåra att hantera och hantera effektivt.
När de får det rätt skördar experter publicitet, konsulterbjudanden och publikationsaffärer; när de missar det helt, gäller inga sanktioner - ekonomiska eller anseende. Detta incitament motiverar dem att ta fram så många profetior som de kan; ja, ju fler prognoser de genererar blir av en tillfällighet sanna! Helst borde experter betala till någon form av prognosfond - som 1000 $ per förutsägelse; skulle deras prognos gå i uppfyllelse får de tillbaka sin investering plus ränta medan eventuella pengar som går förlorade på grund av felaktiga förutsägelser går till välgörenhet istället.

Så vad exakt kan förutsägas och vad kan inte? Vissa saker är ganska lätta att förutse; Jag vet ungefär hur mycket jag väger nästa år. Men i takt med att komplexiteten och tidsramen ökar, så kommer också vår förmåga att förutsäga dess framtid - detta inkluderar global uppvärmning, oljepriser eller växelkurser; uppfinningar är lika okända - hade vi vetat vilka teknologier vi skulle uppfinna i framtiden skulle vi redan ha skapat dem.

Var skeptisk när du stöter på förutsägelser. Jag är alltid noga med att le när jag hör en och ställer sedan två frågor till mig själv om alla förutsägelser som experter gör: 1) vilket incitament har de att fortsätta göra felaktiga förutsägelser? och 2) om en expert arbetar som anställd kan han riskera sitt jobb om hans förutsägelser fortsätter att misslyckas? Är det avlönade konsulter med meriter i böcker och föreläsningar, eller självutnämnda gurus som livnär sig genom egenutgivning eller offentliga föreläsningar? De som är beroende av mediauppmärksamhet tenderar att göra förutsägelser med chockerande profetior som ofta inte rapporteras av media. För det andra, vad har varit deras framgångsfrekvens under fem år - hur många förutsägelser har prognosmakaren gjort och hur många som var framgångsrika jämfört med vilka som inte var korrekta - denna information bör aldrig förbli orapporterad av media, så vänligen publicera inte prognoser utan att tillhandahålla meriter från förståsigpåare.

Tony Blair uttalade det en gång så här: 'Jag gör inga förutsägelser; har aldrig, kommer aldrig. Se även Förväntningar (kap. 62); Planeringsfel (kap. 91); Authority Bias (kap. 9); Hindsight Bias (kap. 14); Övertroende effekt (kap. 15); Illusion av kontroll (kap. 17); Hedoniskt löpband (kap. 46) och Black Swans (kap. 75)

Chris är 35. Han studerade socialfilosofi som tonåring och utvecklade ett intresse för utvecklingsländer sedan dess. Efter examen arbetade Chris två år med Röda Korset i Västafrika innan han återvände till huvudkontoret i Genève som chef för dess afrikanska biståndsavdelning i ytterligare tre år innan han så småningom fick en MBA och skrev sin avhandling om företagens sociala ansvar. Nu verkar det troligt att antingen A) Chris arbetar för en av de stora bankerna där han också övervakar dess Third World Foundation eller B). Vilket scenario verkar mest troligt?

De flesta brukar välja alternativ B, men detta är det felaktiga svaret. B säger både att Chris arbetar för en storbank och att ett ytterligare villkor har uppfyllts - anställda som arbetar inom en banks Third World Foundation utgör en liten undergrupp av bankirer; Alternativ A skulle därför vara mer troligt. Nobelpristagarna Daniel Kahneman och Amos Tversky har ingående studerat detta fenomen.

Som människor dras vi till berättelser som verkar tilltalande eller rimliga; berättelser om hjälparbetaren Chris som är övertygande eller övertygande ökar risken för falska resonemang. Om jag hade ställt den här frågan på ett annat sätt hade du kanske uppfattat alla dessa extra detaljer som överdrivna; kanske till exempel: "Chris är 35 och arbetar på antingen A) en bank i New York med ett kontor på tjugofjärde våningen med utsikt över Central Park eller B) inte heller"

Återigen, ta ett exempel från Seattles flygplatsstängning och inställda flyg: vilket scenario är mest troligt? I det här fallet är A mer sannolikt eftersom B antyder att ett extra villkor har uppfyllts: dåligt väder. Att överväga andra möjligheter kan också stänga den såsom bombhot, olyckor eller strejker; men troligtvis tar vi inte hänsyn till sådana saker när vi överväger trovärdiga berättelser som A eller B. Nu när du förstår denna process bättre, gör det med vänner för att se vilket resultat som mest föredrar!
Även experter kan falla offer för konjunktionsfelet. Vid en internationell konferens för framtida forskning 1982 delades experter - alla akademiker - in i två grupper vid ett evenemang som anordnades av Daniel Kahneman: grupp A fick sin prognos om att oljeförbrukningen kommer att minska med 30 %; grupp B hörde det som "En dramatisk ökning av oljepriserna kommer att få konsumtionen att minska med 30 %". Båda grupperna fick sedan ange hur troligt varje scenario verkade; Det blev snabbt uppenbart att grupp B kände sig mycket starkare inför sin prognos än grupp A.

Kahneman tror på två typer av tänkande. En typ är intuitiv, automatisk och direkt; den andra medveten, rationell, långsam, mödosam och logisk. Tyvärr drar intuitivt tänkande slutsatser långt innan det medvetna sinnet gör det; Jag upplevde personligen detta efter World Trade

Center-attackerna den 11 september när jag letade efter reseförsäkringar med ett speciellt "terrorismskydd" tillagt. Även om andra policyer täckte alla möjliga incidenter inklusive terrordåd (men jag föll för deras erbjudande ändå!). Det som gjorde det ännu mer löjligt var min vilja att betala mer för vad som verkade vara ett attraktivt men onödigt tillägg!

Slutsats: Blanda inte ihop vänster och höger hjärna; intuitivt och medvetet tänkande skiljer sig betydligt mer åt. När du fattar viktiga beslut, håll denna distinktion i åtanke när du gör viktiga val: undermedvetet tenderar vi att föredra rimliga berättelser; Håll utkik efter praktiska detaljer och lyckliga slut som verkar rimliga för dig, snarare än de som kräver ytterligare villkor för att uppfylla. Kom ihåg: ytterligare villkor kommer att minska snarare än öka sannolikheten.

Se även Base-Rate Neglect (kap. 28); Berättelsebias (kap. 13) 42

Tänk på dessa två påståenden när du ramar in:

"Hej, soptunnan svämmar över!"

"Det vore verkligen underbart om du kunde tömma papperskorgen, älskling."

Tonalitet skapar musik: det som spelar roll är hur ett budskap kommuniceras; olika kommunicerade meddelanden kommer också att tas emot på olika sätt av sina mottagare - denna teknik som kallas inramning på psykologiskt språk.

Kahneman och Tversky genomförde ett experiment på 1980-talet där de presenterade två alternativ för en epidemikontrollstrategi; deras deltagare fick veta att 600 liv stod på spel med antingen alternativ A eller alternativ B som räddade 200 av dem. Alternativ B erbjöd endast 33 % chans att alla 600 individer skulle överleva och 66 % sannolikhet att ingen skulle ta sig därifrån levande, med 200 överlevande som förväntades klara båda scenarierna; de flesta svarande valde alternativ A framför B på grund av dess större chans att överleva – att tro på visdomen att det är bättre att ha något påtagligt än att förlora senare. Att omformulera samma alternativ blev extremt fascinerande: "Alternativ A dödar 400 personer", medan "Alternativ B ger en 33% chans att ingen kommer att dö och en 66% chans att alla 600 kommer att dö". Vid den tidpunkten valde bara en minoritet A och de flesta valde B; forskare noterade en anmärkningsvärd U-sväng bland nästan alla deltagare; beroende på om frasering (överleva eller dö) förändrade beslutsfattandet helt.

Ett exempel: Forskare presenterade en grupp människor med två sorters kött märkt som 99 % fettfritt och 1 % fett, och frågade dem sedan vilket som var hälsosammare. Kan du gissa vilken de valde? Du gissade rätt - respondenterna valde det första alternativet oavsett dess högre fetthalt!

Glans är en allt populärare form av inramning. Enligt dess regler blir en fallande aktiekurs föremål för korrigering medan en överbetald anskaffningspris blir "goodwill".
Varje managementkurs förvandlar magiskt problem till möjligheter eller utmaningar; att bli avskedad blir en möjlighet att "omvärdera min karriär" eller att hantera stupade soldater ses som en chans att skapa möjligheter eller ta itu med utmaningar.

Döden på slagfältet blir motsvarigheten till krigshjältestatus; oavsett dess orsak eller sätt. Folkmord blir "etnisk rensning", medan nödlandningar, till exempel på Hudson River, firas som flygets triumfer (även om en läroboklandning säkerligen skulle räknas ännu mer som sådana triumfer!). En framgångsrik nödlandning, till exempel på Hudson River, hyllas allmänt som en sådan prestation (borde inte en flygplatsbana räknas som en ännu större triumf för flyget?)

Har du någonsin tittat närmare på ETF (börshandlade fonder) prospekt och broschyrer? Vanligtvis illustrerar broschyren den senaste prestationsstatistiken med precis tillräckligt med historiska detaljer för att skapa en tilltalande uppåtgående kurva, som kallas inramning. En enkel bit bröd kan fungera som ett annat bra exempel - beroende på dess representation som antingen symbolisk eller faktisk Kristi kropp kan skapa oenighet inom religionen som sågs under 1500-talets reformationsperiod.

Inramning kan också användas effektivt i handeln. Ta försäljare av begagnade bilar: deras budskap leder till att konsumenter fokuserar på endast vissa faktorer när de överväger att köpa dem, oavsett om det är genom säljare levererade meddelanden, skyltar som visar specifika egenskaper eller deras egna kriterier. Till exempel när man ser begagnade bilar med låg körsträcka och bra däck som försäljningsargument - ofta utan hänsyn till motortillstånd, bromsskick, interiört skick etc - och fokuserar mer på körsträcka/däck än någon annan aspekt. Tyvärr kan det vara svårt att ta in alla möjliga för-/nackdelar när vi fattar våra köpbeslut; Hade andra ramar använts vid försäljning av bilen hade vi kanske gjort andra val än vad vi gjorde.

Författare är mästerliga inramare. En kriminalroman skulle snabbt bli tråkig om alla dess sidor helt enkelt visade varje mord som det hände - "hugg för stick". Även när vi gradvis upptäcker motiv och mordvapen, tillför inramning dramatik och spänning i berättelsen.

Slutsats: Var medveten om att all kommunikation innehåller en viss grad av inramning; alla fakta, oavsett om de tillhandahålls av betrodda vänner eller publiceras i trovärdiga tidningar, kan också påverkas av inramningseffekter - även detta kapitels innehåll!

Se även Kontrasteffekt (kap. 10); Kontrastaversion (kap. 21); Rädsla för ånger (kap. 82); Förlustaversion (kap. 32); Ömsesidighet (kap. 6); Ankareffekten (kap. 30) och Sleeper Effect (kap. 70).

ATT SE OCH VÄNTA ÄR SMÄRTsamt

Action Bias

I fotbollsstraffsituationer tar det mindre än 0,3 sekunder för bollen att färdas från sin ursprungliga sparkare till målvakten; vilket begränsar hans tid för att titta på dess bana innan han fattar sitt beslut om när den måste sparkas tillbaka igen. Fotbollsspelare som tar straffar tenderar att rikta sina skott en tredjedel av gångerna mot mitten, en tredjedel till vardera sidan och en tredjedel utanför mitten av sina mål, vilket inte har gått obemärkt förbi för målvakter som dyker varken vänster eller höger beroende på där spelarna skjuter ifrån. Sällan blir spelare stående i mitten, även om ungefär en tredjedel av alla bollar landar där. Varför skulle de riskera att rädda straff genom att inte ställa upp? Helt enkelt för att det ger bättre tv; utseende spelar en viktig roll. Att dyka åt ena sidan istället för att frysa på plats kan se mer imponerande ut och kännas mindre pinsamt; det kallas handlingsbias: att se aktiv ut även om det inte blir något konkret resultat av det.

Denna forskning kommer från den israeliska forskaren Michael Bar-Eli, som genomförde omfattande tester av straffläggningar. Inte bara målvakter är mottagliga för handlingsfördomar - tänk om en grupp ungdomar kommer ut från en nattklubb och börjar skrika och gestikulera mot varandra innan de blir kontroversiella och blir indragna i argument sinsemellan. Situationen är på gränsen till fullskaligt våld, både unga och äldre poliser står i beredskap, övervakar på avstånd tills offer dyker upp och ingriper när det behövs. Om denna situation bara lämnades i händerna på unga, oerfarna officerare, kan den snabbt bli våldsam; unga, ivriga officerare som ger efter för handlingsfördomar kan reagera omedelbart och rusa i huvudet först, vilket ofta leder till offer som ett resultat. Enligt forskningsrön kan senare interventioner som underlättas av högre officerare resultera i minskade dödsfall.

Handlingsbias förstärks när man konfronteras med något obekant eller oklart. Till en början beter sig många investerare på samma sätt som unga, överivriga poliser utanför en nattklubb: deras oerfarenhet gör att de inte kan bedöma aktiemarknaden så att de kompenserar med hyperaktivitet; tyvärr slösar detta dyrbar tid; Charlie Munger sammanfattade detta tillvägagångssätt genom att säga "Vi behöver disciplin för att undvika att göra någon jävla sak bara för att inaktivitet blir outhärdlig."

Handlingsbias finns även bland högutbildade kretsar. När en sjukdom drabbar en patient, reagerar även läkare med avancerad examen ofta negativt och fördröjer att söka lämplig medicinsk behandling för dem.
Så snart ett tillstånd inte kan diagnostiseras korrekt och läkare måste välja mellan att ingripa (dvs. skriva ut något) eller att vänta och se, tenderar deras beslut att ingripa att vidta omedelbara åtgärder snarare än att sitta och vänta tills något definitivt händer. Sådana beslut

återspeglar inte vinstjag utan representerar istället mänskliga tendenser att vidta åtgärder snarare än att förbli vilande när de står inför osäkerhet.

Så vad är det som driver denna tendens? I vår tidigare jägare- och samlarmiljö (som passade oss perfekt) trumfade handlingar eftertanke. Blixtsnabba reaktioner var avgörande för överlevnad; överläggning kan visa sig dödlig. När våra förfäder såg något i kanten av skogen som liknade en sabeltand tigersilhuetter tog de snabbt åtgärder; snarare än att fundera på om något kan ha funnits där, skapade de helt enkelt för säkerhets skull, sprang snabbt iväg istället för att dröja vid potentiella hot för länge - till skillnad från oss idag där våra instinkter kan säga oss något annat.

Även om vårt samhälle alltmer erkänner kontemplation som värdefullt, förblir direkt passivitet en kardinalsynd. Om du fattar rätt beslut genom att vänta, väntar ingen medalj eller staty med ditt namn på dig; tvärtom, att visa beslutsamhet och snabb bedömning när saker och ting förbättras kan ge utmärkelser från arbetsgivare, statsmän eller till och med borgmästare; förhastade handlingar tenderar att vinna oftare i samhället i stort än försiktiga vänta-och-se-strategier.

Slutsats: när vi konfronteras med nya eller osäkra omständigheter kan vår instinkt vara att göra något, vad som helst - oavsett konsekvenserna - bara för att inte känna oss hjälplösa eller upprörda. Tyvärr slår denna tendens ofta tillbaka genom att leda oss på vägar som förvärrar saker snarare än att förbättra dem. Även om väntan kanske inte skapar rubriker i sig, om en situation förblir otydlig kan det vara klokare att sitta på händerna tills en tydligare bedömning kan göras av dina alternativ; enligt Blaise Pascal beror alla mänskliga problem på att människan inte kan sitta tyst i ett rum ensam i sitt arbetsrum hemma.
Se även Omission Bias (kap. 44); Övertänkande (kap. 90); Förhalning (kap. 85); Det kommer att bli värre innan det blir bättre villfarelse (kap. 12); och en oförmåga att stänga dörrar (kap. 68) som möjliga faktorer för felaktigt hanterade kommunikationsproblem.

Utelämnande Bias

Föreställ dig att vara på en glaciär med två klättrare. Man halkar och faller i en springa; att ropa på hjälp kan ha räddat honom, men det gör du inte - istället trycker du ner båda två i raviner där de båda dör snabbt efteråt - vems död tynger ditt samvete mest?

Rationella överväganden visar att båda alternativen är lika motbjudande, vilket leder till döden för dina följeslagare. Ändå är det något som får oss att betygsätta det passiva alternativet mer fördelaktigt; detta fenomen är känt som Omission Bias och inträffar där både handlingar och passivitet leder till dödliga utfall; vi tenderar att föredra passivitet eftersom dess resultat verkar mindre störande.

Föreställ dig att du är chef för Federal Drug Administration och måste bestämma om du ska godkänna ett läkemedel för terminalt sjuka patienter med potentiellt dödliga biverkningar eller inte - dessa piller har dödat 20 % omedelbart samtidigt som de har räddat liv för 80 % fler under en kort tidsperiod . Vad skulle ditt beslut vara?

De flesta skulle sannolikt neka godkännande; för dem verkar det mycket värre att passera genom ett läkemedel som dödar en av fem patienter än att misslyckas med att ge sitt botemedel till de andra 80 %. Sådana beslut illustrerar perfekt utelämnandet. Föreställ dig att bli medveten om en sådan partiskhet men ändå välja att godkänna i förnuftets och anständighetens namn, bara för när en av dina patienter dör uppstår en upprördhet och du befinner dig utan arbete! Som tjänstemän eller politiker skulle det vara klokare - ja absolut nödvändigt - för dem - att ta denna genomgripande form av partiskhet på allvar och till och med uppmuntra den ytterligare!

Rättspraxis visar djupet av en sådan "moralisk snedvridning". Dödshjälp, även när de döende önskar det, är olagligt medan avsiktlig vägran av livräddande åtgärder (till exempel efter DNR-order - Don Not Resuscitate-order) förblir lagligt.

Sådana resonemang förklarar varför så många föräldrar anser att det är helt acceptabelt att inte vaccinera sina barn, även om vaccination har visat sig avsevärt minska riskerna i samband med sjukdomsöverföring.
Även om vaccination medför en mycket liten risk för negativa biverkningar, är övergripande vaccination vettigt; inte bara för individers egen skull utan för samhället i stort – immuna individer kan inte smitta andra människor med sin sjukdom och i sin tur sprida den vidare. Naturligtvis om icke-vaccinerade barn drabbades av någon sjukdom skulle de kunna anklaga

sina föräldrar för att skada dem genom att vägra vaccination - men detta skulle verka mindre allvarligt än om de avsiktligt infekterade sina barn själva!

Utelämnande partiskhet ligger till grund för vanföreställningar: Vi föredrar att vänta tills andra människor gör det istället för att själva vidta åtgärder för att agera på det. Investerare och affärsjournalister är mer förlåtande mot företag som inte producerar nya produkter än mot dem som producerar undermåliga, även om båda vägarna leder till ruin. Att sitta passivt på eländiga aktier känns bättre än att aktivt köpa dåliga; att bygga inga utsläppsfilter i kolkraftverk verkar överlägset att vidta åtgärder som att ta bort ett av kostnadsskäl; att misslyckas med att isolera hem verkar vara att föredra framför att bränna allt det extra bränslet; att underlåta att deklarera inkomstskatt är mindre ogynnsamt än att lämna in falska skattedokument, även om båda vägarna leder till statliga förluster åt båda hållen.

Vi undersökte handlingsbias i kapitel 7. Men är det motsatsen till utelämnande bias? Inte exakt; handlingsbias leder till att vi kompenserar för otydlighet med meningslös hyperaktivitet när saker och ting verkar otydliga eller motsägelsefulla; medan utelämnande partiskhet ofta manifesteras där information är lätt att urskilja: en insikt kan avslöja framtida olycka som vi skulle kunna undvika genom direkta åtgärder, men denna insikt genererar inte lika mycket motivation hos oss att ta ställning mot den.

Utelämnande partiskhet kan vara svår att upptäcka; handling är vanligtvis mer märkbar än passivitet. Studentrörelser från 1960-talet myntade en effektiv slogan mot det: 'Om du inte är en del av lösningen, då är du en del av problemet.'

Anmärkningar om volontärfel (kap. 65); Action Bias (kap. 43); Prokrastinering (kap. 85).

SKULLE INTE MIG

Egennyttiga fördomar

Läser du regelbundet årsredovisningar, med särskilt fokus på vad vd har sagt? Om inte, är det olyckligt eftersom du där kan hitta många exempel på ett fel som alltför ofta spelar in - egennyttig fördom. Närhelst företaget upplever framgång, tar sig VD:n tid att lyfta fram alla deras ansträngningar - som att fatta smarta beslut, outtröttligt arbete och odla en innovativ företagskultur. Om ett företag har haft ett misslyckat år läser vi om en mängd olika faktorer som bidragit till dess nedgång: växelkursfluktuationer, statliga ingripanden, kinesiska handelspraxis som bryter mot västerländska immaterialrättsliga standarder, dolda tullar som minskar konsumenternas förtroende etc. Kort sagt: våra sinnen tillskriver framgång och misslyckanden externt snarare än internt - detta är egennyttig fördom på jobbet!

Även om du aldrig hört termen, lärde gymnasiet många elever innebörden av självbetjänande partiskhet. Om de fick ett A, återspeglade deras framgång enbart på dem, medan misslyckanden innebar orättvisa testförfaranden som användes av administratörer och lärare.

Men betyg verkar inte spela någon roll längre: kanske börsen har tagit deras plats. När din portfölj går med vinst applåderar du dig själv; när den presterar dåligt läggs skulden rakt på "marknaden" (vad det än innebär) eller kanske den där irriterande investeringsrådgivaren. Jag är själv en skicklig användare av självtjänande partiskhet: när min nya roman skjuter i höjden till status som bästsäljare, firar jag den som min bästa bok hittills; om den floppar mitt i nya släpp måste det betyda att läsarna helt enkelt inte känner igen den eller att kritiker är avundsjuka som har något emot mig som inte känner igen bra litteratur i mina böcker!

Forskare genomförde ett personlighetstest och slumpmässigt tilldelade deltagarna höga eller låga poäng; de som fick höga betyg tyckte att det var grundligt och rättvist; de som fick låga betyg fann det helt värdelöst. Varför tillskriver vi oss själva framgång och misslyckande någon annanstans? Det finns olika teorier, med kanske en enkel förklaring: det känns bra! Dessutom skulle evolutionen troligen ha åtgärdat det mycket tidigare.
Över hundra tusen år utrotades fördomar i egennytta när det mänskliga samhället utvecklades, men i vår moderna värld med många dolda risker kan det dyka upp igen och snabbt leda till katastrof. Richard Fuld, ofta hänvisad till som den självutnämnda 'universums mästare', kunde mycket väl stödja denna uppfattning; efter att ha varit VD på Lehman Brothers fram till dess konkursansökan 2008 kan han mycket väl fortfarande göra anspråk på denna titel samtidigt som han skyller på statliga åtgärder som orsaken.

Studenter som tar SAT-test får vanligtvis mellan 200 och 800 poäng. När de ett år senare ombeds att uppdatera sina poäng tenderar många att öka dem med ungefär 50 poäng – utan att någonsin ljuga eller överdriva siffrorna, utan att helt enkelt "förbättra" det tills de kommer att tro på det nya numret själva.

I min byggnad finns en lägenhet som delas av fem studenter, som jag ofta ser i hissen. En sa att han tog ut sitt skräp varannan eller tredje gång; en annan: var tredje eller fjärde gång; medan rumskamrat #3 påstod sig göra det ungefär 90 % av gångerna! Deras svar borde ha lagt till 100 %, men i stället uppgick de till imponerande 320 %! Varje pojke överskattade sina roller – något alla människor tenderar att göra. Studier har också visat detta fenomen bland gifta par där var och en antar att de bidrar med över 50 % till äktenskapets hälsa.

Så hur kan vi övervinna fördomar i egennytta? Har du vänner som berättar sanningen utan att några spärrar är spärrade? Om det är fallet för dig, räkna dig själv lycklig. Om inte, ta in minst en fiende på kaffe och fråga deras ärliga åsikter om dina styrkor och svagheter; du kommer alltid att vara tacksam för att du gjorde det!

Se även Hindsight Bias (kap. 14); Övertroende effekt (kap. 15); Not-Invented-Here Syndrome (kap. 74); Survivorship Bias (kap. 1), Nybörjarlycka (kap. 49) Kognitiv dissonans (kap. 50); Forer-effekt (kap. 64); Introspection Ilusion (Ch 67) och Cherry-Picking (Ch 96) att bli bekant med.

SE VAD DU ÄNSKAR!

Föreställ dig en dag att telefonen ringer och en entusiastisk röst berättar att du har vunnit en lotterijackpot på 10 miljoner dollar! Hur skulle det få dig att känna och hur länge skulle det pågå? Eller ett annat scenario kan utspela sig: någon ringer för att informera dig om sin förlust av en bästa vän; igen hur skulle du reagera och hur länge skulle effekterna vara?

I kapitel 40 undersökte vi den låga träffsäkerheten i förutsägelser inom olika områden som politik, ekonomi och sociala händelser. Vi kom till slutsatsen att självutnämnda experter inte är bättre än slumpmässiga prognosgeneratorer på att ge korrekta förutsägelser. Låt oss nu gå vidare till ett annat område: Hur exakt kan vi förutsäga våra känslor? Är vi experter på oss själva? Skulle vinst på lotteri göra oss lyckligare i många år framöver? Harvard-psykologen Dan Gilbert föreslår något annat; hans studier av lotterivinnare tyder på att alla positiva effekter snabbt försvann inom några månader, vilket gjorde människor lika nöjda eller missnöjda som tidigare efter att ha fått sin check - detta fenomen kallar han "affektiv prognoser; vår oförmåga att korrekt förutsäga våra egna känslor.

En bankchef bestämde sig för att bygga ett nytt hem utanför staden med sina stora inkomster, och drömde om att skapa en villa med tio rum, pool och fantastisk utsikt över sjön och bergen. Hans plan blev verklighet. Inom några veckor efter köpet strålade han av spänning. Tyvärr försvann den entusiasmen snart och sex månader senare var han mer olycklig än någonsin. Varför hände detta? Tja, forskning visar oss att lyckan snabbt försvinner efter bara några månader, vilket gör att villan inte längre representerar hans drömmar; att komma hem varje dag till en ovälkommen verklighet: öppna dörren och inte veta vart den ledde honom... Stackars kille: hans känslor för villan var likgiltiga jämfört med hur de kände om hans ettrumsstudentlägenhet. Dessutom stod de nu inför två entimmespendlingar per dag! Studier visar att bilkörning kan vara en enorm källa till missnöje och stress, och att de flesta aldrig vänjer sig vid upplevelsen. Därför kommer de utan naturlig affinitet för pendling sannolikt att utstå två långa pendlingar varje dag (minst). Därför hade min väns drömvilla en övergripande negativ effekt på hennes lycka.

Många andra klarar sig inte bättre: individer som förändras eller avancerar i sin karriär drabbas ofta av ett liknande öde.
Forskare hänvisar till detta fenomen som det hedoniska löpbandet: vi arbetar hårt, avancerar ekonomiskt och skaffar oss mer rikedom - men inget av detta gör oss lyckligare.

Så hur påverkar negativa händelser som ryggmärgsskador och förluster av vänner oss? Vanligtvis överskattar vi deras varaktighet och intensitet - till exempel när relationer tar slut kan det verka som om livet aldrig kommer att bli detsamma, men inom tre eller så månader har de återgått till att dejta och hitta lyckan igen.

Skulle det inte vara underbart om vi visste exakt hur lyckliga en ny bil, karriär eller relation kommer att göra oss? Lyckligtvis är detta något vi delvis kan mäta. Ta dessa vetenskapligt sunda riktlinjer som vägledning när du fattar bättre, ljusare beslut: 1) Undvik negativa saker som du inte kan anpassa dig till över tid, såsom pendling, bullerföroreningar eller kronisk stress. 2) Lita inte för mycket på materiella varor som bilar, hus, lotterivinster, bonusar eller priser som källor till långsiktig lycka. 3) Sök så mycket frihet och självständighet som möjligt eftersom varaktiga positiva förändringar ofta beror på att ta positiva handlingar på eget initiativ. Utöva dina passioner även om det innebär att du avstår från en viss inkomst; investera i vänskap; de flesta människor finner varaktig lycka genom professionell status så länge det inte ändrar kamratgrupper på en gång - med andra ord, om du går upp till VD-rollen medan du bara umgås med andra chefer, minskar effekten snabbt.

Prognos Illusion (kap. 40); Neomania (kap. 69) och Envy (kap. 86) bör alla ses som farosignaler och bör inte behandlas lättsamt.

VI BÖR ALLA KOMMA IHÅG ATT INTE FÖRUNDRAS ÖVER VÅR EGEN EXISTENS OCH LEVA DÄREFTER!

När jag reste från Philadelphia till New York fastnade jag i en bilkö. "Varför måste det alltid vara jag?", beklagade jag, medan jag stirrade på förare i södergående riktning som körde förbi i imponerande fart på min motsatta sida. Medan jag tillbringade en timme med att krypa fram i snigelfart med täta stopp för brytning och acceleration, vandrade tankarna. Hade jag verkligen otur i livet eller var detta helt enkelt min uppfattning? Med bank-, post- och livsmedelsbutikslinjer som till synes plockade ut mig oftare än andra eller var det bara uppfattningar?

Föreställ dig att på den här motorvägen uppstår en trafikstockning 10% av tiden; mina chanser att fastna är inte större än sannolikheten, men min sannolikhet att fastna vid någon punkt på min resa överstiger denna siffra på grund av att jag är begränsad i min framåtrörelse under sådana situationer; Dessutom, när en väl uppstår och jag fastnar, blir den mycket mer märkbar för mig än om den hade hållit sig i rörelse i sin normala takt.

Liknande logik gäller för bankräknare eller trafikljus: på en genomsnittlig resa mellan A och B med 10 trafikljus kommer ett alltid att vara rött medan resten grönt; du kan dock spendera över 10 % av din restid på att vänta vid rött ljus - även om det kanske inte verkar rätt; tänk dig att resa med nära ljusets hastighet: du skulle troligen spendera 99,99 % (inte 10 %) av tiden på att vänta och förbanna röda trafikljus!

Så fort vi klagar på otur är det klokt att vara försiktig med självvalsfördomar. När mina manliga vänner gnäller över bristen på kvinnor i sina företag och kvinnliga vänner klagar på för få män, har det inget med otur att göra - dessa knorrar ingår i ett urval som visar sannolikheten att de flesta manliga arbetare arbetar i branscher som domineras av mestadels män (eller vice versa för kvinnliga arbetare). Dessutom, att bo i länder som Kina eller Ryssland med stora andelar av båda könen innebär att du kan bli en del av den större gruppen och känna dig hårt klar. När röstning sker under val blir detta fenomen mest påtagligt;
Vid omröstning är det mycket troligt att din röst överensstämmer med den vinnande majoritetens majoritetsröst.

Marknadsförare faller ofta offer för självvalsfördomar. Marknadsförare kan falla in i det genom marknadsföringsundersökningar som försöker bedöma kundvärdet av deras nyhetsbrev, men når bara nuvarande prenumeranter som är helt nöjda, har tid och inte har avbokat. Dessa undersökningar visar sig alltså vara ineffektiva.

Kommentarer från min ganska ledsna vän berörde nyligen en vanlig självvalsfördom; endast levande varelser kan göra sådana observationer; icke-entiteter tänker ofta inte så mycket på sin icke-existens. Ändå utgör samma villfarelse grunden för många filosofiska verk när de år efter år förundras över språkets utveckling; Jag sympatiserar med deras förvåning men finner deras förvåning oförsvarlig; språket skulle helt enkelt inte existera utan att vi vördade dess mirakel; dess förundran blir bara påtaglig genom att exponeras för sin omgivning - dess mirakel blir bara påtaglig genom sin existens i sin omgivning - som dess mirakel av skapelse eller förstörelse av mänskliga sinnen!

Rolig är den här telefonundersökningen nyligen: Ett företag genomförde den för att i genomsnitt fastställa hur många telefoner (fast telefon och mobil) varje hushåll ägde. De blev förvånade när de fick reda på att inget hushåll påstod sig ha någon! Verkligen en häpnadsväckande prestation.

Se även Alternativa vägar (kap. 39); Funktionspositiv effekt (kap. 95); Swimmer's Body Illusion (kap. 2) för vidare diskussion.

FÖRENINGSBIAS

Kevin har gjort tre presentationer av sin divisions resultat för företagets styrelse och varje gång gick allt felfritt - och Kevin tror att dessa gröna prickiga boxershorts är hans lyckliga kalsonger!

Kevin kunde inte motstå att köpa den fantastiska förlovningsringen hon visade honom; även om det vid $10 000 var långt över hans budget för andra äktenskap, var det något med denna kvinna som gjorde det oemotståndligt för honom; kanske att associera detta vackra föremål med någon skulle ge framtida brudar hopp om att hon också kan vara hisnande vacker?

Varje år besöker Kevin sin läkare för en kontroll och brukar få veta att hans hälsa är i god form vid 44 år. Två gånger har han dock lämnat med alarmerande nyheter: en gång för hans blindtarm (som snabbt togs bort); och en annan för en initialt svullen prostata som vid ytterligare inspektion visade sig vara enbart inflammation snarare än cancer - båda gångerna lämnade Kevin orolig och båda dagarna var utomordentligt varm; sedan dess när temperaturen börjar stiga runt en av hans kontrollbesök avbryter han det omedelbart!

Våra hjärnor är anslutningsmaskiner. Till exempel, när vi äter en okänd frukt och upplever illamående efteråt, skapar våra sinnen kunskap. Men denna metod skapar också falsk kunskap. Den ryske forskaren Ivan Pavlov var den första som studerade detta fenomen med hjälp av klockor för att mäta salivutsöndring hos hundar; senare skulle dock bara ljudet ensamt orsaka salivutsöndring; skapa länkar mellan två till synes orelaterade funktioner som klockringning och salivproduktion i djurhjärnor - som att enbart ljud räcker för att framkalla salivavsöndring i dem.

Pavlovs metod passar lika bra på människor. Reklam skapar länkar mellan produkter och känslor, som Coca-Cola. Som ett resultat visar annonser glada cola-människor som dyker upp tillsammans - i motsats till rynkade ansikten eller rynkiga kroppar som du kanske ser någon annanstans i verkligheten. Cola människor förekommer i stora kluster jämfört med det verkliga livet.

Falska associationer orsakas av föreningsbias, vilket också äventyrar vår beslutsfattande kvalitet. Vi kan associera bärare av dåliga nyheter med dess innehåll automatiskt (känd som shoot-the-messenger syndrome). Vissa vd:ar och investerare kan medvetet eller omedvetet undvika att höra negativa nyheter – vilket leder till en felaktig bild av verkligheten. För att undvika att falla offer för falska kopplingar och undvika att falla offer för falska ledtrådar när du leder grupper av människor, instruera dina anställda att bara ge dåliga nyheter så snabbt som möjligt för att motverka shoot-the-messenger-syndromet - lita på att tillräckligt många positiva nyheter kommer kommer fortfarande din väg! Att övervinna falska kopplingar genom att överkompensera för shoot-the-messenger-syndromet genom att överkompensera med positiva budskap – överkompensera genom att överkompensera med goda nyheter!

Innan e-post och telemarketing fanns använde resande säljare dörr till dörr-försäljningsmetoder. En dag råkade George Foster på ett tomt hus där en osynlig läcka hade fyllt det med gas i flera veckor - utan att han visste det orsakade den skadade klockan en gnista när George tryckte på den, vilket utlöste en explosion som skickade George rakt in på sjukhus, även om det till slut han återhämtade sig snabbt. Tyvärr var hans rädsla för dörrklockor kvar så starkt att han inte ens flera år efteråt kunde gå tillbaka till jobbet; försökte hårt eftersom han bara kunde skapa en annan känslomässig anknytning som inte kunde vända sig trots att han visste att detta inte var troligt.

Mark Twain fångade detta viktiga takeaway-budskap på ett vackert sätt: 'Vi bör hämta från varje upplevelse endast de lärdomar som finns i; så att vi inte blir som katten som sätter sig på ett hett spislock och bränner oss - aldrig mer sätter sig på varken varken eller kalla.

Var försiktig när saker börjar bra; notera Smitta Bias (kap. 54); Falsk kausalitet (kap. 37); Nybörjarlycka (kap 49) samt tillgänglighetsbias och affektheuristik. (Se kapitel 54 för ytterligare läsning om dessa ämnen).

SE UPP NÄR SAKER BÖRJAR HÄNDA SNABB

Vi har nyligen undersökt associationsbias, eller vår tendens att se samband där inga finns. Till exempel, oavsett Kevins alla framgångar med stora presentationer i gröna prickiga kalsonger, kan de inte garantera honom framgång varje gång.

Nu kommer vi till en av de mer knepiga formerna av associationsbias: att skapa en konstgjord länk med det förflutna. Kasinospelare känner väl till denna taktik: de kallar det nybörjarlycka. Människor som är nya i ett spel och som förlorar i sina första omgångar lägger sig ofta klokt, medan den som har tur tenderar att fortsätta. När nybörjare dock har tur kan deras självförtroende leda till att de ökar insatserna ytterligare - bara för att de senare ska få reda på att sannolikheterna har återgått till genomsnittliga nivåer strax efter!

Nybörjarlycka spelar en viktig roll för ekonomisk framgång. Föreställ dig företag A, som förvärvar mindre företag B, C och D successivt utan incidenter och framgångsrikt genomför varje förvärv - bygga upp deras förtroende eftersom varje fusion visar sig vara för utmanande att hantera och uppskattade synergier omöjliga att realisera trots objektiva bevis som pekar i denna riktning från tidigare förvärv - bara för nybörjarlycka att blinda dem från denna verklighet.

Liknande trender inträffade på börsen. Dragna till dess initiala framgång, hällde många investerare ut sina livsbesparingar och till och med lån i internetaktier under slutet av 90-talet - omedvetna om att deras anmärkningsvärda vinster vid den tiden inte berodde på någon kunskapsbaserad aktieplockningsförmåga utan helt enkelt en uppåtgående marknadstrend. ; även de utan tidigare kunskap om investeringar fick ofta stora vinster när saker och ting till slut vände nedåt. När det momentumet äntligen försvann, stod dock många inför berg av dot-com-skulder.

Som man såg under den senaste amerikanska bostadsboomen, föll många individer för denna fälla: tandläkare, advokater, lärare och taxichaufförer övergav sina karriärer för att "vända" hus i vinstsyfte - köpte dem till förmånliga källarpriser och sålde dem sedan omedelbart tillbaka till högre priser priser - leder dem ner på en berusande väg mot feta vinster men faktiskt med liten relevans för det verkliga livet eller deras karriärer. Bostadsboomen tillät även amatörmäklare att blomstra; investerare tog på sig enorma skulder när de köpte fler och större herrgårdar, och när bubblan så småningom sprack fick de bara osäljbara fastigheter som tillgångar.

Historien ger oss gott om bevis på nybörjarlycka: varken Napoleon eller Hitler skulle ha inlett kampanjer mot Ryssland utan tidigare segrar i mindre strider för att backa upp dem.

Men hur kan man skilja nybörjarlycka från riktig talang? Även om det inte finns någon fast regel som hjälper till att göra den beslutsamheten, kan två tips visa sig vara effektiva: för det första, om din prestation konsekvent överträffar andras under en längre period, spelar sannolikt talang en roll. För det andra, när det finns fler konkurrenter som konkurrerar om ditt företag, ökar chansen att någon slår det stora och tar marknadsledarskapet i flera år - kanske du! När det händer bland tio konkurrenter, var stolt över att fira dig själv som marknadsledare! Att vara bland de främsta spelarna (på finansmarknaderna) kan dock ses som bevis på talang; men om du befinner dig i toppklass bland 10 miljoner spelare under ett visst år - vilket kan hända lätt nog med alla möjliga spelare som deltar - börja inte visualisera ett imperium som Buffett ännu; sannolikt har du bara haft tur!

Titta och vänta innan du drar några definitiva slutsatser. Nybörjarlycka kan vara förödande; För att skydda mot missuppfattningar och motbevisa teorier som en effektiv vetenskapsman skulle, skickade jag ut min roman Thirty-five till ett förlag där den omedelbart accepterades; för ett ögonblick kändes det som en genial framgång (oddsen att det här förlaget skulle ta det var 1/15 000. För att testa min teori ytterligare skickade jag sedan ut kopior till ytterligare 10 stora förlag... och fick 10 avslagsbrev tillbaka som gav min uppfattning snabbt ner på jorden igen.

Se även: Survivorship Bias (kap. 1); Self-Serving Bias (kap. 45); Föreningsbias (kap. 48); Falsk kausalitet (kap. 37); Illusion av skicklighet (kap. 94)

SÖTA SMÅ LÖGNER

KOGNITIV DISSONANS

En räv kröp långsamt upp till en vinstock och stirrade längtansfullt på dess överflödiga, lila druvor. Han placerade framtassarna mot bålen, sträckte ut nacken och försökte sträcka sig efter dem men de var för högt upp. Irriterad gjorde han ett nytt försök - hans käke knäppte bara i luften. Till slut hoppade han av all sin kraft för att med en hörbar duns åter landa på jorden igen; inte ens ett löv hade rört sig. Med huvudet högt begav han sig tillbaka in i skogen - eller så trodde räven.

Aesop, den grekiske poeten, skapade denna fabel för att belysa ett av de mest utbredda felen i logiken. En diskrepans uppstod när räven gav sig i kast med att göra något men misslyckades, vilket skapade en inkonsekvens som bara kan lösas på ett av tre sätt: A) få tag på några druvor på något sätt B) acceptera att hans färdigheter kanske inte räcker till C) erkänna sin inkompetens

C) genom att i efterhand omtolka det som har inträffat. Detta tillvägagångssätt representerar kognitiv dissonans eller dess upplösning.

Föreställ dig att du köper en ny bil bara för att snabbt komma att ångra ditt val: motorn låter som att den lyfter och förarsätet är obekvämt. Vad gör man då? Att returnera det skulle vara ett erkännande av fel och skulle troligen inte ge tillbaka alla dina pengar; så som ett alternativt tillvägagångssätt kan du övertyga dig själv om att högljudda motorer och obekväma sittplatser är en del av säkerhetsfunktionerna, som hindrar dig från att somna bakom ratten; utan tvekan var dessa smarta val genomtänkta köp som har fört med sig glädjeupplevelser!

Leon Festinger och Merrill Carlsmith från Stanford University instruerade en gång sina studenter att utföra en timmes tråkigt, monotont arbete innan de delade in dem i två grupper. Grupp A-medlemmar fick $1 (det var 1959) som kompensation; de i grupp B fick $20; senare var de tvungna att avslöja hur de verkligen hittade det hela — förvånande nog tyckte de som bara fick en dollar att det var mycket roligare och mer engagerande!
Varför gjorde de det? Helt enkelt för att en ynka dollar inte var tillräckligt incitament för dem att direkt ljuga; så istället övertygade de sig själva om att arbetet inte var så illa; i samma veva som Aesops räv omtolkade situationen annorlunda, precis som dessa elever. Dessutom hade de som fick mer inget behov av att motivera vad de hade gjort, eftersom de redan hade begått en lögn samtidigt som de fick 20 USD i ersättning som de skulle betala. Dessa elever upplevde ingen kognitiv dissonans.

Föreställ dig att söka jobb och förlora mot en annan kandidat. Istället för att erkänna att de kan ha varit mer kvalificerade för det än du var, övertygar du dig själv om att du egentligen inte var intresserad av att ta på dig just den rollen; hela tiden var det bara ett experiment för att se om ditt "marknadsvärde" kunde ge dig en intervjuinbjudan.

Jag upplevde nyligen något liknande när jag stod inför att välja mellan att investera i två aktier. Den jag valde sjönk omedelbart i värde kort efter köpet medan aktier i en annan, oinvesterad en skjutit i höjden - jag kunde helt enkelt inte förmå mig att inse mitt misstag! Egentligen tvärtom: jag minns tydligt att jag övertygade en vän om att även om aktien upplevde barnsjukdomar, hade den ändå mer potential totalt sett. Kognitiv dissonans kan förklara denna till synes irrationella reaktion. Som min vän påminde mig om så hade "potentialen" varit ännu större om jag skjutit upp köpet av aktier till idag. Aesop hade varnat för det scenariot: "Du kan försöka vara smart hur du vill, men till slut kommer du inte att nå några druvor."

Se även Kapitaleffekt (kap. 23); Self-Serving Bias (kap. 45); Confirmation Bias (kap. 7-8); "Because Justification" (kap. 52) och Ansträngningsmotivering (kap. 60).

HYPERBOLISK RABATT

Har du hört talesättet "Lev varje dag som om det vore din sista."? Det verkar dyka upp minst tre gånger i både livsstilstidningar och självhjälpsmanualer; men för ett så insiktsfullt ordspråk gör det ingenting för ditt förstånd! Föreställ dig vad som skulle hända om du följde detta råd bokstavligen: du skulle inte längre borsta tänderna, tvätta håret, städa lägenheten, dyka upp till jobbet och betala dina räkningar i tid? Utan tvekan, på nolltid alls skulle du bli pank, sjuk och möjligen till och med bakom galler - men dess innebörd förblir i sig ädel; den uttrycker längtan och önskan om omedelbarhet som alltför ofta prioriteras över det rationella tänkandet; att leva livet fullt ut idag utan oro för morgondagen är helt enkelt inget vettigt levnadsråd.

Skulle du hellre få 1 000 USD under ett år eller 1 100 USD under tolv och en månad? De flesta skulle troligen välja det senare - med dess månatliga ränta på 10% per år! Plus att de extra två veckors väntan kan ge bra avkastning, vilket gör ett klokare beslut än att vänta för länge!

Två frågor till. Skulle du hellre få 1 000 USD i kontanter idag eller vänta en månad och få 1 100 USD mer? Troligtvis skulle de flesta föredra kontanter idag; men detta är fantastiskt eftersom även att vänta en månad längre ger 100 USD extra i båda fallen; i ett scenario verkar det uppenbart nog medan ett annat kan kräva tålamod och övervägande innan man svarar därefter. "Vad är ett annat år?" du kanske frågar dig själv. Inte i det här fallet; När vi introducerar "nu" fattar dock våra hjärnor ofta inkonsekventa beslut och vetenskapen hänvisar till detta fenomen som hyperbolisk diskontering. Enkelt uttryckt, när belöningar närmar sig, ökar vår "emotionella ränta" och vi blir villiga att ge upp mer i utbyte mot dem. Tyvärr misslyckas de flesta ekonomer fortfarande med att förstå att människor reagerar inkonsekvent och subjektivt på räntor; Följaktligen bygger deras modeller på konstanta räntor, vilket är mycket tveksamt.

Hyperbolisk rabatt, eller vår önskan om omedelbara belöningar, härrör från vårt djuriska förflutna. Djur skulle aldrig tacka nej till en omedelbar belöning som kan hjälpa dem att överleva snabbare.
Dina råttor svarar inte bra på träning; de kommer inte att ge upp en bit ost idag för att få mer i morgon. Ja, ekorrar samlar in mat och sparar den för senare konsumtion; det beteendet har dock ingenting med impulskontroll eller inlärning att göra.

Och hur är det med barn? På 1960-talet genomförde Walter Mischel ett experiment om fördröjd tillfredsställelse som du kan hitta genom att söka på YouTube med "marshmallow experiment". En grupp fyraåringar fick varsin marshmallow att antingen konsumera omedelbart eller vänta flera minuter och få en till; Tyvärr var det omöjligt för de flesta barn att vänta; Ännu mer imponerande men Mischel fann att förmågan till försenad tillfredsställelse är en indikator på framtida karriärframgång - vilket visar att tålamod verkligen är en dygd.

Med åldern kommer större självkontroll, vilket gör det lättare att skjuta upp belöningar. Istället för att vänta tolv månader för att få hem ytterligare 100 $, kan vi gärna vänta tretton om en omedelbar belöning skulle uppstå; såsom bankens orimliga räntor på kreditkortsskulder eller kortfristiga personliga lån som tär på vår önskan om omedelbar tillfredsställelse.

Slutsats: Även om momentana belöningar kan vara mycket frestande, är hyperbolisk rabatt fortfarande ett fel. När vi får kontroll över våra impulser - till exempel när vi dricker alkohol - desto bättre är vi på att undvika denna fälla; annars blir vi sårbara. Å andra sidan, om du säljer konsumentprodukter ger kunderna tillgång till dem omedelbart eftersom vissa kan betala extra bara för att de inte behöver vänta, något Amazon drar full nytta av; en del av leveransavgiften nästa dag går direkt in i kassan! En påminnelse varje vecka kan hjälpa till att undvika denna fälla -

Se Decision Fatigue (kap. 53); Enkel logik (kap. 63) och förhalning (kap. 85).

Någon halt ursäkt för att skjuta upp

Skäl och motivering

Trafikstockning mellan Los Angeles och San Francisco på grund av ytreparationer tog trettio minuter av min resa innan jag så småningom försvann i kaos i min backspegel - eller så trodde jag. En halvtimme senare hade dock mer underhållsarbete kommit igång igen men konstigt nog hade min frustration minskat kraftigt eftersom lugnande skyltar längs vägen meddelade: 'Vi renoverar den här motorvägen åt dig!'

Sylten påminde mig om ett experiment som utfördes av Harvard-psykologen Ellen Langer på 1970-talet. För detta gick hon in i ett bibliotek och väntade vid en kopiator tills en rad bildades runt den innan hon gick fram till dess första användare och sa: 'Ursäkta mig, jag har fem sidor att kopiera; får jag använda din Xerox-maskin?' Hennes framgångsgrad var 60 %. För att öka den till 94 % upprepade hon experimentet samtidigt som hon motiverade: "Ursäkta mig. Jag behöver fem exemplar utskrivna nu. Får jag använda din Xerox-maskin på grund av tidspress?' I nästan alla fall fick hon fortsätta. Detta var förståeligt: folk som har bråttom skar sig ofta till fronten i raderna utan att någonsin riktigt förstå varför. Hon försökte igen, den här gången och sa: "Ursäkta mig, men får jag gå före dig för att jag behöver kopior?" Till hennes förvåning visade detta sig vara framgångsrikt nästan alltid (93%).

Att rättfärdiga vårt beteende ökar toleransen och hjälpsamheten. Att använda motivering som "för att" verkar tillräckligt; oavsett om ursäkten du ger för varför de agerar på det här sättet är bra eller inte; det är lika effektivt! En skylt som tillkännager "Vi renoverar motorvägen åt dig" skulle bara tjäna till att förvirra saken; vilken underhållspersonal som helst kan lika gärna göra sina jobb någon annanstans på en motorväg ändå! Att se vad som pågår lugnar och lugnar snarare än håller en omedveten. När allt kommer omkring, inget frustrerar mer än att hållas ovetande!

Vid Gate A57 på JFK-flygplatsen väntade jag spänt på Flight 1234 när meddelandet över högtalaren sa: 'Obs, passagerare. Flight 1234 är för närvarande tre timmar försenat. Jag bestämde mig för att besöka skrivbordet för att ta reda på varför och var tillbaka inom 15 minuter utan något svar eller förklaring till uppskjutningen.
Jag blev rasande; hur vågar de låta oss vänta i okunnighet! Andra flygbolag hade åtminstone anständigheten att informera sina passagerare: "Flyg 5678 har försenats med tre timmar på grund av operativa skäl" -- en sådan lam ursäkt skulle åtminstone ge tillräcklig komfort.

Människor verkar besatta av att använda ordet "för att" även när det inte är nödvändigt; som ledare har vi utan tvekan sett denna trend; utan ett effektivt rallysamtal avtar motivationen snabbt. Att bara säga att ditt skoföretag existerar för att producera skor gör inte längre ett intryckande fall: idag måste högre syften och berättelser bakom din berättelse också spela en roll - som att säga att du vill att dina skor ska revolutionera marknaden (vad det än kan betyda); att ge stöd för en bättre värld (eller Zappos påstående om att vara i lyckobranschen) är alla viktiga delar för att fatta affärsbeslut idag om vi vill ha framgång (vad det än betyder).

Om aktiemarknaden stiger eller faller med en halv procentenhet kommer marknadskommentatorer inte att ge någon rimlig förklaring - att det orsakades av vitt brus eller en oändlig serie av marknadsrörelser. Istället vill folk ha konkreta skäl och kommentatorer kommer att välja en att skylla på; deras förklaring kommer ofta att framstå som meningslös med ofta hänvisningar till Federal Reserve Banks presidenters uttalanden som bovar.

Om någon frågar varför du inte har slutfört en uppgift ännu, kan ett enkelt svar vara: 'För att jag inte har hunnit med det än.' Även om det kanske låter löjligt till en början, men det här brukar göra susen utan att behöva komma med mer rimliga skäl för att inte slutföra det omedelbart.

En dag såg jag när min fru mödosamt separerade svart tvätt från blå. För mig verkade det onödigt eftersom båda mörka färgerna är lika viktiga, men denna praxis har lyckats hålla mina kläder fria under många år. "Varför gör du det?" Jag frågade henne; varpå hon svarade "För att jag föredrar att tvätta dem separat." För mig var det en tillräcklig förklaring.

Lämna aldrig hemmet utan att använda "för att." Detta enkla men effektiva ord bidrar till smidig mänsklig interaktion och bör användas fritt.

Se även kognitiv dissonans (kap. 50); Story Bias (kapitel 13) och felslutning av den enda orsaken (kapitel 97)

BESLUTSTRÖTTHET

I veckor har du arbetat outtröttligt med denna presentation. Dina PowerPoint-bilder har polerats till en glänsande glans; varje siffra i Excel har visat sig vara korrekt; tonhöjden exemplifierar kristallklar logik. Allt beror på den här pitch - om framgångsrik, allt beror på det - att få godkännande från VD kommer att innebära att bli befordrad till ett executive corner office; annars kan det leda till att arbetslöshetsersättning beviljas eller omedelbart sparkas! Din chefs assistent föreslår tre möjliga tider: 8.00, 11.30. eller 18.00 - vilket ska det ske?

Psykologen Roy Baumeister och Jean Twenge fyllde en gång ett helt bord med hundratals billiga föremål, allt från tennisbollar och ljus till t-shirts, tuggummi och colaburkar. De delade sedan in sina elever i två grupper; de som stämplades som beslutsfattare skildes åt medan de som inte var engagerade stämplades som icke-beslutande. Han sa till den första gruppen: 'Jag kommer att visa er set som innehåller två slumpmässiga föremål åt gången och varje gång är det upp till er att välja mellan de två valen - i slutet av mitt experiment kommer jag att ge en av dem till er som souvenir De trodde att deras beslut skulle avgöra vilket föremål de behöll från varje set. Han instruerade den andra gruppen: 'Skriv ner vad du tycker om varje föremål, så väljer jag en slumpmässigt att ge dig i slutet.' Kort därefter instruerade han varje elev att stoppa sin hand i en iskall vattenkälla så länge som möjligt och behålla denna position tills de släpptes. Psykologi använder detta test som ett klassiskt mått på viljestyrka eller självdisciplin; de som saknar viljestyrka kommer snabbt att dra tillbaka sin hand från det iskalla vattnet, med beslutsfattare som drar sig tillbaka snabbare än icke-beslutande eftersom deras intensiva beslutsfattande har tappat deras viljestyrka - en effekt som bekräftats i många andra experiment.

Att fatta beslut kan vara ansträngande. Alla som har konfigurerat sin dator online eller undersökt långa resor - flyg, hotell, aktiviteter, restauranger och väder inklusive - vet detta alltför väl: efter att ha jämfört, övervägt och valt kan man känna sig utmattad efter allt det som har krävts för att jämföra, överväga och välja. plats - vetenskap hänvisar till detta fenomen som beslutströtthet.

Beslutströtthet kan vara farligt: som konsument blir du mer mottaglig för reklambudskap och impulsköp; som beslutsfattare på verkställande nivå kan din förmåga att göra sunda bedömningar minska avsevärt.
Viljestyrka kan vara som ett batteri: efter en tid är det torrt och behöver laddas. Ett sätt att göra detta är att ta en paus för att koppla av och äta något; annars kommer viljestyrkan att sjunka när ditt blodsocker sjunker för lågt; IKEA vet detta bättre än någon annan; det är

därför dess restauranger är bekvämt placerade i butikerna, eftersom beslutströttheten sätter in under din resa genom labyrintliknande utställningsytor och höga lagerhyllor och beslutströttheten inträder snabbt; offra lite vinstmarginal för svenska godsaker som kan hjälpa till att fylla på blodsockret innan du fortsätter ditt sökande efter perfekta ljusstakar innan du fortsätter!

Fyra fångar i ett israeliskt fängelse vädjade till domstolen om tidig frigivning, med början i mål 1 klockan 8.50: en arab dömd till 30 månader för bedrägeri; Fall 2 (schemalagt till 13.27) involverar en jude som avtjänar 16 månader för misshandel; Fall 3 var satt till 15.10). Fall 1 (planerat till 16.35) involverade en jude som fick 16 månader för misshandel; Fall 4 var en arab som dömdes till 30 månader för bedrägeri. Hur fattade domarna sina beslut? Mer betydelsefull än fångars lojalitet eller svårighetsgrad var deras trötthet i att fatta beslut. Domarna beviljade begäran 1 och 2, eftersom deras blodsockernivåer ännu inte hade återgått till det normala efter frukost eller lunch, men tackade nej till ansökningarna 3 och 4, på grund av otillräckliga energireserver för att riskera en tidig frisättning. De valde det enkla alternativet (status quo) och lämnade män i fängelse. En studie av hundratals domar visar att andelen "modiga" beslut gradvis sjunker från 65 % till nästan inga innan de återvänder efter rasten - så mycket för Lady Justice! Ändå är allt inte förlorat: nu vet du när det är bäst att presentera ditt projekt för din VD.

Se även: Paradox of Choice (kap. 21); Hyperbolisk rabattering (kap. 51); Enkel logik (kap. 63) och standardeffekten (kap. 81).

SKULLE DU BÄRA HITLER'S TRÖJA?

Smitta Bias

Efter det karolingiska imperiets fall i Frankrike under 800-talet gick Europa ner i anarki. Grevar, befälhavare, riddare och andra lokala härskare deltog ofta i blodiga strider; deras krigare plundrade gårdar, våldtog kvinnor, trampade ner åkrar, förde bort pastorer från gudstjänster, tillfångatog pastorer som gisslan och satte eld på kloster; både kyrkliga myndigheter och bönder var maktlösa mot dessa adelsmäns oupphörliga krig.

På 900-talet kom en fransk biskop med en imponerande plan. Han bjöd in alla Frankrikes prinsar och riddare att samlas på ett fält medan präster, biskopar och abbotar samlade alla reliker som de kunde hitta runt den regionen för att visa upp där. Vid första anblicken var det en gripande syn: ben, bloddränkta tygtrasor, tegelstenar och kakel som alla bar tecken på kontakt mellan helgon. Vid den tiden vädjade biskopen, som en känd för att avvärja respekt, till adelsmän som var närvarande inför heliga reliker att överge våldet mot obeväpnade offer och attacker mot obeväpnade civila. För att ytterligare betona sina krav viftade han med blodiga kläder och heliga ben framför dem som ytterligare bevis. Adelsmän måste ha haft sådana symboler med stor vördnad; Biskop Gregorys unika vädjan till deras samvete spred sig över hela Europa och uppmuntrade "Guds fred och vapenvila". Man ska aldrig underskatta rädsla förknippad med helgon under denna period eller med helgonreliker enligt den amerikanske historikern Philip Daileader.

Som utbildad person kan det vara lätt för dig att skratta bort dessa vidskepelser som fåniga. Tänk dock på detta: skulle du bära något Hitler en gång bar? Osannolikt - kanske visar att din respekt för osynliga krafter fortfarande finns kvar. Tröjan förkroppsligar inte längre någon koppling till Hitler; det finns inte en droppe av hans svett på den - men att bära den skapar fortfarande känslor av skam och respekt för vad dess författare representerar. Utan tvekan vill vi projicera en idealbild till våra medmänniskor och oss själva; ändå kan bara tanken avskräcka oss även när vi är ensamma och vi övertygar oss själva om att att röra vid sådana kläder inte stöder Hitler på något sätt. Tyvärr kan sådana känslomässiga reaktioner vara svåra att övervinna även bland dem som anser att detta ämne är viktigt – som till exempel politiker.
Även människor som anser sig vara mycket rationella kämpar ibland för att skingra all tro på mystiska krafter (inklusive jag).

Paul Rozin och hans forskarkollegor vid University of Pennsylvania upptäckte att mystifierande krafter inte bara kan stängas av. Testpersoner tog in bilder på sina nära och kära som de sedan fick skjuta pilar på, utan att skada de avbildade; även om deras tveksamhet och noggrannhet jämfört med vanliga mål visade sig vara mycket lägre - som om någon osynlig kraft hindrade dem från att träffa dessa dyrbara bilder.

Smitta bias hänvisar till vår oförmåga att ta avstånd från vissa objekt - vare sig de är från länge sedan eller mer indirekt relaterade (som med foton). Min vän arbetade som krigskorrespondent för den franska offentliga tv-kanalen France 2. Liksom passagerare på en karibisk kryssning, samlade min vän också souvenirer från sina äventyr - som stråhattar eller målade kokosnötter från varje ö hon besökte - som minnen från varje äventyr, inklusive en till Bagdad 2003. Kort efter att amerikanska trupper stormat Saddam Husseins regeringspalats smög hon in i hans privata kvarter. Väl inne lade hon snabbt märke till sex guldpläterade vinglas i matsalen och gick snabbt iväg med dem. Nyligen vid en av hennes middagsbjudningar i Paris, fångade bägarna som tog en stolthet plats på matbordet min uppmärksamhet - en gäst frågade henne om de kom från Lafayette; när jag nämnde Saddam Hussein för henne svarade hon nonchalant 'nej - de är från Saddam. En extremt bedrövad gäst blev chockad och började hosta okontrollerat, vilket tvingade mig att kommentera: 'Inser du hur många Saddams molekyler som redan är en del av dig genom att andas ensam? Jag frågade. Hans hosta förvärrades.

Se även Association Bias (kap. 48); Affect Heuristics (kap. 66) för mer information.

VARFÖR DET INTE FINNS NÅGOT MEDELKRIG

Föreställ dig att ta en bussresa med 49 andra människor, när den tyngsta personen i Amerika stiger ombord vid ett håll; vid den tiden, hur många procent har ökat i medelvikt bland passagerare sedan dess? Kanske fyra procent? Fem? Däremot hoppar Bill Gates ombord vid en annan hållplats; nu ska vårt fokus inte vara vikt utan rikedom istället - med hur mycket har rikedomen ökat sedan fyra procent respektive fem? Inget av scenariot håller!

Låt oss snabbt räkna ut vårt andra exempel. Inledningsvis utgör varje individ med tillgångar på $54 000 det statistiska mellanvärdet, eller medianen. Lägg nu till Bill Gates med hans förmögenhet som uppskattas till cirka 59 miljarder dollar till denna mix och se hur snabbt den genomsnittliga förmögenheten har ökat med mer än två miljoner procent till en ökning med nästan två miljarder procent; vilket gör varje föreställning om ett "genomsnitt" helt meningslöst.

Nassim Taleb råder, i sina verk om sannolikhetsteori, att inte korsa floder som är i genomsnitt fyra fot djupa, på grund av risken de medför att korsa dem om deras djup ökar över fyra. Floder kan verka grunda - bara tum - under långa sträckor innan de plötsligt blir tjugo fot djupa strömmar som hotar ditt liv om du korsar. Medelvärden kan ofta maskera fördelningsdetaljer - de döljer hur värden ställs över tiden.

På en genomsnittlig nivå utgör UV-exponering junidagar inget hot mot hälsan. Men om du skulle tillbringa hela sommaren inomhus på ett kontor och sedan bege dig till Barbados och ligga i solen utan skydd i en hel vecka utan att använda solskyddsmedel - även om du totalt sett troligen fick mindre UV-ljusexponering än någon som regelbundet vågade sig utomhus – Det skulle skapa problem.

Allt detta borde vara ganska uppenbart för dig redan; kanske till och med dig själv. Säg till exempel att du dricker ett glas rött vin varje kväll under middagen - det kommer inte att utgöra ett hälsoproblem och rekommenderas av många läkare. Men den 31 december, om du inte dricker något på hela året och plötsligt konsumerar 356 glas (motsvarande sextio flaskor), skulle du sannolikt uppleva hälsokomplikationer oavsett vad genomsnittet under året var.
Uppdatering: I dagens komplexa värld blir distributionen allt mer oregelbunden; därför kommer vi att observera Bill Gates-liknande resultat över fler domäner. När det kommer till onlinedistribution och webbplatsbesök existerar inte det genomsnittliga antalet webbplatsbesökare: inga webbplatser får samma trafiknivåer. Matematiker hänvisar ofta till detta fenomen som den så kallade maktlagen, där vissa sajter (t.ex. New York Times, Facebook eller Google) får flest besök medan andra sidor får relativt få. Ta städer som exempel. Tokyo är den enda staden med en uppskattad befolkning på mer än 30 miljoner

invånare, medan det finns 11 med mellan 20-30 miljoner, 15 mellan 10-20 miljoner, 48 mellan 5-10 miljoner invånare och tusentals mellan 1-5 miljoner - denna fördelning följer en maktlag där vissa extremfall dominerar övergripande fördelningar, vilket inte lämnar någon meningsfull medelsiffra bakom sig.

Vad är den genomsnittliga storleken på ett företag, befolkningen i en stad, antalet dödsfall under ett genomsnittligt krig (i termer av både dödsfall och varaktighet), Dow Jones dagliga fluktuationsgenomsnitt, kostnadsöverskridande av byggprojekt i genomsnitt, hur många exemplar en genomsnittlig bok säljer per exemplar som säljs av förlaget; genomsnittlig mängd skador orsakade av orkan; bonus utbetald till bankman i genomsnitt; framgång för marknadsföringskampanj i genomsnitt för nedladdningar av iPhone-appar och skådespelares lön? Du skulle kunna beräkna dessa svar, men att göra det skulle vara fruktlöst eftersom maktlagstiftningen gäller även här.

Ta det här sista exemplet som en illustration: Ett fåtal utvalda skådespelare tjänar mer än 10 miljoner dollar årligen medan tusentals och tusentals lever under fattigdomsgränsen. Skulle du råda ditt barn eller dotter att börja agera baserat på en genomsnittlig lönesiffra som verkar acceptabel? Förmodligen inte - det vore ett dumt råd.

Slutsats: Innan du drar slutsatser baserade på någon som använder termen "genomsnitt", ta en stund och bedöm dess underliggande fördelning. Om onormala fall (som Bill Gates fenomen) har minimalt inflytande kan vi fortsätta att använda konceptet; men när extrema fall (som Bill Gates) dominerar (som hans framgång med Microsoft), måste vi bortse från dess användbarhet helt och hållet och bortse från termen. Romanförfattaren William Gibson rådde oss alla: "Framtiden är redan här - den är helt enkelt inte jämnt fördelad."

Se även Base-Rate Neglect (kap. 28); Enkel logik (kap. 63); Regression to Mean (kap. 19); Försummelse av sannolikhet (kap. 26) och Gambler's Fallacy (kap. 29)

BONUSAR FÖRSTÖR MOTIVATIONEN

Motivation Trängsel

Nyligen beslutade min Connecticut-vän att flytta till New York City. Hans flytt skulle innebära att transportera en imponerande samling antikviteter som sällsynta gamla böcker och handblåsta Murano-glasögon från tidigare generationer - jag visste hur fäst han skulle vara av att ge över dessa till en flyttfirma; alltså sista gången jag besökte, erbjöd jag mig att bära några av de ömtåliga föremålen själv när jag återvände till Connecticut från NYC. Två veckor senare kom ett tackbrev med en femtiodollarsedel bifogad!

Schweiz har ägnat flera år åt att leta efter ett lämpligt underjordiskt förvar för att lagra sitt radioaktiva avfall, med hänsyn till flera platser inklusive Wolfenschiessen nära Bern i centrala Schweiz. Ekonomen Bruno Frey vid universitetet i Zürich reste dit med kollegor för att samla in människors åsikter vid ett möte i samhället; till sin förvåning stödde 50,8 % deras förslag! Deras positiva respons kan tillskrivas olika faktorer: nationell stolthet, allmän anständighet, social skyldighet och utsikterna till nya jobb bland annat. Teamet genomförde ytterligare en undersökning, denna gång föreslog att varje stadsbor skulle acceptera förslaget om de fick en hypotetisk belöning på $5 000 från schweiziska skattebetalare om de accepterade. Vad blev resultatet? Resultaten minskade dramatiskt: endast 24,6 % instämde i det.

Barndaghem har liknande svårigheter: föräldrar hämtar sina barn efter stängningstid. Daghemspersonal kan inte sätta några kvarvarande barn i taxibilar eller lämna dem på trottoarkanten förrän alla kvarvarande barn har hämtats från skolan. För att motverka att föräldrarna är försenade har många plantskolor infört avgifter för förseningar; men studier visar att detta faktiskt har ökat försening snarare än att minska den. Naturligtvis kunde de ha infört hårda straff som $500 i timmen som erbjöds varje invånare i schweiziska byar - men det skulle missa poängen; små men överraskande ekonomiska incitament tenderar att tränga undan andra former av incitament som ger mycket större avkastning i form av avkastning för alla inblandade jämfört med större monetära incitament - till skillnad från i det här fallet.

De tre berättelserna illustrerar en viktig sanning: pengar motiverar inte alltid. Ibland gör pengar mer skada än nytta. Min vän gav mig femtio för att gottgöra hans onda gärning; istället undergrävde han det samtidigt som han äventyrade vår vänskap. Att erbjuda kompensation till ett kärnkraftsförvar sågs som mutor av vissa och en minskad patriotisk anda i allmänhet; barnkammarens förseningsavgifter förändrade deras förhållande till föräldrar från personligt till monetärt, vilket i huvudsak legitimerade föräldrarnas försening.

Vetenskapen har en term för detta fenomen: motivation crowding. När människor gör något av icke-monetära, välgörande skäl - av god gärning så att säga - men betalningsökningar hindrar dessa avsikter och alla andra motiv försvagas av dess närvaro. Ekonomiska belöningar blir istället drivkraften i deras handlingar.

Föreställ dig att du driver en ideell organisation. Dina anställda kan få blygsamma löner; ändå är de mycket motiverade eftersom de tror att de gör en stor skillnad. Men skulle du besluta dig för att implementera ett bonussystem - till exempel en liten löneökning för varje säkrad donation - kommer motivationen snabbt att blekna när ditt team flyttar fokus från uppgifter som inte ger någon extra belöning; kreativitet, företagets rykte eller kunskapsöverföring spelar ingen roll längre - i stället kommer alla ansträngningar att fokusera på att be om donationer så snabbt som möjligt.

Så vem ska vara säker från motivationsträngning? Ett snabbt test kan avslöja vem som kan vara säker från det: känner du några privata bankirer, försäkringsagenter eller revisorer som utför sina uppgifter med passion och tror på ett större uppdrag? Nej? Ekonomiska incitament och prestationsbonusar fungerar bäst i branscher med tråkiga jobb; där anställda inte bryr sig så mycket om produkterna eller företagen utan helt enkelt slutför arbetet på grund av att de får en lönecheck. Men nystartade ägare skulle göra klokt i att utnyttja de anställdas passion som en del av att främja strävan snarare än att erbjuda incitament som de inte kunde betala ut ändå.

Ett sista tips till er med barn: erfarenheten har lärt oss att unga inte går att köpa. Om du vill att dina barn ska göra sina läxor, öva på musikinstrument eller klippa gräsmattan då och då utan att plånboken är tom – erbjud istället ett fast veckopeng eftersom det håller dem ärliga utan att de missbrukar det och vägrar gå och sova utan någon form av ersättning.

Se även Incitament Super-respons Tedency (kap. 18); Ömsesidighet (kap. 6); Social Loafing (kap. 33) för ytterligare diskussion om dessa ämnen.

TWADDLE-TENDENS

På frågan från rullande kameror varför en femtedel av amerikanerna inte kunde lokalisera sitt land på en världskarta, gav Miss Teen South Carolina detta svar framför rullande kameror: "Jag tror personligen att amerikanska amerikaner inte kan göra det eftersom vissa människor där ute i vår nation har inte kartor; och min övertygelse att vår utbildning som Sydafrika och Irak borde hjälpa dessa länder att utveckla vår framtid som ett sammanhållet globalt samhälle.' Videon blev viral.

Katastrofal, du erkänner det; ändå slösar du inte bort för mycket tid på att lyssna på skönhetsdrottningar. Kanske skulle något liknande den här meningen räcka: "Det finns verkligen inget krav på att denna alltmer reflexiva överföring av kulturella traditioner förknippas med subjektcentrerat förnuft och framtidsinriktat historiskt medvetande. När vi blir medvetna om intersubjektiv konstitution av frihet, den possessiva-individualistiska illusionen om autonomi sönderfaller."

Kommer ni ihåg Jurgen Habermas? Han är en enastående tysk filosof och sociolog känd för att skriva Between Facts and Norms.

Båda är exempel på vad som kallas trasseltendensen, där ord används för att dölja intellektuell lättja, dumhet eller underutvecklade idéer. Ibland fungerar det och ibland inte; för skönhetsdrottningen misslyckades den här strategin spektakulärt medan den för Habermas kanske bara skulle fungera; ju mer vältalig språket blir, desto lättare faller vi offer för dess lockelse; när det kombineras med en auktoritetsbias blir det ännu farligare eftersom vi accepterar dess budskap utan att ifrågasätta dess sanning.

Jag har också fallit för tendensen till tomt prat. När jag var yngre fångade den franske filosofen Jacques Derrida min fantasi; Jag läste hans böcker glupskt men fann lite klarhet från dem även efter mycket kontemplation och intensiv analys. Därefter fick hans skrifter en nästan magisk kvalitet som så småningom inspirerade mitt avhandlingsämne om filosofi - båda tomerna var till slut meningslöst prat; i okunnighet hade båda blivit slöseri med utrymme i mitt sinne.
Jag själv in i en mänsklig, pratande rökmaskin.

Tvätta i sport kan vara särskilt genomgripande. Andlös intervjuare tvingar lika andfådda fotbollsspelare att bryta ner varje aspekt av ett spel när allt de egentligen menar att säga är "Vi förlorade, så enkelt är det" men presentatörer behöver något för att fylla sändningstiden - och tydligen är ett sätt de gör så effektivt genom att jabbla iväg och tvinga idrottare och tränare att vara med; i vilket fall som helst tjänar denna typ av retorik bara till att maskera okunnighet och dölja okunnighet från allmänhetens syn.

Akademiska miljöer har också bevittnat detta fenomen: när färre resultat från något vetenskapsområde publiceras blir ekonomer extra exponerade i sina kommentarer och prognoser. Det gäller även inom handeln: när företag blir sämre ekonomiskt, blir deras vd:s tal högre - ofta för att täcka upp för svårigheter eller maskera svåra omständigheter. Ett anmärkningsvärt undantag i detta avseende var tidigare General Electrics vd Jack Welch; under en intervju noterade han dess svårighet: folk fruktar att bli uppfattade som enfaldiga men så är det faktiskt inte!'

Verbala uttryck är spegeln av våra sinnen; klara tankar blir uttalanden medan vaga begrepp förvandlas till vaga stök. Tyvärr saknar vi ofta mycket klarsynta tankar; livet är komplicerat, så att förstå bara en aspekt kräver avsevärd mental ansträngning och kan ta en uppenbarelse för att klarhet ska framträda; tills den punkten kommer skulle det vara klokare att följa Mark Twains råd att "Om du inte har något att säga... säg ingenting." Enkelhet ska inte ses som dess början utan som dess destination.

Se även Authority Bias (kap.9); Domänberoende (kap.76); och Chaufför Knowledge (kap. 16) för att få ytterligare insikter i denna fråga.

Föreställ dig att du driver en liten privat bank som hanterar pengar från rika och mestadels pensionerade individer, till exempel i Will Rogers Phenomenon

Dina två pengaförvaltare - A och B - rapporterar direkt till dig; Money Manager A hanterar endast individer med ultrahöga nettoförmögenhet medan Money Manager B hanterar rikare kunder men inte så extravagant rika kunder som Money Manager A gör. Föreställ dig nu att styrelsen har bett dig att öka båda genomsnittliga pengarna inom sex månader så att de får snygga bonusar; annars hittar de någon annan. Var ska du börja?

Enkel! Överför bara en kund med en genomsnittlig förvaltad förmögenhet mellan A och B för att kompensera skillnaden, vilket höjer båda genomsnittliga förvaltade förmögenheter samtidigt - utan att behöva skaffa nya kunder! När det är klart är allt som återstår att bestämma: var och hur ska jag spendera min bonus.

Föreställ dig att byta karriär och ta ansvar för tre hedgefonder som investerar främst i privatägda företag. Fond A ger häpnadsväckande avkastning medan fonderna B och C kämpar. Du vill visa dig själv som hjärnan, så vad är din plan? För att skapa intrycket att alla tre fonderna har förbättrats avsevärt utan att ta på sig avgifter för intern transformation, flytta några aktier från A till B eller C; välja investeringar som påverkade A:s genomsnittliga avkastning negativt men som kan bidra till att stärka B eller C; du borde se alla tre fonderna plötsligt bli friskare utan att ta på dig avgifter för transformation - folk kommer säkert att känna igen dig för att du gör det!

Denna effekt är känd som scenmigration eller Will Rogers-fenomen efter en amerikansk komiker från Oklahoma som berömt skämtade om att Oklahomabor som flyttar till Kalifornien höjer båda staternas genomsnittliga IQ. Eftersom de flesta inte känner igen sådana situationer tillräckligt ofta, låt oss utforska det här ämnet ytterligare och borra in dess innebörd i dina minnen.

Överväg en bilfranchise: du kan ta ansvar för två små filialer inom en stad med sex säljare: säljare nummer 1, 2, 3, 4, 5 och 6 från filial A är i allmänhet mer framgångsrika i att sälja än sina motsvarigheter från filial B I genomsnitt tenderar säljare 1 att sälja mer.

Varje säljare på filial A säljer en bil per vecka; Säljare 2 skiftar två, följt av toppsäljare nr 6 som skiftar sex varje vecka. Genom att räkna ut blir det uppenbart att gren A i snitt har två säljare som säljer bilar varje vecka medan gren B leder betydligt med fem genomsnitt per säljare och vecka! Ditt beslut att flytta över säljare nummer 4 från filial A till filial B resulterar i ökad genomsnittlig försäljning per person på båda platserna; Bransch A:s snitt ökar från 2,5 enheter per person till 2,5, medan filial B nu bara omfattar två säljare - nummer 5 och 6, vilket ökar dess genomsnittliga försäljning till 5,5 enheter per person. Switcheroo-strategier påverkar ingenting överlag; snarare skapar de en imponerande illusion. Därför bör journalister, investerare och styrelseledamöter vara försiktiga när de hör av stigande medeltal över länder, företag, avdelningar, kostnadsställen eller produktlinjer.

Medicinen ger oss ett särskilt vilseledande exempel på Will Rogers fenomen. Tumörer är vanligtvis uppdelade i fyra stadier; de mest behandlingsbara faller under Steg I medan mer aggressiva tumörer kommer att gå igenom ytterligare fyra steg innan de når Steg IV-status - vilket ger upphov till stadiemigrering när de rör sig längs sin kurs. Överlevnaden för cancerpatienter i stadium ett är högst medan överlevnaden för cancerpatienter i stadium fyra är lägst. Varje år kommer nya procedurer ut som möjliggör mer exakta diagnoser; screeningtekniker avslöjar nu även små tumörer som ingen hade lagt märke till tidigare. Som ett resultat av detta räknas patienter som tidigare feldiagnostiserats som friska nu bland patienter i stadium ett och följaktligen har medellivslängden ökat för denna grupp människor. Kan vi betrakta detta som en extraordinär medicinsk bedrift? Tyvärr inte; snarare etappmigrering.

Se även: Intention-to-Treat Error (kap. 98); Lagen om små tal (kap. 61);

Jorge Luis Borges skildrar i sin novell 'Del Rigidit en La Ciencia' ett land där kartografin har nått så sofistikerade höjder att endast de mest detaljerade kartorna kan användas; det vill säga kartor med skala 1:1 som representerar hela landet är acceptabla. Medborgarna inser dock snart att sådana kartor inte ger någon verklig insikt och upprepar helt enkelt information de redan har; ett extremfall av informationsbias - att tro mer data innebär bättre beslut.

När jag nyligen letade efter hotell i Miami gjorde jag en kortlista med fem potentiella erbjudanden som slog mig omedelbart. En stack genast ut; Men för att säkerställa att jag hittade det bästa värdet fortsatte jag att forska vidare - läste kundrecensioner och blogginlägg, tittade på bilder och videor online och gick igenom kundsupportsamtal tills två timmar senare, när det stod klart vilket som verkligen var mitt idealiska hotell: att en som fångade mitt öga vid första anblicken; ytterligare forskning ledde mig inte in på rätt väg och kunde i stället lika gärna ha resulterat i att jag stannade på Four Seasons istället!

Jonathan Baron från University of Pennsylvania ställde denna fråga till läkare: en patient uppvisar symtom som med 80 % sannolikhet indikerar att han eller hon har sjukdom A; annars skiftar sannolikheten mot att ha antingen sjukdom X eller Y istället. Hur ska man som läkare välja mellan dessa sjukdomar och behandlingar som ger liknande biverkningar? Rent logiskt skulle jag föreslå att du väljer Sjukdom A och erbjuder relevant terapi som behandling. Föreställ dig att det finns ett diagnostiskt test som indikerar att sjukdom X är närvarande och sjukdom Y upptäckts, men som inte exakt återspeglar den faktiska sjukdomen A i alla fall; hälften av gångerna skulle dess resultat visa positivt och den andra hälften negativa. Om någon faktiskt har sjukdom A skulle dock hälften av deras testresultat sannolikt visa positivt medan 50 % skulle visa negativt. Skulle du råda dig att genomföra testet? De flesta läkare sa ja - även om resultaten sannolikt skulle vara irrelevanta. Även om ett positivt resultat inträffade från testning, var sannolikheten att sjukdom A uppvägde sjukdom X, så ingen ytterligare information tillförde något verkligt värde när det gäller beslutsfattande.

Läkare är inte de enda yrkesverksamma med en aptit på att ge ytterligare information. Förvaltare och investerare verkar förtrollade av informationsöverbelastning. Studier genomförs ofta när de väsentliga fakta är lättillgängliga - mer data kanske bara tjänar till att slösa bort din tid och pengar, vilket kan till och med sätta dig i underläge. Tänk på den här frågan: vilken stad har fler invånare - San Diego eller San Antonio? Gerd Gigerenzer från Tysklands Max Planck Institute presenterade detta för studenter från Chicagos och Münchens universitet och 62 % gissade rätt: San Diego. Varje tysk student svarade överraskande rätt! Deras resonemang? Alla hade hört talas om San Diego men inte nödvändigtvis San Antonio; valde alltså San Diego framför San Antonio som mer bekant.

Tvärtom, Chicagobor hade båda städerna i tankarna samtidigt, vilket gav mer information och potentiellt vilseledande deras svar.

Tänk på alla ekonomer som arbetade för banker, tankesmedjor, hedgefonder och regeringar mellan 2005 och 2007 som publicerade vitböcker med många prognoser och kommentarer - för både banker, tankesmedjor, hedgefonder och regeringar - publicerade under den tidsperioden - från 2005 -2007; alla deras publicerade vitböcker; ett stort bibliotek med forskningsrapporter och matematiska modeller; enorma mängder av kommentarer; polerade PowerPoint-presentationer gjorda; terabyte av information tillgänglig via Bloomberg/Reuters nyhetstjänster och tillbedjan av informationens gud... Allt visade sig meningslöst när finanskrisen drabbade globala marknader - vilket gjorde deras prognoser och kommentarer meningslösa; gör dessa prognoser värdelösa!

Undvik att samla in all tillgänglig data – fokusera istället på att bara samla in det som är väsentligt. Genom att göra detta kommer du att kunna fatta bättre beslut; överflödig kunskap är värdelös oavsett vem som vet om det - Daniel J. Boorstin sa det bäst: 'det största hindret för upptäckt är inte okunnighet utan snarare kunskapens illusion'; när de konfronteras med rivaler, överväg att döda dem med dataanalys snarare än mjuka ord.

Se även Övertänkande (kap. 90); Nyhetsillusion (kap. 99); Base Rate Neglect (kap. 28) för ytterligare läsning.

GÖR SÅ BRA

John, en soldat i den amerikanska armén, avslutade nyligen sin fallskärmsjägarekurs och väntar ivrigt på att få ta emot sin fallskärmsnål från sin överordnade officer. Till slut, i sista ögonblicket av sanning, står hans överordnade officer framför honom, riktar stiftet mot hans bröst, dunkar så hårt mot det att det genomborrade Johns kött och fick det att få kontakt och lämna ett indrag på hans hud - ända sedan dess. sedan, närhelst ett tillfälle ger sig, öppnar han sin övre skjortknapp för att visa upp det lilla ärret. Decennier senare lever alla minnen utom denna lilla stift fortfarande kvar i en speciell ram på hans vardagsrumsvägg.

Mark hade mödosamt restaurerat en rostig Harley-Davidson utan hjälp och spenderade varje helg och helgdag för att få den igång medan hans äktenskap närmade sig upplösning. Äntligen, men efter månader av arbete var det vägklart och lyste briljant under solens strålar. Två år senare, när Mark var i desperat behov av pengar, sålde Mark alla sina ägodelar inklusive TV, bil och hus... men inte sin dyrbara ägodel; inte ens när det erbjuds dubbla sitt faktiska värde av potentiella köpare!

John och Mark lider båda av ansträngningsrättfärdigande: när man anstränger sig mycket energi på något tenderar man att övervärdera dess resultat. John upplevde fysisk smärta för sin fallskärmsnål; Marks Harley kostade honom många timmar - nästan hans fru! - så mycket att han värderar det högt och kommer aldrig att sälja det.

Ansträngningsrättfärdigande är ett klassiskt exempel på kognitiv dissonans. Att slå ett hål i bröstet för något som ett meritmärke verkar absurt. För att kompensera övervärderar John det, och höjer dess status från något vardagligt till något halvheligt. Tyvärr sker allt detta omedvetet och är svårt att förhindra.

Grupper använder ansträngningsberättigande för att binda samman medlemmar - till exempel genom initieringsriter. Gäng och brödraskap initierar nya medlemmar genom att utsätta dem för smärtsamma eller obehagliga tester. Forskning visar att ju svårare ett inträdesprov är att klara, desto större stolthet blir medlemmarna över att tillhöra. MBA-skolor använder ansträngningsmotivering på samma sätt: MBA-utexaminerade får ofta kredit för att ha klarat rigorösa inträdesprov till MBA-program. Studenter på MBA-program blir ofta utmattade under sina studier av denna kvalifikation; men när deras MBA har uppnåtts, kommer många att anse dem som viktiga för deras karriärer helt enkelt på grund av de krav som ställs på dem av kurser som ofta var värdelösa eller irrelevanta.

En enklare form av ansträngningsrättfärdigande är IKEA-effekten: möbler vi monterar själva kan verka mer värdefulla än någon dyr designerplagg, precis som handstickade strumpor som vi spenderar timmar på att skapa ofta framstår som mer värdefulla än någon dyr designartikel. Även handgjorda strumpor kan verka svåra att skiljas från; att slänga bort ett föråldrat par som gjorts med omsorg är svårt. Chefer som lägger långa timmar av hårt arbete på att utforma ett strategiförslag kan finna sig själva oförmögna att bedöma objektivt; på samma sätt är designers, copywriters, produktutvecklare eller andra proffs som oroar sig över sina skapelser också skyldiga.

På 1950-talet introducerades omedelbara kakblandningar på marknaden - vilket tillverkarna trodde skulle bli en omedelbar hit bland hemmafruar. Tyvärr tyckte hemmafruar omedelbart mot dem, vilket bevisade att tillverkarna hade fel.

Företagen reagerade på deras lätthet och ökade svårigheten att laga mat (att slå i ett ägg själv). Detta skapade en ökad känsla av prestation bland kvinnor som lagade det själva och ökade deras uppskattning av färdigmatsprodukter.

Nu när du förstår ansträngningsmotiveringen kan du betygsätta projekt mer objektivt. Experiment: när du investerar mycket tid och energi i något, ta ett steg tillbaka för att bedöma resultatet - bara resultatet. Den där romanen du ägnade fem år åt att skriva som ingen är intresserad av att ge ut? Den kanske inte är Nobelvärd trots allt? Och de där kvinnorna du jagade i åratal? Skulle de acceptera dig lättare om de fick en ny chans?

Se även: Sunk Cost Fallacy (kap. 5); Kognitiv dissonans (kap. 50)

VARFÖR STRÄDER SMÅ SAKER TILLSAMMANS?, VARFÖR GLYSAR DESSA DELAR LJUST

Anta att du sitter i styrelsen för ett detaljhandelsföretag med 1 000 butiker; hälften är belägna i urbana miljöer medan hälften på landsbygden. Din VD bad att en konsult skulle genomföra en studie om snatteri; nu har deras resultat presenterats. På en vägg framför honom visades 100 filialnamn som har upplevt höga stöldfrekvenser i förhållande till försäljning, tillsammans med hans häpnadsväckande slutsats: "Brancher med högre stöldfrekvens tenderar att vara belägna övervägande på landsbygden" Efter en kort stunds tystnad och Med misstro tilltalade VD:n sina anställda direkt: "Efter mycket övervägande och noggrant övervägande är våra nästa steg klara. Framöver kommer vi att installera ytterligare säkerhetssystem på alla landsbygdsgrenar så att vi kan se när dessa hillbillies försöker stjäla från oss igen. Är vi alla överens?

Tja...inte helt. Efter att ha bett konsulten att sammanställa en lista över 100 filialer med de lägsta stöldpriserna blir du förvånad när din lista inkluderar lanthandelsbutiker! "Läget är inte den avgörande faktorn", utbrister du med stolthet när du blickar runt bordet på dina kollegor. 'Storlek spelar roll; i lanthandelsbutiker har en enstaka incident ofta ett överdrivet inflytande på stöldavgifterna än vad större stadskontor gör - därför varierar priserna mer här än med stadskontor." och det har precis tagit dig på osäkerhet!"

Människor tycker att lagen om små siffror är svår att förstå intuitivt, varför journalister, chefer och styrelsemedlemmar ofta faller för dess fälla. Låt oss ta ett extremt exempel. Istället för stöldfrekvensen kommer vi att titta på medelvikten för anställda i varje bransch. För vårt exempel kommer vi att överväga två butiker istället för 1 000: megafilial med 1 000 anställda och minifilial med två anställda; i båda butikerna motsvarar medelvikten ungefär med befolkningens medelvikt (till exempel 170 pund); när man anställer eller avskedar personal inte väsentligt förändrar detta genomsnitt. Men i små butiker kommer det att förändras betydligt mer på grund av förändringar som påverkar om deras butikschef har kollegor som är överviktiga eller magra i vikt, vilket påverkar denna genomsnittliga vikt betydligt mer än stora filialer där eventuella anställnings- eller avskedsbeslut av butikschefer påverkar dess genomsnittliga vikt. Mer. I mindre butiksfall kan butikschefer påverka dess medelvikt genom att anställa/avskeda en anställd eller chef som har kollegor antingen överviktiga/magra ombord (i dessa fall påverkar det medelvikten avsevärt).
Låt oss gå tillbaka till vårt snatteriproblem för ett ögonblick och utforska detta mer på djupet. Som det visar sig tenderar små filialer att uppleva större fluktuationer i sin stöldfrekvens, från mycket hög till extremt låg - något som inget konsultkalkylblad kunde fånga. När du listar alla stöldpriser efter storlek - små butiker visas först längst ner följt av stora butiker och sedan mindre högst upp; vilket innebär att VD:ns slutsats kan ha varit värdelös men de behöver åtminstone inte längre ett dyrt säkerhetssystem på små platser.

Föreställ dig att du läser i tidningen: "Start-ups tenderar att anställa smartare medarbetare. En studie från National Institute of Unnecessary Research beräknade den genomsnittliga IQ för amerikanska företag; nystartade företag anlitade MENSA-material!' Vad skulle din första reaktion vara? Förhoppningsvis en ögonbrynshöjning. Detta fenomen exemplifierar hur små företag tenderar att anställa färre arbetare; sålunda fluktuerar deras genomsnittliga IQ oftare än stora företag, vilket ger små och nya företag höga och låga poäng; National Institutes studie har därför ingen egentlig betydelse och bekräftar slumpen.

Se upp när du hör anmärkningsvärd statistik om små enheter som företag, hushåll, städer, datacenter, myrstackar, församlingar eller skolor; vad som kan verka som häpnadsväckande fynd kan faktiskt vara ett ofarligt resultat av slumpmässig distribution. Nobelpristagaren Daniel Kahneman avslöjade i sin senaste bok att även erfarna vetenskapsmän dukar efter för denna lag om små siffror; som bara kan anses tröstande.

Se även: Exponentiell tillväxt (kap. 34);

VAR FÖRSIKTIG vid hantering av detta material!

Förväntningar

Den 31 januari 2006 offentliggjorde Google sina finansiella resultat för det sista kvartalet 2005: intäkterna ökade med 97 % medan nettovinsten ökade med 82 % jämfört med året innan - ett rekordkvartal för intäkter respektive nettovinst. Som väntat föll aktier omedelbart med 16 % direkt efter att ha hört dessa otroliga siffror; handeln var tvungen att avbrytas och senare återupptas med aktier som sjönk 15 % mer - vilket ledde till panikhandlare på alla handelsplattformar som frågade på bloggar om "vilken skyskrapa är bäst att hoppa från?" '

Vad gick fel? Wall Street-analytiker hade räknat med ännu bättre resultat, så när de inte förverkligades drogs 20 miljarder dollar från mediejättens värde.

Varje investerare vet att det är omöjligt att exakt förutse ekonomiska resultat. Även om man kan förvänta sig att investerare ska rycka av sig dåliga förutsägelser som "dålig gissning, mitt misstag", reagerar investerare ofta hårdare; som bevittnas i januari 2006 när Juniper Networks oväntat släppte siffror för vinst per aktie som sjönk en tiondel under analytikernas prognoser; deras aktiekurs sjönk med 21 % och företagets värde sjönk med 2,5 miljarder dollar då förväntningarna var höga inför deras tillkännagivande och alla skillnader, oavsett hur små de var, bemöttes med snabba straff från investerare.

Många företag strävar hårt efter att möta analytikers förutsägelser. För att undkomma sin rädsla började några publicera vinstriktlinjer; detta var ett misstag eftersom marknaden nu bara ser på dessa interna prognoser - som den ofta analyserar närmare - som prognosverktyg. CFO:er måste uppnå dessa mål exakt; använda alla redovisningstekniker till sitt förfogande för maximal framgång.

Förväntningar kan också leda till lovvärda incitament. Den amerikanske psykologen Robert Rosenthal genomförde ett ögonöppnande experiment på olika skolor. Lärarna informerades om ett (falskt) nytt test som kunde upptäcka elever på gränsen till att uppleva intellektuell tillväxt; så kallade "bloomers". Tjugo procent av de slumpmässigt utvalda eleverna klassificerades slumpmässigt som hög potential; lärare trodde att dessa presterade högt. Rosenthal genomförde experiment på studenter under ett år, varefter han upptäckte att dessa elever hade dramatiskt högre IQ jämfört med kontrollgruppsbarn - detta blev känt som Rosenthal-effekten (eller Pygmalion-effekten).

Men till skillnad från vd:er och finanschefer som medvetet skräddarsyr sin prestation för att möta förväntningarna, var lärares agerande vanligtvis omedvetna. Utan att de själva visste det kan lärare undermedvetet ha fokuserat mer tid på blommor som i sin tur ledde till större gruppinlärning. Dessutom var lärare så påverkade av briljanta elever att de tillskrev dem inte bara bättre betyg utan också förbättrade personlighetsdrag – något som kallas haloeffekten.

Men hur ska vi svara på personliga förväntningar? En lösning är placeboeffekten - piller och terapier som verkar osannolikt förbättra hälsan men som faktiskt gör det ändå. En tredjedel av patienterna registrerade effekten, även om dess exakta funktion förblir okänd; allt vi vet med säkerhet är att förväntningar påverkar biokemin i hjärnan och följaktligen hela kroppen - men Alzheimers patienter kan inte dra nytta av det eftersom deras tillstånd försämrar ett område som ansvarar för att hantera förväntningar i hjärnan.

Förväntningar kan verka immateriella, men de har verkliga konsekvenser. Förväntningar har makten att förändra verkligheten och det är omöjligt att bli av med dem helt; men du kan hantera förväntningar på ett klokare sätt: höj dem för dig själv och dina nära för att öka motivationen; samtidigt som du sänker förväntningarna på saker utanför din kontroll, såsom aktiemarknaden. Förväntan kan hjälpa till att undvika obehagliga överraskningar!

Se även Black Swan (kap. 75); Prognos Illusion (kap. 40); Halo-effekt (kap. 38)

FARTFÄLLOR OMBORD!

Enkel logik

Tre enkla frågor. Ta snabbt tag i pennan och anteckna dina svar snabbt i marginalen. Första frågan: i ett varuhus kostar både en pingispaddel och en plastboll 1,10 dollar. Om en kostar en dollar mer, hur mycket kostar den andra varan? Andra frågan: i en textilfabrik tar fem maskiner exakt fem minuter att tillverka fem skjortor; hur lång tid tar 100 att producera 100? För det tredje: En damm innehåller näckrosor som förökar sig exponentiellt varje dag och tar upp mer yta varje dag tills den helt täcker dess yta helt (48 dagar för fullständig täckning! Läs inte vidare förrän alla svar har registrerats! Läs inte vidare förrän alla svar har skrivits ner!Läs inte förrän efter nedskrivning.

Varje fråga innehåller både en intuitiv och en korrekt lösning; snabba, intuitiva svar kan omfatta 10 cent, 100 minuter och 24 dagar; men dessa är felaktiga svar och kräver istället fem cent, fem minuter och 47 dagar som lösningen. Hur många svarade du rätt?

Professor Shane Frederick har skapat och administrerat Cognitive Reflection Test (CRT), där tusentals tar det och poängsätter minst en gång. Hittills har studenter vid Massachusetts Institute of Technology (MIT) i Boston presterat bäst, med 2,18 korrekta svar i genomsnitt; Princeton University kom tvåa med 1,63 medan studenter från University of Michigan endast fick 0,83 i genomsnitt. Men genomsnittliga poäng i det här fallet avslöjar inte så mycket: det som är intressant är hur de som får höga poäng skiljer sig från resten.

Frederick upptäckte att personer med låga CRT-resultat tenderar att välja det säkrare valet; något är alltid bättre än ingenting! Medan de som fick minst 2 poäng eller högre ofta föredrog mer riskfyllda alternativ som hasardspel - detta var särskilt uppenbart bland män.

En sak som skiljer grupper åt är deras förmåga att kontrollera impulser. Vi diskuterade hyperbolisk diskontering i detalj i kapitel 5, där den diskuterade den förföriska kraften i "nu". Frederick ställde sedan denna fråga till deltagarna: "Skulle du hellre ha önskat föremål nu eller senare i livet?"
"Ska jag välja mellan att få $3 400 nu eller på en månad?" besvaras ofta till förmån för att få det omedelbart; de med lägre CRT-poäng tenderar att fatta snabbare köpbeslut på grund av att de är mer impulsiva. Däremot väljer de med höga CRT-resultat vanligtvis att vänta flera veckor till och visar stark viljestyrka för att avvisa omedelbar tillfredsställelse - och belönas i god tid."

Att tänka är utmattande; rationell hänsyn kräver mer viljestyrka än att ge efter för intuition, med andra ord. Sålunda genomförde Harvard-psykologen Amitai Shenhav och hans forskarkollegor en undersökning för att se hur människors CRT-resultat korrelerade med deras religiösa tillhörighet; de som fick höga poäng var ofta ateister medan deltagare med lägre CRT-poäng trodde på Gud och hade gudomliga upplevelser oftare än ateister gjorde - detta är vettigt eftersom intuitiva beslutsfattare tenderar att inte ifrågasätta religiös doktrin lika rationellt.

Om din CRT-poäng lämnar något övrigt att önska och du vill öka det, börja med att hälsa även enkla logiska frågor med misstro. Kom ihåg: inte allt som verkar rimligt är sant! Så gör ett nytt försök: du reser från A till B; på en väg dit kör du i 100 mph medan du återvänder bara 50. Vad var din medelhastighet på båda resorna? 75? Sakta ner!

Se även Hyperbolic Discounting (kap. 51); Beslutströtthet (kap. 53); Exponentiell tillväxt (kap. 34); Gambler's Fallacy (kap. 29) och The Problem With Averages (kap. 55) som ytterligare resurser.

HUR MAN AVSLÖJAR CHARLATANER (STEG-FÖR-STEG-INSTRUKTIONER)

Kära läsare: Till min stora förvåning känner jag dig väl. Så här skulle jag karakterisera dig: 'Du har ett starkt behov av att andra människor ska uppskatta och beundra dig; men du tenderar ofta att kritisera dig själv också.' Din potential är mycket underutnyttjad och har ännu inte maximerats. Även om du har några personlighetsbrister är de vanligtvis hanterbara med vissa justeringar; din sexuella anpassning har dock inneburit utmaningar för dig. Även om du är utåtriktad disciplinerad och kontrollerad känner du dig ofta osäker inombords. Ibland kan du ifrågasätta om du fattat rätt beslut eller vidtagit nödvändiga åtgärder. Din känsla av förändring och variation gör dig obekväm, vilket gör dig missnöjd när världen blir stillastående eller restriktiv. Som en oberoende tänkare accepterar du inte andras uttalanden utan tillräckliga bevis. Din erfarenhet har lärt dig att det inte är klokt att vara för öppen när det gäller att avslöja dig själv för andra. Din personlighet sträcker sig från att vara utåtriktad och vänlig, ibland till introvert och reserverad; några av dina ambitioner kan till och med verka höga! Säkerhet är ett av dina primära mål i livet.'

Känner du igen dig själv? Hur skulle min utvärdering gå från 1 (dålig) till 5 (utmärkt)

Bertram Forer genomförde ett experiment 1948 med hjälp av astrologikolumner från olika tidningar för att skapa en exakt passage som sedan kunde delas ut till sina elever för läsning och bedömning, vilket tyder på att varje person fick en personlig bedömning. I genomsnitt gav hans elever Forer en noggrannhetspoäng på 86 %, vilket resulterade i upprepade försök under decennier med praktiskt taget identiska resultat.

Troligtvis har du betygsatt texten med fyra eller fem stjärnor. Människor tenderar att känna igen många av sina egna egenskaper när de läser universella beskrivningar - ett fenomen som kallas Forer-effekten (eller Barnum-effekten). Det förklarar varför pseudovetenskaper som astrologi, astroterapi, handskriftsanalys, biorytmanalys, tarotkortsavläsningar och seanser med döda människor fungerar så effektivt.

Varför existerar Forers effekt? För det första gjorde Forer de flesta av sina uttalanden i sin bok om dessa ämnen.
För det andra gäller dessa uttalanden för alla: "Ibland tvivlar du allvarligt på dina handlingar." Ingen skulle förneka det! För det tredje tenderar vi att acceptera smickrande uttalanden som inte direkt hänför sig till oss: "Du är stolt över ditt självständiga tänkande." Vem skulle inte? För det fjärde, bekräftelsebias: vi accepterar information som bekräftar vad vi uppfattar av oss själva samtidigt som vi filtrerar bort allt som är motsägelsefullt; vad som återstår är ett sammanhängande porträtt.

Konsulter och analytiker kan utföra liknande magi: "Den här aktien har betydande tillväxtpotential även i en mycket konkurrensutsatt miljö; dock saknar ledningen drivkraften att fullt ut förverkliga och implementera idéer från sitt utvecklingsteam. Ledningen är erfarna branschfolk, dock tecken på byråkratisering är uppenbara; besparingsmöjligheter finns i dess resultaträkning och vi råder företaget att fokusera mer på tillväxtekonomier för att säkra framtida marknadsandelar." Låter det rimligt nog?

Hur kan man utvärdera en astrolog? För en opartisk bedömning, välj tjugo personer och tilldela dem var och en ett nummer. Låt gurun karakterisera varje person individuellt på kort utan att de upptäcker vem deras nummer var förrän efter att ha fått alla kopior. Först när de flesta deltagare identifierade "sin" beskrivning som exakt beskriven kan sann talang uppstå - jag väntar fortfarande!

Se även: Funktionspositiv effekt (kap. 95); Confirmation Bias (kap. 7-8);

VARFÖR FRIVILLIGT ARBETE ÄR FÖR FÅGLARNA

Jack, fotograf för modetidningar, tillbringar måndag till fredag med att resa mellan Milano, Paris och New York på uppdrag från modetidningar på jakt efter vackra tjejer med intressant design, i orörda ljusförhållanden. Väl känd i sociala kretsar skryter han för sina vänner att hans arvode på cirka 500 USD i timmen kan jämföras med handelsrättsliga priser; "Och mina skott ser mycket bättre ut än någon bankir!"

Jack har en avundsvärd livsstil, men har på senare tid blivit mer filosofisk. Något har fått honom att ifrågasätta sitt förhållande till mode: branschen verkar självisk för honom nu och lämnar honom rastlös på nätterna, längtan efter mer tillfredsställande arbete som gör att han kan ge tillbaka något meningsfullt tillbaka till samhället - hur litet det än är.

En dag ringer hans telefon. Det var Patrick, hans tidigare klasskamrat och nu ordförande för en lokal fågelklubb: "Nästa lördag är vår årliga fågelholk-tur - vi behöver frivilliga som bygger fågelholkar för hotade arter och sedan placerar dem i skogen efter att vi har ställt upp. Vänligen gå med oss! Vi börjar träffas kl 8; förhoppningsvis blir vi klara innan lunchtid"

Vad ska Jack säga om han verkligen bryr sig om att skapa en bättre värld? Han borde helt enkelt tacka nej. Varför? Jack tjänar $500 i timmen medan snickare vanligtvis tjänar $50. Istället för att själv försöka bygga kvalitetsfågelholkar (något som aldrig skulle hända), varför inte jobba en timme extra som fotograf och sedan anlita en professionell snickare i sex timmar för att bygga hus av högsta kvalitet som omöjligt kan göras av en amatör själv? Hans skattedeklaration skulle täcka denna skillnad på 200 $ som sedan skulle kunna skänkas direkt till en fågelklubb? På så sätt skulle hans bidrag gå mycket längre.

Jack kommer sannolikt att dyka upp blixt och tidigt nästa lördag för att montera fågelholkar, som ekonomer kallar volontärens dårskap. Även om volontärarbete är en populär trend; över en fjärdedel av amerikanerna frivilligt sin tid. Ändå varnar ekonomer för att volontärarbeta för vilken sak som helst - frivilligarbete kan ta bort arbete från hantverkare som annars skulle kunna använda dessa timmar till att själva bygga fågelholkar, istället ta tid från dem själva eller att klappa ihop några fågelholkar för hand är sannolikt mer effektivt - förse honom med möjligheter som skulle ge belöningar som sträcker sig långt utöver alla påtagliga bidrag av detta slag som någon volontärverksamhet kan ge.
Jack vet att hans färdigheter bara kan ge mervärde när de tillämpas direkt. Till exempel, om fågelklubben planerade en insamlingskampanj och behövde professionella bilder tagna av medlemmar för att inkluderas i dess utskick, kunde han antingen fotografera dem själv eller

arbeta en timme extra för att anställa en annan toppfotograf och donera de återstående medlen från att anställa en annan. toppfotograf.

Nu kommer vi fram till det omtvistade ämnet altruism: existerar osjälviskhet överhuvudtaget eller är det helt enkelt ett sätt för oss att lindra våra egon? Medan volontärarbete ofta fungerar som en väg för att hjälpa deras samhälle, spelar personliga fördelar som kompetensutveckling och nätverksmöjligheter också en viktig roll. Plötsligt agerar vi inte längre rent altruistiskt; många volontärer engagerar sig i vad som kan kallas "personlig lyckashantering", med fördelar långt borta från vad som ursprungligen var avsett med volontärarbete - strängt taget alla som drar nytta av eller känner någon tillfredsställelse av frivilligarbete är inte ren altruist

Gör Jack fel genom att vara frivillig på lördag morgon? Inte nödvändigtvis; en grupp som kan motverka denna tendens är kändisar som Bono, Kate Winslet eller Mark Zuckerberg; de ger välbehövlig publicitet när de deltar i volontärprojekt som involverar fågelholk, strandstädning eller jordbävningshjälp. Därför måste Jack noggrant utvärdera om deras deltagande skulle tillföra något av värde; annars skulle det bästa sättet för individer att bidra sannolikt vara med sina pengar snarare än hårt arbete.

Se även Deformation Professionalnelle (kap. 92); Utelämnande Bias (kap. 44);

VARFÖR ÄR DU DIN TJÄNARE

Vad tycker du om genetiskt modifierat vete? Det är ett känslosamt ämne och att svara för snabbt kan leda till beklagliga beslut; Ett objektivt tillvägagångssätt skulle kräva att man beaktar både dess fördelar och nackdelar separat. Skriv ner alla möjliga fördelar, väg dem efter deras betydelse och multiplicera deras sannolikhet med sannolikhet - detta ger en lista över förväntade värden. Använd nu samma process när du överväger potentiella nackdelar. Lista alla nackdelar, uppskatta deras potentiella skada och multiplicera den siffran med deras sannolikhet. Att subtrahera positiva summor från negativa summor ger det förväntade nettovärdet - om den siffran är över noll är du pro-GM-vete; annars indikerar det att du motsätter dig det. Utan tvekan är du bekant med detta synsätt på beslutsteori som kallas förväntat värde, som förekommer brett i beslutslitteraturen. Ändå är chansen stor att du aldrig tänkte på att göra en sådan utvärdering - och absolut ingen av professorerna som skriver läroböcker använde denna metod när de valde ut sina makar!

Ingen förlitar sig verkligen på denna metod för beslutsfattande. För det första, vår fantasi sträcker sig helt enkelt inte tillräckligt långt; vår förståelse kan bara nå så långt in i det som redan har kommit genom erfarenhet. Föreställ dig en episk storm om du bara är 30 år gammal är svårt, medan att beräkna små sannolikheter är nästan omöjligt på grund av brist på data om sällsynta händelser. För det tredje kräver små sannolikheter ofta färre datapunkter och leder till större fel på exakta sannolikheter – vilket skapar en obönhörlig felcirkel. Vår hjärna är inte heller designad för sådana beräkningar; sådana beräkningar kräver tid och ansträngning - inte vårt naturliga tillstånd! I vårt evolutionära förflutna mötte de som övertänkt ofta en tidig bortgång från rovdjur. Dagens beslutsfattare förlitar sig mycket på mentala genvägar som kallas heuristik för snabba beslutsprocesser.

En av de mest använda heuristikerna är affektheuristiken. En affekt är en omedelbar reaktion: något du gillar eller ogillar; till exempel, att höra "skottlossning" framkallar negativa associationer medan att höra "lyx" producerar positiva; denna automatiska endimensionella impuls hindrar en från att ta hänsyn till risker och fördelar när man fattar beslut. Istället för att behandla risker och fördelar som oberoende variabler, vilket de verkligen är, kopplar en affektheuristik ihop dem genom sensoriska kanaler.

Dina känslomässiga reaktioner på frågor som kärnkraft, ekologiska grönsaker, privata skolor och motorcyklar avgör din bedömning av risker och fördelar med dem. Om något slår emot dig känslomässigt verkar riskerna vara mindre medan fördelarna verkar större än de verkligen är; omvänt om något du ogillar väcker starka känslor mot det; risker och fördelar verkar vara beroende trots att verkligheten visar på annat.

Tänk dig att äga en Harley-Davidson. Om en studie indikerar att det kan vara mer riskfyllt att köra bil än tidigare trott, kan ditt undermedvetna svara genom att bedöma fördelarna på ett annat sätt och ge upplevelsen ännu större frihet.

Men hur genereras en initial, spontan känsla, såsom lycka eller ilska? Forskare vid University of Michigan försåg deltagarna med någon av tre bilder under mindre än en hundradels sekund; antingen leende ansikten, arga ansikten eller neutrala figurer visades kort innan. Ämnen var sedan tvungna att välja om de gillade en slumpmässig kinesisk karaktär som de hade visat sig (utan att kunna kinesiska), med de flesta deltagare som gynnade de som omedelbart föregick en leende ansiktssymbol. Även till synes obetydliga faktorer kan ha djupgående effekter på våra känslor. Hirschleifer och Shumway undersökte hur en annars oviktig faktor spelade en roll i marknadsutvecklingen på 26 större börser från 1982-1997 genom att testa deras förhållande mellan solljustimmar per morgon och marknadsutvecklingen på varje börs. De upptäckte en spännande korrelation som lyder som ett gammalt bondes ordspråk: om solen skiner starkt på morgonen, tenderar lagren att öka under dagen - inte alltid, men tillräckligt ofta. Vem kunde tro att solsken kunde flytta miljarder? Morgonsolen verkar ha samma positiva inflytande som leende ansikten gör!

Oavsett våra avsikter styr våra känslor oss. Beslut fattas ofta utifrån känslor snarare än tankar; mot alla goda avsikter ersätter vi "Vad tycker jag om detta?" med "Hur känner jag för det här". Så le! Din framtid beror på det!

Se även Association Bias (kap. 48); Loss Aversion (kap. 32), Salience Effect (kap. 83) och Contagion Bias (kap. 54)

Bruce arbetar inom vitaminbranschen. Hans far startade det under en era när kosttillskott ännu inte var en del av den dagliga livsstilen; läkare skulle behöva skriva ut dem. När Bruce tog över som vd i början av 90-talet sköt efterfrågan i höjden, vilket fick honom att ta massiva lån för att öka produktionen. Idag står han som en av de mest framgångsrika individerna i sin bransch och ordförande för en nationell sammanslutning av vitamintillverkare; nästan dagligen sedan barndomen har han tagit minst tre multivitaminer. När de intervjuades av journalister om dess effektivitet; När journalisten frågade om något de gjorde något, svarade Bruce "Jag är säker på det" - kan du tro honom?

Här är en annan utmaning för dig. Tänk på vilken idé eller tro du är säker på; kanske guld kommer att stiga under de kommande fem åren, Gud finns, eller så tar din tandläkare över dig – skriv ner allt i en mening och se om du verkligen tror på dig själv!

Är du inte övertygad om att din övertygelse är mer giltig än Bruces? Tja, här är varför: din är en intern observation, medan Bruces är extern; med andra ord, du kan se in i deras själ men inte in i din.

I Bruces fall kanske du tänker: "Ja, det är naturligtvis i hans bästa intresse att tro att vitaminer är fördelaktiga - hans rikedom och sociala status beror på deras framgång; hela sitt liv har han ätit piller så han kommer aldrig att erkänna att de var slöseri med tid' Men för dig personligen är det annorlunda: du har gjort omfattande forskning inom dig själv och kommit ut som helt opartiska observatörer.

Men kan inre reflektion verkligen vara ren och ärlig? Den svenska psykologen Petter Johannson genomförde en studie där försökspersoner tittade på två porträttbilder av slumpmässiga personer och valde vilket ansikte som var mer tilltalande; bad dem sedan beskriva dess mest attraktiva egenskaper på nära håll. Men med ett genialiskt knep - de flesta deltagare märkte inte att han bytte bild halvvägs - fortsatte de flesta med att motivera varför de föredrog en bild så noggrant! Hans resultat av hans studie: introspektion är inte tillförlitlig: när vi gör själsrannsakningar gör vi ofta subjektiva val - vilket betyder att introspektion är opålitlig: när vi genomför intern självanalys
Konstruera rön för att uppnå önskade rön är känd som introspektionsillusionen - denna övertygelse om att reflektion leder till sanning eller noggrannhet är mer än sofistik, på grund av vår starka övertygelse tenderar vi att uppleva tre reaktioner när någon inte delar våra åsikter: Respons 1, 2 eller 3.

Första svar: Antagande om okunnighet. Du antar att den andra parten inte besitter tillräcklig kunskap; hade de fått din kunskap, kan de mycket väl dela ditt perspektiv. Politiska aktivister tenderar att tänka i dessa banor: de tror att upplysning kommer att övertala andra till deras läger. Reaktion 2: Antagande om idioti Svar 3: Antagande om illvilja. När någon inte förstår en uppenbar slutsats från tillgänglig information och därför inte kan dra de uppenbara slutsatserna kan han framstå som okunnig och dum för oss alla. Byråkrater gillar särskilt att använda detta tillvägagångssätt eftersom det skyddar "dumma" konsumenter från sig själva. Svar 1: Brist på vederbörlig process. Din motpart har all nödvändig information - och förstår till och med debatten - men är medvetet stridbar och hyser illvilliga avsikter. Många religiösa ledare och anhängare ser på icketroende i samma ljus: Om de inte håller med dem, måste de vara Satans agenter!

Slutsats: ingenting är så övertygande som din egen övertygelse, varför introspektion kan ge verklig självkännedom. Tyvärr förfalskas eller förfalskas introspektion ofta med för mycket tillit till interna observationer för mycket och för länge; för det andra är vår uppfattning ofta högre av oss själva än av andra och detta skapar en illusion av överlägsenhet; botemedel för båda är att bli allt mer kritiska mot oss själva - behandla interna observationer med lika skepsis som påståenden från tredje part; bli din hårdaste kritiker!

Se även Illusion of Control (kap. 17); Self-Serving Bias (kap. 45); Confirmation Bias (kap 7-8) och Not-Invented-Here Syndrome (kap 74) för mer om dessa ämnen.

Bredvid min säng ligger 24 böcker som ligger högt på hög. Även om jag dyker in och ut, kan ingen lämna min ägodel. Även om jag vet att sporadisk läsning inte kommer att ge mig några riktiga insikter trots alla mina timmar som jag ägnat åt läsning, så istället skulle det vara mer meningsfullt för mig att fokusera på en bok i taget; så varför jonglerar jag fortfarande med alla 24 på en gång?

Min vän känner en man som dejtar tre kvinnor samtidigt och kan se sig själv bilda familj med vilken som helst av dem, men han kan inte förmå sig att välja bara en - det skulle innebära att han missade två andra permanent; genom att hålla alternativ öppna förblir alla alternativ tillgängliga, även om inga riktiga relationer bildas som ett resultat.

General Xiang Yu, på det tredje århundradet f.Kr., skickade sin armé över Yangtzefloden för att utmana Qindynastin. Medan hans trupper sov beordrade han att alla skepp skulle antändas; nästa morgon sa han till dem: 'Nu har ni bara ett val: Antingen kämpa för att vinna eller dö.' Genom att eliminera reträtt som ett alternativ hjälpte han till att fokusera deras uppmärksamhet enbart på strid. Den spanska erövraren Cortes använde liknande motiverande taktik under sin erövring av Mexiko på 1500-talet när han efter att ha landat på dess östkust sänkte sitt eget skepp som motivation.

Xiang Yu och Cortes sticker ut som extremvärden; de flesta strävar efter att utöka våra alternativ så mycket som möjligt. Psykologiprofessorerna Dan Ariely och Jiwoong Shin har visat styrkan i denna instinkt genom ett onlinespel. Spelare fick 100 poäng i början och tre dörrar dök upp på skärmen - röda, blå och gröna dörrar. Att öppna var och en av dem kostade en poäng; Men för varje rum de gick in kunde de tjäna ytterligare poäng. Spelarna reagerade logiskt och valde att stanna kvar i ett rum tills dess förverkligande. Ariely och Shin ändrade sedan reglerna så om dörrar inte öppnades inom tolv drag började de krympa på skärmen och till slut försvann helt; spelare sprang sedan från dörr till dörr på jakt efter potentiella skattkammare; denna improduktiva förvirring resulterade i att de fick 15 % färre poäng än i deras tidigare match. Till sist lade Ariely och Shin till en sista twist: de ändrade hur du fick poäng genom att öka dörrstorlekarna med 25 %! Till slut lade de till ytterligare en twist: spelare skulle fortfarande få 10 % poäng den här gången! Arrangörerna lade till ytterligare en rynka med en annan twist: ännu en gång: dörrar kunde stängas inom tolv drag när de dök upp - vilket tvingade spelarna från att hoppa från dörren från dörröppningen lika snabbt som tidigare! Ariely och Shin gjorde sedan en annan förändring; den här gången när dörrarna inte öppnades inom tolv drag, började dörrarna krympa utanför skärmen och försvann så småningom utanför skärmen! När Ariely och Shin ändrade sig ännu en gång genom att ändra regler: dörrar måste öppnas inom tolv drag, annars skulle de försvinna utanför skärmen! Spelare började tävla från dörren för att försöka säkra tillgång till alla

potentiella skattkammare vilket resulterade i 15 % färre poäng! Ariely och Shin lade till en sista twist: den här gången än föregående spels poäng 15 % färre poäng får 15 % färre poäng än tidigare samtidigt som de lade till en sista twist: arrangörerna lade till ytterligare en twist: när de öppnades inom tolv drag försvann de gradvis från skärmen tills de slutligen försvann innan Försvann helt och hållet när dörrarna började krympa, Ariely ändrade regler som krävdes dörren hade nu öppnats inom tolv drag annars, började krympa från skärmen inom tolv drag eller på annat sätt försvann omedelbart och gjorde dörren efter 12 drag eller deras tidigare fick 15 så snabbt så mycket skramning som tidigare fick 15 % färre poäng och gjorde 15 % färre poäng och lade till en ny twist förresten... The -
Att öppna dörrar kostar nu tre poäng och samma oro satte in: spelare slösade bort sina poäng för att försöka hålla alla dörrar öppna. Även efter att ha lärt sig hur många poäng som gömdes i varje rum, var det ingen förändring; att avstå från alternativ var en för stor kostnad för dem.

Varför agerar vi irrationellt? För dess konsekvenser är ofta inte entydiga. På finansiella marknader, till exempel, är detta uppenbart: alla alternativ på ett värdepapper kostar alltid något; det finns inget sådant som ett gratis alternativ; men i andra världar verkar alternativ ofta vara fria; även om dessa i sanning också kostar; varje beslut kräver mental energi och tar bort dyrbar tid för att tänka och leva; VD:ar som utforskar alla möjliga expansionsalternativ väljer ofta inget i slutändan; företag som försöker betjäna alla kundsegment misslyckas ofta; Säljare som söker potentiella kunder slutar ofta med att inga affärer avslutas trots alla ansträngningar.

Människor i dag tenderar att vara fixerade vid att ha många projekt igång samtidigt och att vara öppna för varje möjlighet som bjuder sig; men detta tillvägagångssätt kan snabbt få framgången att spåra ur. Istället måste vi lära oss när och varför vi ska stänga dörrar; affärsstrategier fungerar främst som uttalanden om vilka aktiviteter du inte ska ägna dig åt. Använd ett liknande tillvägagångssätt som företag: lista vad du inte ska ägna dig åt i livet och fatta kalkylerade beslut att inte utöva vissa möjligheter; När ett alternativ dyker upp, testa det mot din lista som inte ska följas innan du vidtar ytterligare åtgärder. En lista hjälper dig inte bara att hålla dig borta från problem, den kommer också att spara tid på att fatta beslut. Med din lista i handen, istället för att fatta beslut varje gång en ny dörr öppnas - många dörrar är inte vettiga även när deras handtag verkar lätta nog - allt du behöver göra är att gå tillbaka till den när du gör val.

Se även: Sunk Cost Fallacy (kapitel 5);

VARNING OM NEOMANIA

Om femtio år, hur kommer vår värld att se ut och vilka föremål kommer att omge oss dagligen? Det är lätt att fastna i Neomania; låt oss lägga undan allt "helt nytt".

Människor som funderade på denna fråga för femtio år sedan hade fantastiska idéer om hur "framtiden" skulle se ut: motorvägar i himlen, städer som liknar glasvärldar och kultåg som zoomar fram mellan skyskrapor. Vi skulle bo i plastkapslar undervattensstäder som semestrar på månen och tar piller istället för att ha biologiska barn som blir gravida genom befruktning; välj istället barn från kataloger som våra barn; robotar skulle bli bästa vänner istället för människor som följeslagare medan döden för länge sedan var utrotad – bilden de föreställde sig var inte långt borta!

Men vänta en sekund: ta en närmare titt runt dig: du sitter i en stol skapad i det gamla Egypten; bära byxor utvecklade för cirka 5 000 år sedan av germanska stammar runt 750 f.Kr. läderskorna på dina fötter har sitt ursprung under den senaste istiden; dina bokhyllor är sammansatta av trä - ett av de äldsta byggmaterialen som människan känner till; vid middagstid använder du din gaffel som den användes av romarna: att skotta in bitar av döda djur och växter i munnen vid middagstid - ingenting har förändrats - ingenting har förändrats heller;

Undrar vi hur vår värld kommer att se ut om femtio år? Nassim Taleb ger oss lite vägledning i sin bok Antifragile; ta hänsyn till att de flesta teknologier som har funnits under det senaste halvseklet kommer att fortsätta att tjäna mänskligheten under ytterligare ett halvt sekel – medan den senaste tekniken kommer att bli föråldrad snabbare än förväntat. Varför? Tänk på uppfinningar som arter: allt som har stått emot århundraden av evolution kommer sannolikt att fortsätta starkt även i framtiden. Gammal teknik är beprövad; dess inneboende logik kan inte alltid helt förstås. Du bör ta hänsyn till detta nästa gång du deltar i ett strategimöte, eftersom något som har bestått i århundraden måste ha ett visst värde. Femtio år in i framtiden kommer sannolikt att likna dagens, även om du kan se nya flashiga prylar eller uppfinningar dyka upp som kan väcka intresse till en början. Ändå kommer de och går ofta snabbt.

När vi överväger vår framtid lägger vi ofta för stor vikt vid tekniska innovationer och "killer-appar", samtidigt som vi underskattar deras roll.
Taleb har observerat denna tendens genom historien. På 1960-talet var rymdresor på topp, vilket fick många elever att föreställa sig att de skulle ta skolresor till Mars. Senare under decenniet blev plasthus på modet så vi funderade på hur vi skulle inreda våra genomskinliga

bostäder med plastmöbler. Han tillskriver denna tendens tillbaka till "neomani", fascinationen för allt nytt och glänsande.

Först kände jag sympati för early adopters - de människor som inte kan leva utan att ha tillgång till den senaste iPhonen. På den tiden trodde jag att de var före sin tid; Men nu ser jag dem som irrationella individer som lider av neomani - de verkar mindre bekymrade över huruvida en produkt ger påtagliga fördelar utan mer bekymrade över nyhet än faktisk nytta.

Vidta inte drastiska åtgärder när du förutsäger framtiden. Stanley Kubricks klassiska film 2001: A Space Odyssey från 1968 fungerar som en illustration. Detta visionära stycke utspelar sig vid millennieskiftet och förutspådde att Amerika skulle vara värd för en tusen stark månkoloni, betjänad av PanAm-pendlarflyg – något som ingen såg komma. Jag föreslår den här tumregeln istället: vad som än har överlevt i X år kommer att fortsätta att göra det i ytterligare X år - Nassim Taleb tror att historiens "bullshitfilter" kan skilja jippon från spelväxlare så jag är villig att göra den satsningen med honom!

Se även Hedoniskt löpband (kap. 46) som ett exempel på varför propaganda fungerar. Andra världskriget såg varje nation skapa propagandafilmer. Dessa användes för att väcka nationalistiska känslor bland både civila och soldater och uppmuntra till uppoffringar för sin nation. Efter att ha spenderat ett orimligt belopp enbart på propagandafilmer, genomförde USA:s krigsdepartement studier om huruvida dessa utgifter hade någon avkastning. Studier gjordes med vanliga soldater; deras svar visade inte alls någon ökad entusiasm för krig!

Ansåg soldaterna dessa filmer som dåligt gjorda? Knappast. Snarare kände soldater till dessa filmer som propaganda som gjorde det nästan omöjligt för något budskap som presenterades i dessa filmer att ha någon vikt hos publiken; även om en film förde ett argument eller rörde publiken tillräckligt för att förtjäna övervägande eller uppskattning för dess budskap; dess innehåll skulle helt enkelt ses som ihåligt och åsidosättas direkt.

Nio veckor senare inträffade något oväntat: psykologer gjorde ytterligare en utvärdering av soldaternas attityder angående krig; resultatet: de som hade sett filmen uttryckte mycket mer stöd än de som inte hade sett filmen. Uppenbarligen fungerade propagandan!

Forskare var förbryllade eftersom de visste att ett arguments övertygande kraft minskar med tiden, som radioaktivt material. Du har säkert upplevt detta själv: läs en artikel om fördelarna med genterapi, bli entusiastisk till en början men tappar snabbt intresset efter några veckor; slutligen återstår bara rester av entusiasm.

Förvånansvärt nog fungerar propaganda ofta åt andra hållet: när den väl slår an hos människor, växer dess inverkan bara med tiden. Varför? Psykologen Carl Hovland ledde ett experiment för krigsavdelningen och myntade detta fenomen "Sleeper Effect". För

närvarande är vår bästa förklaring till det att våra minnen glömmer källan snabbare än vad själva argumentet (t.ex. Department of Propaganda) sa samtidigt som de kommer ihåg själva budskapet (dvs. Krig är nödvändigt och ädelt).
Därför vinner information som erhålls från opålitliga källor gradvis förtroende med tiden eftersom misskrediterande krafter försvinner snabbare än vad deras budskap gör.

Amerikanska val innehåller i allt högre grad negativa politiska annonser där kandidater försöker nedvärdera varandras uppgifter eller rykten på bedrägligt enkla sätt - i det här fallet måste politiska annonser följa USA:s vallagstiftning genom att avslöja sina sponsorer i slutet av varje annons, men det visar många studier. att sleeper-effekter fortfarande utspelar sig bland obestämda väljare när budbäraren bleknar medan deras uttalanden förblir inpräntade i minnet - detta gör det möjligt för kandidater att lansera de mest skadliga anklagelser som möjligt mot rivaliserande kandidater utan rädsla för repressalier eller konsekvenser som utfärdas mot någondera sidan om slutresultatet skulle vara mindre negativa än förväntat enligt lag - detta gör valkampanjannonser mycket svårare än vad de borde användas mot rivaliserande kampanjer av motståndare från båda sidor i kampanjer när det gäller valdeltagande eller valdeltagande än vad som annars är möjligt under kampanjsäsongerna tidigare.

Jag har ofta tyckt att det är förbryllande hur reklam överhuvudtaget kan fungera. Varje logisk person bör lätt känna igen annonser för vad de är och diskvalificera eller kategorisera dem på lämpligt sätt; men även du som en kräsna och intelligent läsare kommer inte alltid att lyckas med detta framgångsrikt; du kan glömma var viss information kom ifrån efter flera veckor - vare sig det är en informativ artikel eller klibbig advertorial!

Hur kan du motverka sleeper-effekten? Först, var försiktig med alla oönskade råd även om det verkar väl avsett - att göra detta skyddar dig själv mot manipulation till viss del. För det andra, undvik källor med annonser så mycket som möjligt (vi har tur att böcker förblir annonsfria!). För det tredje, identifiera och kom ihåg vem källan till varje argument du stöter på var. Försök förstå deras resonemang så mycket som möjligt samt vem som tjänar på vad. Även om denna process kan sakta ner beslutsprocesser något men kommer också att förfina dem med tiden.

Se även Inramning (kap. 42); Primacy and Recency Effects (kap. 73); Nyhetsillusion (kap. 99).

Varför är racing aldrig bara två hästkapplöpningar?

Alternativ blindhet

Föreställ dig det här: du bläddrar i en broschyr som visar fördelarna med en MBA-examen som erbjuds vid ditt lokala universitet. Din blick fladdrar över fotografier av dess murgrönatäckta campus och ultramoderna sportanläggningar; tillsammans med bilder på leende studenter från olika etniska bakgrunder med tonvikt på unga kvinnor, kinesiska och indiska go-getters. Slutligen når du en översikt som illustrerar dess ekonomiska värde: avgiften på 100 000 USD kan lätt kompenseras av att akademiker genererar extra inkomster innan de går i pension: ungefär 400 000 USD efter skatt! Enkel.

Fel. Ett sådant argument döljer inte en, utan fyra felaktigheter. För det första är "simmarens kropps-illusion", i det att MBA-program tenderar att locka karriärsinriktade individer som sannolikt kommer att få löner över genomsnittet utan ytterligare kvalifikationer som en MBA-kvalifikation. Den andra myten: en MBA tar två år och under den tiden kan du förvänta dig en inkomstförlust på $100 000; Därför skulle den verkliga kostnaden för en MBA sannolikt överstiga 100 000 USD när man räknar in potentiell avkastning från investeringar. För det tredje är det dumt att göra uppskattningar över trettio år – vem vet vad som kommer att hända under den tidsramen? Slutligen finns det andra alternativ; känn dig inte bunden av "gör en MBA eller gör inte en MBA" ensam. Kanske finns det ett annat program tillgängligt som kostar betydligt mindre och som också erbjuder karriärförmåner. Jag tycker att den fjärde missuppfattningen är särskilt fascinerande; låt oss kalla det alternativ blindhet: när vi misslyckas med att jämföra ett befintligt erbjudande med dess näst bästa alternativa erbjudande.

Här är ett exempel från finans: tänk dig att du har några pengar sparade på ett sparkonto och fråga en investeringsmäklare om råd, som rekommenderar att du köper en obligation som betalar 5 % ränta istället för bara den 1 % som sparkonton ger tillbaka. Tycker vi att det är vettigt att köpa obligationen? Ingen vet. Att endast beakta dessa två val skulle inte ge en korrekt bedömning; för att verkligen bedöma alla möjliga investeringsval välj sedan det optimala (så här gör toppinvesteraren Warren Buffet).
Buffett mäter varje transaktion mot den näst bästa affären som är tillgänglig vid varje givet ögonblick - även om det innebär att göra mer av det vi redan gör.'

I motsats till Warren Buffett faller politiker ofta offer för alternativ blindhet. Tänk på din stadsplanering om att bygga en sportarena på en tom tomt; anhängare kan hävda att det kommer att gynna invånarna mer känslomässigt och ekonomiskt än en tom tomt - men denna jämförelse är felaktig: istället bör de utvärdera alla idéer som blir omöjliga på grund av dess konstruktion, såsom skolor, scenkonstcenter, sjukhus eller förbränningsanläggningar;

alternativt kunde de sälja marken och investera intäkterna eller minska stadens skuld med denna alternativa lösning.

Förbiser du alternativa lösningar? Föreställ dig att din läkare upptäcker en tumör på fem år och föreslår en komplicerad operation som om den lyckades skulle ta bort den helt men risken anses vara hög med en total överlevnadsgrad på bara 50 %. Hur bestämmer du dig? Överväg dina alternativ noggrant: säker död om fem år eller 50 % chans att dö nästa vecka; alternativ blindhet! Kanske finns det en variant av ett invasivt kirurgiskt ingrepp på ett annat sjukhus i staden som för närvarande inte erbjuder det på din institution. Kirurgi för att bromsa tumörtillväxt kunde endast tillfälligt lindra symtomen; denna invasiva operation ger dock mer tid och sinnesfrid än dess alternativ; vem vet, kanske kommer mer avancerade terapier för att eliminera tumörer att dyka upp under dessa tio år?

Sammanfattning: Om du har svårt att fatta beslut, kom ihåg att det finns fler än två alternativ - som ingen operation och högriskkirurgi - tillgängliga för dig. Känn dig inte instängd mellan ett absolut val och dess möjliga alternativ; Var öppen sinnad!

Se Paradox of Choice (kap. 21); Swimmer's Body Illusion (kap. 2) för vidare läsning om dessa ämnen.

VARFÖR VI SIKTAR PÅ UNGA GUNNS

Social jämförelse Bias

Efter att min bok nått #1 på bästsäljarlistan bad min förläggare om min hjälp med att ge en rekommendation för en annan titel av en bekant på väg in på topp tio-listan; de trodde att ett vittnesbörd från mig skulle ge det den extra pushen att inkluderas på den listan.

Alltid förvånad över att dessa vittnesmål fungerar överhuvudtaget, med tanke på hur vi alla vet att bara positiva kommentarer kommer in på bokjackor (den här boken ingår). En rationell läsare måste lägga beröm åt sidan eller åtminstone betrakta det vid sidan av all potentiell kritik som alltid är närvarande, även om den är i olika former. Även om jag har skrivit många vittnesmål för andra böcker, var ingen för rivaliserande titlar. När jag övervägde mina alternativ insåg jag att social jämförelsebias hade trätt i kraft - den där tendensen att undvika att hjälpa dem som snart kunde överskugga dig och se dum ut i det långa loppet.

Bokrekommendationer kan fungera som ett ofarligt exempel på social jämförelsefördom; dock har akademin tagit detta till en helt farligare nivå. Varje forskare strävar efter att publicera så många artiklar i prestigefyllda vetenskapliga tidskrifter, vilket ger sig själv rätt att bedöma bidrag från andra forskare som skickar in arbete för publicering. Med tiden ber redaktörer dig att bedöma andra forskares inlagor - ofta är det bara två eller tre experter som bestämmer vilka artiklar som gör snittet inom ett givet område; med denna kunskap i åtanke, vad skulle hända när en uppstickare forskare skickar in ett omskakande dokument som hotar att störta etablerade experter? De skulle sannolikt bli särskilt rigorösa när de utvärderade det - detta är social jämförelsebias på jobbet!

Psykologen Stephen Garcia och hans forskarkollegor beskriver ett exempel där en nobelpristagare hindrade en av hans lovande unga kollegor från att söka arbete vid "sitt" universitet, även om detta kan tyckas vara klokt i början; med tiden blir det kontraproduktivt när den unge kollegan går med i en annan forskargrupp - vilket potentiellt utesluter ytterligare kontakt mellan den gamla professorn och honom eller henne och detta unga underbarn.
Garcia antyder att social jämförelsebias kan vara en faktor som hindrar institutioner från att behålla sin status som forskargrupper i världsklass under en längre period. Få forskargrupper lyckas ligga kvar i toppen under många år i rad.

Social jämförelsebias är en annan viktig fråga med nystartade företag. Guy Kawasaki var Apples "chefevangelist" i fyra år och råder idag entreprenörer som riskkapitalist och rådgivare. Enligt Kawasaki: 'A-spelare anställer folk ännu bättre än de själva. Som Steve

[Jobs] sa, B-spelare rekryterar C-spelare så att de kan känna sig överlägsna dem och C-spelare rekryterar D-spelare; när du anställer B-spelare förvänta dig att det han kallade "bozo-explosionen" ska ske inom din organisation; att anställa B-spelare resulterar så småningom i att anställa Z-spelare istället för B-spelare. Rekommendation: Anställ personer som är bättre än dig själv, annars kommer du snart att leda ett team av underdogs. Den så kallade Duning-Kruger-effekten gäller här; Z-spelare med inkompetens har ofta gåvan att förbise dess omfattning och tro att de besitter mer intelligens än vad som faktiskt finns där; sådana människor skapar en illusionär överlägsenhet som leder till att de gör ännu fler misstag som i sin tur urholkar talangpoolen med tiden.

Isaac Newton var 25 år gammal vid den tiden och när hans skola stängde på grund av pestens utbrott 1666-7 erbjöd sig Isaac Barrow att följa med och se hans forskning, som Barrow omedelbart lämnade som professor för att gå med som en av Newtons elever – det var verkligen ädelt av honom! Vilket etiskt exempel det gav. Och när hörde du senast om en professor som trädde åt sidan för att en annan kandidat eller vd skulle ge bort sin position på grund av att han insåg att en av deras anställda kunde göra ett bättre jobb?

Slutsats: Sammanfattningsvis, fostrar du individer som är mer begåvade än du själv? Även om det kan hota din ställning initialt, kommer det i det långa loppet bara att gynnas. Andra kommer att ta om dig i något skede ändå; tills den tiden kommer skulle det vara klokt att komma på deras goda sidor och lära av dem - vilket var min motivation när jag skrev vittnesmålet i slutet. För vidare läsning se: Avund (kap. 86); Kontrasteffekt (kap. 10).

PRIMACY OCH RECENT EFFECTS

Låt mig presentera två män, Alan och Ben. Bestäm omedelbart vem du föredrar utan att tänka för länge: Alan är smart, hårt arbetande, impulsiv, kritisk, envis och svartsjuk medan Bens egenskaper inkluderar dessa egenskaper men med en twist: Ben kan också vara svartsjuk, envis, kritisk impulsiv hårt arbetande smart också. De flesta väljer Alan även om båda beskrivningarna låter lika. Din hjärna tenderar att ägna mer uppmärksamhet åt adjektiv som listas först, vilket skapar två distinkta personligheter - Alan är hårt arbetande medan Ben visar svartsjuka och envisa drag - något som kallas primacy effect.

Utan företrädeseffekten skulle människor avstå från överdådiga entréhallar vid deras högkvarter; din advokat skulle känna sig lika nöjd med att framstå i slitna sneakers snarare än designer Oxfords för dina möten.

Primateffekten orsakar ofta praktiska fel. Nobelpristagaren Daniel Kahneman diskuterar hur han, i början av sin professur, graderade tentamensuppgifter i ordning: student 1 följt av student 2, sedan fick alla efterföljande frågor som besvarades felfritt högre poäng; detta innebar att elever som svarade perfekt skulle bli favoriter till Kahneman och detta skulle i slutändan ha en effekt på hur han betygsatte andra delar av deras tentor. För att motverka denna effekt började Kahneman betygsätta enskilda frågor i omgångar - alla svar på fråga 1 betygsätts, sedan alla svar på fråga 2 etc - och på så sätt motverka denna effekt och neutralisera den helt och hållet.

Tyvärr kanske det här tricket inte alltid fungerar i praktiken; till exempel när du anställer nya medarbetare riskerar du att anställa den person som först gör ett bra första intryck. För att maximera effektiviteten när du svarar på liknande frågor en efter en från alla kandidater i kö.

Föreställ dig att du är en del av en företagsstyrelse. Ett diskussionsämne dyker upp som du inte har bestämt dig för ännu och en eller flera närvarande deltagare uttrycker en åsikt som kan påverka hur du utvärderar den totalt sett. Tveka inte att säga det innan andra gör det - på så sätt kan alla lära sig.
Genom att göra detta får du mer inflytande hos dina kollegor och för dem över till din sida. Om du är ordförande i en kommitté, se till att samla in åsikter i slumpmässig ordning så att ingen har en orättvis fördel gentemot en annan medlem.

Primacy-effekten är kanske inte alltid felet; Nyhetseffekten spelar ofta en lika inflytelserik roll. Information som lagras på senare tid tenderar att fastna bättre i vårt minne - detta händer eftersom våra korttidsminnesfiler bara innehåller begränsat utrymme; så fort något nytt dyker upp måste ett äldre stycke ge plats.

När överträffar företräde nyligen, och vice versa? När man ställs inför att fatta omedelbara beslut baserat på flera intryck (egenskaper, provsvar etc), väger primatseffekterna tyngre. Men om dessa intryck bildades över en längre tidsram - till exempel om du lyssnade på ett tal nyligen så är den senaste effekten mer framträdande; du kommer tydligare ihåg dess sista poäng/stämpellinjer snarare än initiala.

Slutsats: Inledande och sista intryck dominerar, vilket innebär att innehållet mellan har endast minimal bäring. Försök att undvika att fatta beslut enbart baserat på initiala intryck; dessa kommer utan tvekan att lura dig i någon eller annan form. Bedöm alla aspekter rättvist och opartiskt - även om det kan vara lättare sagt än gjort - som att genomföra intervjuer genom att notera poäng var femte minut och sedan räkna ut ett genomsnitt av dem efteråt för att se till att alla aspekter räknas lika mycket som hej och hej då.

Se även Illusion of Attention (kap. 88); Sleeper Effect (kap. 70); Framträdande effekt (kap. 83)

VARFÖR HEMMASKIN ÄR BÄST

Mina matlagningsförmåga är ganska grundläggande, och min fru vet det. Men då och då lyckas jag skapa något ätbart. Nyligen, när jag köpte tunga, skapade jag en ovanlig sås bestående av vitt vin, mosade pistagenötter, honung, rivet apelsinskal och balsamvinäger - och när hon smakade på det började hon skrapa bort det hon såg som ett alltför djärvt experiment; men jag tyckte det smakade underbart och förklarade dess detaljer men ingen förändring kunde ses på hennes uttryck.

Två veckor senare förberedde min fru sjötunga till middag igen, denna gång lagade hon den själv. Hon förberedde två såser: hennes beprövade beurre blanc-sås samt ett ovanligt recept från en fransk toppkock som smakade fruktansvärt; senare avslöjas som schweizisk istället! Klart att hon övertalade mig; Jag hade fallit under för Not-Invented-Here Syndrome (NIH-syndrom), där varje skapelse du skapar själv blir överlägsen i jämförelse med allt som kommer efter.

NIH Syndrome får människor att bli kära i sina egna idéer. Det gäller inte bara fisksåsrecept, utan alla former av lösningar, affärsidéer och uppfinningar som utvecklats internt; företag bedömer ofta sådana koncept som mer betydelsefulla än någon från externa källor; men detta kanske inte nödvändigtvis är korrekt i verkligheten. Nyligen träffade jag VD:n för en mjukvaruleverantör för sjukförsäkringsbolag. Han förklarade hur svårt det var för hans företag - även om det ledde marknaden när det gäller service, säkerhet och funktionalitet - att sälja sina mjukvaruprodukter direkt till potentiella kunder. Många försäkringsbolag tror att deras egna interna lösningar ger de optimala lösningarna, ännu en VD berättade för mig hur svårt det var att övertyga sin personal på huvudkontoret att acceptera lösningar som föreslagits från avlägsna dotterbolag.

När människor samarbetar för att lösa problem och själva utvärdera dessa idéer kommer NIH-syndromet oundvikligen att manifestera sig och ta sin gång. Således har det oundvikligen ett effektfullt resultat som resulterar i dess effektfulla manifestation. Detta gör tillståndet desto mer betydande.
Att dela upp team i två grupper är vettigt: den ena kommer att generera idéer medan den andra bedömer dem, med idéer som genereras av ett team som utvärderas av ett annat och sedan vänds om - på så sätt får båda grupperna lika mycket tid på att skapa idéer och betygsätta koncept från ett annat. Vi tenderar att utvärdera våra egna affärsidéer mer positivt än de som andra föreslår – en egenskap som är avgörande för entreprenöriell framgång men som ofta leder till nedslående avkastning i nystartade företag.

Psykologen Dan Ariely använde sin blogg på The New York Times för att kvantifiera
NIH-syndrom. Ariely efterfrågade läsare tillhandahåller lösningar på sex problem, till
exempel "Hur kan städer minska vattenförbrukningen utan att begränsas av lag?", lämna
förslag och utvärdera genomförbarheten; att ytterligare specificera investeringar i tid och
pengar i varje föreslagen idé; slutligen använde bara femtio ord så att alla svar som lämnades
matchade exakt. Oavsett vilket bedömde de flesta läsare att deras svar var viktigare och mer
tillämpliga än sina medbidragsgivare, även när bidragen var praktiskt taget identiska.

På en samhällelig nivå kan NIH-syndromet ha katastrofala resultat. Vi avfärdar ofta
intelligenta idéer från andra kulturer helt enkelt för att vi inte kan uppskatta deras bevisade
förtjänster. Schweiz, där varje stat eller kanton (uttalas cantonesalee på franska) har vissa
befogenheter, var hem för ett ovanligt fall av National Involvement in Health (NIH) när en
liten kanton vägrade att godkänna kvinnors rösträtt trots ett upprört federal domstolsbeslut
1990 som faktiskt ändrade det - ännu ett uppenbart exempel på National Intervention in
Health. Tänk också på den moderna trafikrondellen som designades av brittiska
transportingenjörer under 1960-talet och implementerades i hela Storbritannien. Den har
höga avkastningskrav. Efter flera decennier av glömska och motstånd spreds åtgärder för att
minska trafikstockningarna som rondeller så småningom över både Nordamerika och
kontinentala Europa. Bara Frankrike har nu över 30 00 rondeller som många fransmän
felaktigt tillskriver dess skapare, som designade Place de l'Etoile.

Slutsats: vi tenderar att ryckas med våra egna idéer, vilket gör oss allt mer berusade av deras
makt. Att hålla sig nykter och utvärdera deras kvalitet objektivt i efterhand - vilka av dina
idéer från de senaste tio åren var verkligen enastående? Exakt.

Se även Introspektionillusion (kap. 67); Kapitaleffekt (kap. 23); Self-Serving Bias (kap. 45);
Falsk konsensuseffekt (kap. 77)

"Alla svanar är vita." I århundraden höll detta uttalande sant. Varje snöigt exemplar var bevis på detta påstående; någon annan färg? Otänkbar. Det var fram till 1697, då Willem de Vlamingh först mötte en svart svan på en expedition till Australien; sedan dess har svarta svanar kommit att symbolisera osannolikheter i livet.

En dag 1987 var en sådan dag - Nassim Taleb beskrev denna händelse berömt i sin bok utan att ge någon varning om dess utgång! Ett Black Swan-evenemang.

Black Swan-händelser är ofattbara händelser som dramatiskt förändrar livet, karriären och samhället – från meteoriter som slår ner dig till Sutters upptäckt av guld i Kalifornien eller Sutters död; från Sutters upptäckt till Sputnik och webbläsarutveckling; eller ett annat möte som helt vänder liv - var och en är potentiella svarta svanar som kan ha positiva eller negativa konsekvenser - dessa kvalificeras alla som svarta svanar.

Donald Rumsfeld var en gång känd för att ha formulerat en kraftfull filosofisk tanke på en presskonferens: det finns saker vi vet med säkerhet ('kända fakta'), vissa saker som förblir okända (kända okända) och de saker som förblir dolda eller mystiska för oss ('okända okända').

Undersöker vi just nu universums storlek och omfattning, närvaron av kärnvapen i Iran, eller om internet gör oss smartare eller dummare? Dessa frågor representerar "kända okända", som vi med tillräcklig ansträngning en dag kan hoppas kunna ge svar; till skillnad från okända okända som Facebook-mani som ingen förutsåg vid starten för tio år sedan: det var verkligen oväntat och oförutsägbart.

Varför är Black Swans viktiga? Även om det kan låta konstigt, har svarta svanar förekommit alltmer med tiden och tenderar att bli allt mer följdriktiga. Även om vi kan planera för vår framtid med säkerhet, kan oväntade händelser som Black Swans ofta få oss att klättra som svar.
Feedbackloopar och icke-linjära influenser undergräver ofta våra bästa avsikter, vilket leder till oväntade resultat. En anledning är vår hjärnas inneboende förmåga att jaga och samla. Under stenåldern stötte jägare sällan på något riktigt extraordinärt - våra rådjur som jagades var ofta långsammare eller snabbare, fetare eller tunnare. Allt tenderade mot ett stadigt medelvärde.

Idag är det annorlunda; ett genombrott kan multiplicera din inkomst med en storleksordning - fråga bara Larry Page, Usain Bolt, George Soros, J.K. Rowling eller Bono för exempel. Förr nu var sådana förmögenheter ofattbara - först nyligen har sådana bedrifter varit möjliga och leder till vår moderna rädsla för extrema scenarier. Eftersom sannolikheter inte kan falla under noll och mänskliga tankar ofta uppvisar fel, bör du anta att allt har en sannolikhet över noll.

Vad kan göras? Placera dig själv i situationer som kan göra det möjligt för dig att ta en åktur.

Skapa möjligheten för dig själv att ha turen att uppleva ett positivt Black Swan-evenemang (även om det är extremt osannolikt). Överväg att bli konstnär, uppfinnare eller entreprenör med en skalbar produkt. Att sälja din tid som anställd, tandläkare eller journalist duger inte - även om du tvingas fortsätta denna väg undvik miljöer som kan tillåta negativa Black Swan-händelser att uppstå.
Håll dig skuldfri, investera dina besparingar så konservativt som möjligt och acceptera att leva på en blygsam levnadsstandard oavsett om ditt stora genombrott inträffar eller inte.

Anteckningar om tvetydighetsaversion (kap. 80); Prognos Illusion (kap. 40); Alternativa vägar (kap. 39) och förväntningar (kap. 62) från denna bok.

Att skriva böcker om tydligt tänkande ger många belöningar: företagsledare och investerare betalar gärna mig för att hålla föredrag om det för bra pengar, även om det verkar konstigt eftersom böcker är mycket billigare. Vid en medicinsk konferens höll jag ett föredrag om försummelse med basfrekvensen med hjälp av en analogi från medicin: särskilt när man diskuterar stickande bröstsmärtor bland 40-åriga patienter kan det tyda på hjärtsjukdom eller helt enkelt stress - stress är mycket mer sannolikt (med en högre bas hastighet), så det skulle vara klokt att först testa denna möjlighet innan man testar för hjärtsjukdomar eller stress - något som alla läkare förstod intuitivt när jag använde ett ekonomiexempel; Men de flesta vacklade när de försökte förstå denna idé i detalj jämfört med analogier från medicin eller medicin i allmänhet jämfört med när man använde ett ekonomiexempel från medicin, vacklade denna analogi mest eländigt när man förklarade denna aspekt av försummelse med basräntan: när man använde ett ekonomiexempel vacklade mest. när man talar om försummelse av basräntan (försummelse av basräntan är lättare).

Precis som med investerare upplever jag liknande fenomen när jag pratar inför publik: när jag använder exempel från finans eller ekonomi för att illustrera villfarelser slår snabbt fast; men om jag använder exempel från biologi verkar de förlorade - vilket visar hur insikter inte lätt passerar mellan fält - en effekt som kallas domänberoende.

Harry Markowitz vann Nobelpriset i ekonomi 1990 för sin teori om "Portfolio Selection". Denna process bestämmer den optimala sammansättningen av en portfölj, med hänsyn till både risk och avkastning. När han tillämpades på Markowitzs eget sparande - hur man fördelar dem mellan aktier och obligationer - valde han helt enkelt 50/50-fördelning. En Nobelpristagare kunde inte tillämpa sin metodiska process effektivt i sina personliga angelägenheter; ett uppenbart fall av domänberoende; därför misslyckas med att överföra kunskap från akademin till det dagliga livet.

Min vän är en adrenalinentusiast. Han tycker om att ta sig över överhängande klippor med sina bara händer och hoppa från berg i vingdräkt, bland andra äventyrliga sysslor. Förra veckan berättade han för mig varför det kan vara riskabelt att starta ett företag; konkurs kan inte alltid uteslutas som ett alternativ. När vi diskuterade hans poäng svarade jag "Personligen skulle jag hellre vara konkurs än död!" Han uppskattade inte mitt resonemang!

Som författare förstår jag svårigheten med att övergå från ett expertområde till ett annat. Att rita romaner och skapa karaktärer är lätt för mig; tomma sidor skrämmer mig inte! Å andra sidan är det något helt annat att hantera tomma lådor och skärmar.
Inredning kan vara skrämmande; Jag kan spendera timmar med att stirra ut i rymden utan en idé i åtanke.

Företag förlitar sig ofta på domänberoende. Ett mjukvaruföretag kan anlita en effektiv säljare av konsumentvaror och upptäcka att det är oerhört utmanande att omvandla hans talanger från konsumentprodukter till försäljning av tjänster. En presentatör som utmärker sig när han talar till små grupper kan vackla när hans publik överstiger 100 personer; eller så kan en skicklig marknadsförare plötsligt sakna någon strategisk kreativitet när han övergår från VD-rollen.

Markowitz ger oss ett exempel som belyser hur svår övergången från yrkesliv till privatliv kan vara. Jag känner till VD:ar som utmärker sig som ledare på jobbet men ändå verkar som tomma skal när det är dags för intima relationer utanför deras kontorsväggar. Som ofta är fallet är läkare det värsta yrket när det gäller att röka cigaretter och använda tobaksprodukter. Poliser tenderar att vara dubbelt så våldsamma i hemmet jämfört med civila medan litteraturkritiker får dåliga recensioner för sina böcker. Parterapeuter tenderar att ha svårare äktenskap än sina klienter; enligt matematikprofessorn Barry Mazur. "För flera år sedan försökte jag bestämma mig för om jag skulle flytta från Stanford till Harvard." Efter att ha tråkat ut mina vänner med oändliga diskussioner, föreslog en att jag skulle sätta ihop en lista över kostnader och fördelar, tillsammans med min förväntade nytta att grovt beräkna. Utan att tänka så var mitt svar: "Kom igen Sandy, det här är allvarligt." Utan att ha tänkt igenom mitt svar ordentligt var mitt svar:

Att överföra kunskap från ett område till ett annat kan vara utmanande, särskilt mellan akademiska och verkliga miljöer - och särskilt mellan akademiska och verkliga miljöer som akademin kontra verkliga scenarier. Tyvärr gäller detta även för den här bokens kunskap: du kan kämpa för att tillämpa den i det dagliga livet; även för mig som dess författare visade den övergången sig vara tuff! Boksmart kan inte lätt översättas till street smarts.

Se även Deformation Professionale (kap. 92); Chaufförkunskap (kap. 16) och
Twaddle-tendens (kap. 57)

MYTEN OM LIKSINNANDE

Vilken musik föredrar du: 60- eller 80-talsmusik? Hur skulle allmänheten reagera? Människor tenderar att projicera sina preferenser på andra; de som älskar 1960-talet kan anta att de flesta andra gör det också; På samma sätt kan 1980-talsentusiaster anta att de flesta andra också delar deras musiksmak. Vi kan ofta överskatta enhällighet bland människor runt omkring oss och anta att alla håller med om våra tankar och övertygelser – detta fenomen är känt som False-Consensus Effect.

Stanford-psykologen Lee Ross undersökte detta först 1977 genom att skapa en smörgåstavla med sloganen "Eat at Joe's" och be slumpmässigt utvalda studenter att bära den på campus i trettio minuter, och uppskatta hur många andra studenter som frivilligt skulle ställa upp på det; de som var villiga att bära skylten antog att de flesta andra människor (62 %) skulle hålla med, medan de som artigt tackade nej trodde att de flesta (67 %) skulle tycka att idén var för dum; båda grupperna av elever föreställde sig att de var en del av den populära majoriteten.

Den falska konsensuseffekten kan observeras bland intressegrupper och politiska fraktioner som konsekvent överskattar deras orsakers popularitet, såsom global uppvärmning. Oavsett hur viktig du tycker att den här frågan är, tror du troligen att de flesta andra delar din syn på det. Politiker tenderar också att överskatta sin popularitet på grund av en inneboende optimismfördom som inte kan låta bli att få dem att tro att deras valmöjligheter är större än de verkligen är.

Artister klarar sig ännu sämre: när de ger sig i kast med nya projekt förväntar sig artister mer framgång än någonsin tidigare. Mitt personliga exempel var att min roman Massimo Marini blev en oförminskad framgång; trots allt hade den klarat sig bra jämfört med sina föregångare (även om dessa också hade fått positiva recensioner), vilket verkade lika bra enligt min uppskattning. Men tyvärr för mig var den allmänna opinionen oenig och bevisade att jag hade fel: detta fenomen som kallas falsk konsensuseffekt.

Och detta gäller även i företag: bara för att en FoU-avdelning tror att dess produkt kommer att tilltala konsumenter betyder det inte att konsumenterna också gör det. Företag som leds av tekniska proffs tenderar att fatta beslut med denna partiskhet i åtanke.
Uppfinnare tenderar att bli förtrollade av deras produkters avancerade funktioner och antar felaktigt att dessa även kommer att fängsla kunderna.

Den falska konsensuseffekten är fascinerande av en annan anledning. När människor inte delar våra åsikter stämplar vi dem snabbt som onormala eller misstänkta. Ross experiment bekräftade detta; studenter som bar smörgåsbrädor såg dem som inte höll med som

arroganta eller självcentrerade medan de i ett annat läger såg dem som
uppmärksamhetssökande eller skyltbärare som idioter och bullerskapare.

Du kanske minns felet med sociala bevis - tanken att en idé blir bättre när fler prenumererar
på den - vilket tyder på en falsk konsensuseffekt som liknar den som ses under falska
konsensusval. Nej. Sociala bevis är en evolutionär överlevnadsstrategi. Att följa folkmassan
har räddat vår hud oftare under de senaste 100 000 åren än att göra det ensam. Även om inga
yttre influenser är involverade i att skapa falska konsensuseffekter, fyller de fortfarande en
social funktion; därför eliminerade inte evolutionen dem. Våra hjärnor skapades inte för att
känna igen sanningen; deras syfte är istället att få avkomma så många gånger som möjligt.
Den som uppfattades som modig och övertygande (via den falska konsensuseffekten)
lämnade ett imponerande första intryck, attraherade mer resurser och ökade sina chanser att
föra sina gener vidare till kommande generationer. Tvivlare sågs som mindre tilltalande.

Slutsats: Att erkänna att din världsbild inte resonerar med allmänhetens känslor är bara halva
striden - anta inte att de med olika idéer är idioter innan du avfärdar dem helt och inte litar
på dem, ta först en noggrann, objektiv titt på dina antaganden och försök utmana dig själv
innan de reagerar negativt mot personer med olika åsikter.

Se även Social Proof (kap. 4) och Not-Invented-Here Syndrome (kap. 75) för vidare
diskussion av dessa begrepp.

TVETYDIGHET AVERSION

Två lådor. Box A innehåller 100 bollar: 50 röda och 50 svarta. I ruta B, oavsett vilken som väljs utan att titta, 100 av samma storlek men ingen kunskap om vilka som kommer att vara röda eller svarta bollar om några dras därifrån av misstag - skulle en röd boll komma ut vinner du $100 ! Vilken ruta skulle du välja: A eller B? De flesta brukar välja A som alternativ.

Spela igen med exakt samma rutor och försök dra ut en svart boll den här gången för $100! Vilken ruta skulle du välja den här gången? Troligtvis skulle det vara A; Men logiskt sett skulle B innehålla färre röda bollar (och därmed fler svarta bollar), vilket motiverar ditt val denna gång.

Fel är vanligt; oroa dig inte: detta fenomen är känt som Ellsberg-paradoxen och är uppkallat efter Daniel Ellsberg, en före detta Harvard-psykolog (han läckte senare topphemliga Pentagon Papers till pressen vilket så småningom fick president Nixon att avgå). Ellsberg-paradoxen ger empiriska bevis för att vi tenderar att favorisera välbekanta sannolikheter framför okända (ruta A framför ruta B).

Så vi kommer tillbaka till risk och osäkerhet (eller oklarhet) och deras skillnader. Risk innebär att sannolikheter är kända; osäkert är när sannolikheter förblir okända; genom att ta hänsyn till risker kan du avgöra om det är vettigt att spela eller inte. Osäkerhet gör det ännu svårare att fatta beslut och leder ofta till katastrofala utfall. Risk och osäkerhet förväxlas lätt – vilket ofta leder till svåra konsekvenser för alla som försöker göra beräkningar med den ena mot den andra. Statistik är en gammal 300 år gammal vetenskap som undersöker risker. Många professorer studerar dess begrepp; dock finns det ingen lärobok om osäkerhet; så vi försöker passa in osäkerhet i riskkategorier utan att det är särskilt meningsfullt. Nedan finns två exempel där denna teori fungerar och en där den inte gör det: ett från medicin (där det fungerar bra) och ett från ekonomi (där det inte gör det).

Människor utgör miljarder på jorden. Våra kroppar varierar inte nämnvärt och når liknande höjder och åldrar (ingen kommer någonsin att bli 100 fot lång).
Man kan leva i 10 000 år (eller bara millisekunder!). De flesta människor har två ögon, fyra hjärtklaffar och 32 tänder; det betyder att vi skulle se ut som möss ur en annan arts perspektiv. På grund av detta, när man hanterar sjukdomar som delar liknande egenskaper som cancer, är det vettigt att till exempel säga: "Det finns en 30 % risk att du kommer att dö i cancer." Å andra sidan skulle det inte vara meningsfullt att hävda att "det finns en 30-procentig chans att euron kommer att kollapsa inom fem år". Varför? Ekonomin lever i

en miljö av oförutsägbarhet. Ingen valutahistorik tillåter oss att härleda sannolikheter med någon säkerhet; och skillnaden mellan risk och osäkerhet illustrerar också varför livförsäkring och kreditswappar skiljer sig markant. Credit default swappar (CDS) är försäkringar mot specifika fallissemang för företags oförmåga att betala, ungefär som livförsäkringar täcker risker i en lätt beräkningsbar form; CDS introducerar osäkerhet i våra liv, vilket bidrog till 2008 års finansiella turbulens. När fraser som "risken för hyperinflation är x procent" eller "vår aktieposition är i riskzonen y procent" hörs, notera: de bör lyfta röda flaggor.

För att undvika förhastade bedömningar måste du lära dig att acceptera tvetydighet. Tyvärr kan detta vara en utmanande och oöverstiglig uppgift som du inte kan påverka direkt. Din amygdala spelar en viktig roll här - detta nötstora område i mitten av hjärnan som ansvarar för minnesbearbetning och känslor spelar en central roll här också: dess form avgör din förmåga eller brist på sådan när det gäller att hantera osäkerhet; dina politiska lutningar speglar denna dynamik eftersom din tolerans för osäkerhet skiljer sig beroende på dess konstruktion; på många sätt hänger detta ihop med hur ofta din röst lutar mot konservatism - bevisas delvis på grund av biologiska orsaker bakom deras politiska lutningar!

Den som vill tänka klart måste förstå skillnaden mellan risk och osäkerhet. Endast i vissa fall kan vi lita på tydliga sannolikheter - kasinon, myntkastning eller sannolikhetsläroböcker kan ge en sådan garanti - ofta lämnas vi med oroväckande oklarheter som kräver tålamod i hanteringen. Lär dig att acceptera allt som en del av livet!

Se även: Svart svan (kap. 75); Försummelse av sannolikhet (kap. 26); Basränteförsummelse (kap. 28); Availability Bias (kap. 11) och Alternativa Paths (kap. 39) för ytterligare överväganden. (82-91).

VARFÖR FORTSÄTTER DU MED STATUS-QUO

På en restaurang nyligen granskade jag deras vinlista i desperation: Irouleguy? Harslevelu? Susumaniello? Även om det inte var en expert, var det uppenbart att deras sommelier försökte imponera på oss med sina världsliga urval. Slutligen på sidan åtta var inlösen i form av "Vårt franska husvin: Reserve du Patron, Bourgogne $52". Beställde genast en tanke "Det här kan visst inte bli värre...".

Sedan jag köpte en iPhone för flera år sedan har den gjort det möjligt för mig att anpassa allt – dataanvändning, appsynkronisering, krypteringsinställningar och ljudvolymnivåer för kameraslutaren – till mina exakta specifikationer. Men du kanske gissar rätt: ingen har ännu konfigurerats!

I min kärna är jag inte tekniskt utmanad; snarare är jag helt enkelt ytterligare ett offer för "standardeffekten". När något känns bekvämt och inbjudande för oss, tenderar vi att hålla fast vid dess standardinställning - som husets vin och fabriksinställningar för mobiltelefoner där vi vanligtvis bosätter oss lyckliga. Precis som jag föredrar många andra standardalternativ framför individuella val - till exempel när de köper nya bilar tenderar många köpare att välja standardfärgen oavsett dess tillgänglighet i andra modeller; många köpare väljer det oavsett. Många väljer standard framför allt annat!

I sin bok Nudge illustrerar ekonomen Richard Thaler och juridikprofessorn Cass Sunstein hur regeringar effektivt kan vägleda sina medborgare utan att kränka den grundlagsskyddade friheten. Myndigheter behöver bara erbjuda några alternativ - alltid inklusive ett "ut" för dem som inte kan välja mellan dem - för att människor ska kunna fatta ett välgrundat beslut om bilförsäkringar för sig själva och sina grannar. New Jersey och Pennsylvania visade detta med två bilförsäkringar till sina invånare. New Jersey annonserade denna policy som sitt standardalternativ och de flesta accepterade gärna dess lägre kostnad och avstående från vissa ersättningsrättigheter om en olycka skulle inträffa. Pennsylvania-förare verkade mer benägna att välja det andra, dyrare alternativet som standardval, och gjorde snabbt detta till sin storsäljare. Detta resultat var ganska anmärkningsvärt med tanke på att båda staternas förare i allmänhet är lika.
Täckningen kan variera beroende på vad en individ föredrar och önskad budget.

Tänk på det här experimentet: det finns en akut brist på organdonatorer, men ändå väljer bara 40 % organdonation. Eric Johnson och Dan Goldstein genomförde en undersökning där folk frågade om de vid döden ville aktivt välja bort dem. Genom att göra organdonation till standardalternativet snarare än att opt-in/opt-out är standard, ökade användningen dramatiskt från 40 % till över 80 %! Detta visade den enorma skillnaden mellan en opt-in-standardmetod och en opt-out-standardmetod.

När inget standardalternativ anges tenderar vi att nöja oss med vilken standardinställning som finns och utöka och validera dess nuvarande tillstånd. Den mänskliga naturen föredrar vad de vet; Med tanke på ett val mellan att prova något nytt eller att hålla fast vid det vi redan vet, tenderar många att föredra att hålla fast vid det som är bekant trots att de vet att någon förändring skulle gynna dem; min bank debiterar mig $60 årligen för att skicka ut kontoutdrag; Att ladda ner dem istället skulle spara denna kostnad, men på något sätt irriterar den här tjänsten mig fortfarande; kanske för att det känns tillräckligt säkert?

Så var kommer status-quo-bias från? Förlustaversion spelar en integrerad roll i detta fenomen. Förluster påverkar oss dubbelt så starkt som vinster och det gör uppgifter som kontraktsomförhandlingar extremt utmanande - varje eftergift du ger ut väger dubbelt så tungt än allt du får tillbaka, vilket skapar nettoförluster genom sådana utbyten.

Både standardeffekten och status-quo-bias visar vår starka benägenhet att hålla fast vid hur saker och ting är, även om detta sätter oss i en underläge. Genom att ändra mänskligt beteende genom att ställa in standardinställningarna annorlunda kan du påverka mänskliga beslut mer framgångsrikt.

"Kanske följer våra liv ett storslaget, dolt standardkoncept," föreslog jag för en middagskamrat i hopp om att provocera honom till djupa filosofiska diskussioner. Istället, efter att ha provat vinet Reserve du Patron, sa han helt enkelt: "det kanske bara behöver tid." Se även Decision Fatigue (kap. 53); Valparadox (kap. 21); Förlustaversion (kap. 32).

VARFÖR "SISTA CHANS" FÅR OSS PANIK

Rädsla för ånger || Paul äger aktier i företag A, men funderade under året på att sälja dem och köpa aktier från företag B i stället - valde i slutändan att inte göra det och insåg att han idag skulle ha tjänat in 1 200 $ extra om han gjort det istället. Under tiden ägde George aktier från företag B men sålde dem för att istället köpa A-aktier; idag inser båda männen att de kunde ha gjort det bättre om de höll fast vid B istället och fått en extra vinst på $1200 om de hade hållit ut längre; vem känner mer ånger? Paul eller George?

Ånger är känslan av att fatta fel beslut, att önska att någon skulle ge oss en ny chans. På frågan om vem som skulle må sämre efter att ha gjort ett dåligt val, valde endast 8% Paul medan 92% valde George trots att båda situationerna var identiska: både Paul och George gjorde dåliga aktieval som gjorde att de inte fick någon lika stor summa; Paul ägde redan aktier i A while George var tvungen att köpa dem själv, Paul var passiv medan George agerade aktivt - det verkar som om de som inte följer den vanliga logiken upplever mer ånger.

Att agera är inte alltid källan till ånger; ibland kan passivitet skapa mer känslomässig påverkan än att göra något åt det. Ta till exempel ett förlag som står ensamt om att vägra ge ut trendiga e-böcker; dess ägare hävdar att böcker bör förbli tryckta på papper som traditionen föreskriver. Kort därefter hade nio förlag med planer på att lansera e-boksstrategier misslyckats; detta lämnade bara konventionella pappersförlag kvar innan de gick i konkurs - inklusive en som försökte men till slut gav upp och gick på samma sätt som det konventionella förlaget med traditionella förlag som det sista offret; i slutändan, vem kände mest för den här serien av fattade beslut? Och vem vann mest stöd? Till höger: det konventionella pappersförlaget med sin traditionella hållning mot att publicera trendiga e-grumbler!

Betrakta Daniel Kahnemans bok Thinking, Fast and Slow som ett exempel: Efter varje flygolycka hör vi om en person som hade för avsikt att flyga en dag tidigare eller senare men av någon anledning ändrade sin bokning i sista minuten - vilket skapade ett undantag som samlar vår sympati mer än de "normala" passagerarna ombord på det olycksdrabbade flyget från början.
Rädsla för ånger kan få oss att agera irrationellt; för att undvika dess ovälkomna grepp om oss agerar vi ofta konservativt för att inte avvika för långt från vad andra förväntar sig av oss. Ingen är immun; till och med ytterst självsäkra handlare tenderar att sälja av mer exotiska aktier den 31 december (D-dagen för resultatgenomgångar och bonusberäkningar) bara för att inte avvika för långt från besättningen. På samma sätt hindrar rädsla för ånger (känd som begåvningseffekt) människor från att slänga föremål som inte längre är nödvändiga - rädsla

för dess återverkningar av ånger om det skulle visa sig att du trots allt behövde de där slitna tennisskorna!

Ånger kan vara särskilt överväldigande när det kombineras med ett "sista chans"-erbjudande, som safaribroschyrer som hävdar att de ger "din sista möjlighet att se en noshörning innan dess art dör ut". Men varför skulle någon flyga hela vägen från Europa just nu i ett så irrationellt syfte?

Så låt oss säga att du länge har drömt om att äga ditt eget hem, men ändå blir det knappt med mark och bara en handfull tomter med sjöutsikt finns kvar; tre har kommit och gått och lämnar bara en som din sista chans! Känner du dig panikslagen över vad som verkar vara den sista möjligheten som finns, köper du den här tomten till ett orimligt pris, och tror att det kan vara det; i verkligheten kommer fastigheter med fantastisk sjöutsikt att fortsätta att dyka upp på marknaden; sista chanser kan göra oss panikslagna, vilket leder oss längs denna väg - även för erfarna affärer!

Se även Scarcity Error (kap. 27); Kapitaleffekt (kap. 23); Alternativa vägar (kap. 39) och inramning (kap. 42

Föreställ dig för ett ögonblick att marijuana har varit i fokus för den vanliga mediadiskursen under en tid nu, med tv-program som porträtterar potheads, hemliga odlare och återförsäljare; tabloidpress som skriver ut foton av 12-åriga flickor som röker joints; broadsheets som utforskar medicinska aspekter såväl som filosofiska överväganden av marijuanaanvändning - alla verkar prata om det! Låt oss anta att rökning inte påverkar körningen negativt på något sätt - vilken förare som helst kan hamna i en olycka någon gång bara av en slump; på samma sätt kan förare med led hamna i olyckor då och då precis som alla andra - helt av en slump!

Kurt är en lokal journalist. En kväll när han körde hem hamnar han på en olycksplats med en bil virad runt en trädstam. På grund av sitt förhållande till lokala brottsbekämpande myndigheter får han reda på att de hittade marijuana gömd i baksätet på den här bilen - vilket fick honom att rusa tillbaka till nyhetsrummet med denna rubrik: "Marijuana dödar ännu en bilist".

Som tidigare diskuterats antar vi att det inte finns något statistiskt samband mellan marijuanaanvändning och bilolyckor och deras respektive olyckor, vilket lämnar Kurts rubrik obefogad och hans påståenden utan fakta. Kurt har fallit offer för något som kallas framträdande effekt – där framträdande egenskaper eller attribut får mer uppmärksamhet än de förtjänar; Att marijuana är så uppenbart här har fått honom att tro att denna incident orsakades av den.

När Kurt väl går in i affärsjournalistiken inträffar en viktig händelse: ett av världens största företag har precis meddelat att det kommer att befordra en kvinna till VD! Kurt, glad över denna utveckling, börjar omedelbart skriva sin kommentar: kvinnan blev sannolikt befordrad på grund av att hon var kvinna - när det i verkligheten förmodligen inte hade något med kön att göra (eftersom män vanligtvis har de flesta topproller); Hade kvinnligt ledarskap ansetts vara så viktigt av andra företag som redan agerar, skulle dessa sannolikt ha gjort det för länge sedan; enbart i denna nyhet blir kön framträdande, vilket får extra vikt från Kurt och hans läsare.

Journalister är inte ensamma när det gäller att falla offer för framträdande effekten – det är vi alla. Två män rånar en butik.
Nigerianska invandrare rånar en bank, arresteras omedelbart och avslöjas som sådana vid förhör av poliser kort därefter. Även om ingen särskild etnisk grupp kan hållas oproportionerligt ansvarig för bankrån, associerar vi fortfarande laglösa nigerianska invandrare med bankrån; det förvränger vårt tänkande; vi antar att de är laglösa invandrare på det igen! Likaså om en armenier begår våldtäkt skylls det ofta på dem snarare än andra

faktorer som finns bland amerikaner som finns bland amerikaner snarare än andra faktorer som finns inom amerikaner som också bidrar till att fördomar bildas trots att den stora majoriteten lever lagliga liv glöms bort - vi minns särskilt anmärkningsvärda incidenter som involverar invandrare så snart vi hör om något relaterat till dem och det brukar börja med slående negativa incidenter först!

Framträdande effekten kan forma både vår uppfattning om tidigare händelser och hur vi föreställer oss framtiden. Daniel Kahneman och Amos Tversky upptäckte att vi ofta lägger onödig vikt vid framträdande information när vi prognostiserar, vilket kan förklara varför investerare reagerar starkare på sensationella nyheter (som VD-avskedanden) än mindre slående information som långsiktiga vinsttillväxtprognoser. Även professionella analytiker kan inte alltid kringgå dess inflytande.

Slutsats: Framträdande information har ett stort inflytande på våra tankar och handlingar. Vi tenderar att förbise långsamt utvecklande faktorer med långsiktiga effekter som vi tenderar att försumma helt och hållet. Bli inte förblindad av oegentligheter; till exempel en bok med en iögonfallande, livlig röd jacka hamnar på bästsäljarlistan, vilket får läsarna att tillskriva dess framgång enbart till dess omslag - fall inte för denna frestelse: samla tillräckligt med mental styrka för att bekämpa till synes uppenbara förklaringar!

Se även Haloeffekten (kap. 38); Primacy and Recency Effects (kap. 73); Confirmation Bias (kap 7-8); Induktion (kap 31); Grundläggande tillskrivningsfel (kap. 36) och affektheuristik (kap. 66)

VARFÖR PENGAR INTE ÄR NAKA.

En höstdag i början av 1980-talet blåste det med blöta löv som virvlade omkring. När jag körde min cykel uppför backen mot skolan, märkte jag något konstigt vid mina fötter: ett stort och rostbrunt löv visade sig vara värt 500 schweiziska francsedlar - cirka 250 dollar idag; en absolut förmögenhet på den tiden för en gymnasieelev! De pengarna försvann snart ur min ficka; Jag använde den snabbt för att köpa en av toppmodellerna med skivbromsar och Shimano-växlar (även om min förra cykel fungerade bra!), även om min gamla cykel fortfarande fungerade bra som tidigare!

Även om jag inte var helt pengar då, efter att ha lyckats spara några hundra franc genom att klippa gräs i mitt grannskap, slog jag aldrig tanken att jag skulle slösa så surt förvärvade pengar på något så oseriöst som att gå på bio eller shoppa - Mina utgifter var inte överdrivna och var mer meningsfulla när jag reflekterade över detta beteende; pengar kan bara uppfattas olika beroende på deras källa; därför kommer det med känslomässiga associationer som lägger till extra lager.

Två frågor. Låt oss föreställa oss att efter att ha arbetat hårt i ett år och i slutet upptäcker du att du har ytterligare 20 000 USD på ditt konto än vid starten, vad skulle du göra med det? A) Låt det sitta på din bank. B) Investera det. C) Använd den för nödvändiga förbättringar som att renovera ett mögligt kök eller byta ut slitna däck. D) Unna dig en extravagant kryssningssemester.

Som är typiskt för de flesta kommer du förmodligen att välja A, B eller C som svar.

Andra frågan. Vad skulle du göra om du vann $20 000 i lotteriet? Välj mellan A, B, C eller D enligt ovan; de flesta tar nu antingen C eller D vilket avslöjar felaktigt tänkande; även om du är fri att räkna det hur du vill; 20 000 USD återstår 20 000 USD.

Kasinon ger oss många exempel på vanföreställningar som liknar detta. En vän placerar $1 000 på ett roulettebord - bara för att förlora allt - och hävdar sedan: 'Jag spelade inte bort $1 000; Jag vann allt det där tidigare. På frågan av andra om sina förluster svarar han med: 'Men det är lika mycket!' och insisterar: 'Inte alls!
"'Säg mig inte!" Han skrattar. Vi behandlar pengar vi vinner, upptäcker eller ärver med mer slarv än pengar som tjänas genom hårt arbete; ekonomen Richard Thaler kallade denna effekt huspengareffekten; det leder till att vi tar större risker; lotterivinnare har ofta det sämre när de växlar in sina vinster; i denna mening kan det gamla talesättet - vinna några, förlora några - bara tjäna till att minimera verkliga förluster.

Thaler delade upp sina elever i två grupper. En lärde sig att de hade vunnit $30 och kunde delta i en myntkastning där tails betydde $9 i avkastning, och heads skulle resultera i $9 förluster; 7 av 10 elever bestämde sig för att riskera det och delta. Däremot upptäckte en annan grupp att de inte hade vunnit någonting vid första anblicken, men hade ändå ett alternativ mellan att få $30 som utlovat eller delta i en annan myntkastning där huvuden vann $21 medan tails gav $39. Men bara 43% använde båda alternativen även om båda alternativen erbjöd samma förväntade värde: $30

Marknadsstrateger förstår kraften i huspengareffekten. Onlinespelsajter belönar dig med $100 kredit när du registrerar dig, kreditkortsföretag ger gratis samtalskredit när de fyller i ansökningsformulär, flygbolag ger bort miles när de går med i bonusklubbar och telefonbolag ger samtalskredit för att hjälpa människor att bli vana vid att ringa oftare - allt tack vare denna subtila strategi som kallas huspengareffekten! Mycket av kupongville härrör från detta fenomen.

Slutsats: Var försiktig när du vinner pengar eller får något gratis från ett företag. Chansen är stor att du kommer att betala tillbaka med ränta av ren överflöd; därför är det bättre att ta bort all överflöd från dessa uppenbara gratispengar, konvertera dem till arbetskläder, sätta in dem på ditt bankkonto eller sätta tillbaka dem till ditt eget företag så snabbt som möjligt.

Se även: Kapitaleffekt, knapphetsfel och förlustaversion i kapitel 23--32 för ytterligare analys av upplösningar som inte fungerar (kap. 23-25 och 32-33)

Min vän är konstnär; hans böcker innehåller cirka 100 sidor vart sjunde år och producerar två rader tryck per dag - som mest! På frågan om sin eländiga produktivitet svarade han "Forskning är mycket roligare än att skriva." Som sådan sitter han vid sitt skrivbord, surfar på nätet i timmar i sträck eller spanar i obskyra böcker på jakt efter fantastiska och bortglömda historier att skriva ner innan han övertygar sig själv om att det inte skulle vara vettigt förrän han var på "rätt humör". Tyvärr händer detta sällan tillräckligt för att motivera att han skjuter upp sitt skrivande eftersom han övertygade sig själv om att börja först när den "rätta stämningen" kom och tog fäste - sällan förekommer!

En annan vän har dagligen de senaste tio åren försökt att sluta röka; varje cigarett kan bli hans sista. Under tiden har mina skattedeklarationer legat oavslutade på mitt skrivbord i sex månader; även om jag inte har tappat hoppet om att de kommer att fylla sig så småningom.

Förhalning är tendensen att skjuta upp att vidta åtgärder som kräver uppoffringar - att gå till gymmet, byta försäkring mot billigare försäkringar eller skriva tackbrev är bara några exempel på sådana uppgifter som kan behöva göras och lösningar hjälper inte i dessa instanser.

Att skjuta upp är dårskap, med tanke på att ingen uppgift slutför sig själv. Vi vet att de är användbara så varför skjuter vi upp dem till en annan gång? Eftersom tiden dröjer mellan sådd och skörd. Psykologiprofessor Roy Baumeister demonstrerade denna idé genom ett lysande experiment. Han ställde eleverna framför en ugn full av chokladkakor som bakades och skickade ut deras oemotståndligt doftande doft i rummet. Han placerade sedan en skål full med rädisor nära ugnen och instruerade eleverna att de utan begränsningar kunde konsumera så många som de ville; kakor var dock strikt förbjudna. Han lämnade dem ensamma i rummet i trettio minuter. Elever i en andra grupp fick äta fritt på kakor innan båda grupperna försökte sig på ett svårt matematiskt problem med kakor; de som var förbjudna att äta något hoppade av dubbelt så snabbt än de som tillät obegränsad kakkonsumtion; denna period av självkontroll hade passerat framgångsrikt.
Viljestyrkan var uttömd, vilket lämnade dem utan tillräckligt med mental energi eller viljestyrka för att ta sig an uppgiften. Viljestyrka fungerar som ett batteri; när de väl är uttömda kan framtida utmaningar visa sig oöverstigliga.

Självkontroll kan inte alltid vara tillgänglig hela tiden; det behöver tid och utrymme för föryngring. Lyckligtvis är allt som krävs för att uppnå detta mål att fylla på blodsockret och koppla av - två enkla men viktiga strategier!

Även om att äta tillräckligt och ta regelbundna pauser är viktiga komponenter för framgång, är nästa avgörande element att använda olika knep för att hålla sig på rätt väg. Det kan handla om att eliminera distraktioner - till exempel när jag skriver romaner inaktiverar jag ofta internetåtkomst för att inte hamna på sidospår när jag kommer till en knotig del av skrivandet. Men den mest kraftfulla tekniken av alla är att sätta deadlines; psykologen Dan Ariely fann att externa myndigheter - som lärare eller IRS-tjänstemän - tenderar att fungera bäst. Självpålagda deadlines fungerar bara om uppgiften har brutits ned stegvis och varje del får sitt eget förfallodatum; därav dessa oklara nyårslöften dömda att misslyckas!

Att förhala är både mänskligt och irrationellt; Använd därför ett integrerat tillvägagångssätt för att effektivt bekämpa det. Min granne lyckades skriva sin doktorsavhandling på tre månader med den här strategin: att hyra ett litet rum utan telefon- eller internetuppkoppling och ange tre datum per del av sin uppsats för varje deadline hon tillkännagav för alla som var villiga att lyssna (inklusive att skriva ut dem på hennes företag kort!) Hon tankade sig själv under lunchtid eller kvällstid genom att läsa modetidningar eller sova.

Se även: Omission Bias (kap. 44); Planeringsfel (kap. 91); Action Bias (kap. 43); Hyperbolisk rabattering (kap. 51); Zeigarnik-effekten (kap. 93)

BYG DITT EGET SLOTT

Avund Vad skulle göra dig mest avundsjuk? Det finns tre scenarier av avundsjuka som kan irritera dig: A) När dina vänners löner ökar medan dina förblir desamma. B) Deras snittlöner minskar medan dina gör det. C) Dina snittlöner minskar och vice versa.

Om ditt svar var A, oroa dig inte: detta är helt normalt: bara ytterligare ett offer för det grönögda monstret!

Här är en rysk berättelse: En bonde hittar en magisk lampa. Efter att ha gnuggat den kommer en icke namngiven ande ur tomma luften och lovar dem en önskan. Efter att ha funderat ett tag och övervägt sina alternativ, bestämmer sig bonden till slut: Min granne har en ko; därför hoppas jag att hon dör så att jag får ärva hennes'.

Hur absurt det än låter, kan du antagligen relatera till bonden. Erkänn det: liknande tankar måste ha slagit in i ditt sinne någon gång i livet. Tänk på din kollega som tjänar en stor bonus medan du bara får ett presentkort: avundsjuka kan leda till okloka handlingar som att vägra hjälpa honom längre och till och med punktera däcken på hans Porsche; att i hemlighet glädjas när hans ben går sönder skidåkningen är ett resultat du i hemlighet gläds över.

Avund sticker ut bland alla känslor som en som är lätt att skaka av sig, till skillnad från ilska, sorg eller rädsla. Enligt Balzacs analys av avund som last - för det finns ingen enskild fördel som den för med sig - kan avund bara tjäna ett syfte - uppriktigt smicker; annars är det bortkastad tid.
Avund kan uppstå i många former: ägande, status, hälsa, ungdom talang popularitet skönhet. Eftersom bådas fysiska reaktioner är lika, kan avundsjuka lätt förväxlas med svartsjuka; skillnaden ligger i vad dess ämne är (status pengar hälsa etc). För att svartsjuka ska uppstå krävs minst två inblandade parter medan avundsjuka kräver minst tre (Peter är avundsjuk på att Sam inte svarar på hans telefon medan den vackra flickan bredvid ringer honom istället).

Avund kan ofta leda oss in på en ohälsosam väg genom att vända oss mot dem som liknar oss mest i ålder, karriär och bosättning. Men varför känner vi förbittring mot affärsmän från ett annat sekel, växter eller djur som inte utgör hot eller saknar social status - inget av denna förtjänade avundsjuka i alla fall!
Som författare avundas jag inte miljonärer från hela världen; snarare de inom min stad. Musiker, chefer eller tandläkare kommer först. VD:ar avundas andra stora VD:ar; supermodeller avundas mer framgångsrika supermodeller; som Aristoteles sa det bäst: 'Krukmakare avundas keramiker.'

Anta till exempel att din ekonomiska framgång gör att du kan flytta från ett av New Yorks tuffare stadsdelar till Manhattans Upper East Side. Till en början kan det här draget kännas bra; vänner kan beundra din lägenhet och adress. Men snabbt därefter inser du att det finns lägenheter med olika proportioner runt dig, tillsammans med nya kamratgrupper som består av mycket rikare individer jämfört med din gamla kamratgrupp, vilket gör att nya problem dyker upp - avundsjuka och statusångest bland dem.

Hur kan du bekämpa avund? Först, sluta jämföra dig med andra. För det andra, hitta din kompetenskrets och fyll den på egen hand; snickra ut ett område där du lyser - hur litet som helst - så att alla vet att DU är herre på det slottet.

Liksom alla känslor har avund sina rötter i mänsklig evolution. Om hominiden från grottan bredvid tog mer av mammutens kött än vad som var rättvist för oss förlorare, motiverade avundsjuka oss att göra något åt det; slappa jägare-samlare dog av svält medan andra festade. Idag spelar avundsjuka inte längre en så integrerad roll. Om min granne köper sig en Porsche betyder det inte mindre för mig!

När jag känner hur avundsjukan stiger påminner min fru mig: 'Det är OK att avundas dem som du strävar efter att bli.'

Se även Social Comparison Bias (kap. 72); Hedoniskt löpband (kap. 46).

Personifiering I 18 år förbjöds amerikanska medier att visa fotografier av fallna soldaters kistor. När försvarsminister Robert Gates hävde detta förbud i februari 2009 strömmade bilder ut på internet i tusentals. Officiellt måste familjemedlemmar ge sitt godkännande innan något kan publiceras; men i verkligheten kan denna regel inte verkställas effektivt. Denna begränsning hade ett syfte - att täcka upp de verkliga kostnaderna för krig - genom att dölja deras verkliga siffror som statistik medan riktiga människor väcker känslor i oss alla.

Varför är det så här? I årtusenden har grupper varit avgörande för vår överlevnad, så under de senaste 100 000 åren har vi utvecklat en otrolig förmåga att läsa andra människors tankar - denna vetenskapliga term är känd som "theory of mind". Här är ett experiment för att demonstrera detta: du får 100 USD och måste dela det med någon, ditt förslag övervägs om om han/hon accepterar ditt erbjudande, delas pengarna i enlighet med detta eller returneras tillbaka - skulle den andra personen inte gå med på det måste du återvända allt utan att få något tillbaka - hur kommer detta att gå?

Vid första anblicken skulle det vara vettigt att ge en okänd främling väldigt lite - som bara $1 - eftersom allt skulle vara bättre än ingenting. Ändå observerade ekonomer som utförde experiment med ultimatumspel (den tekniska termen) att försökspersoner betedde sig helt annorlunda när de deltog. De skulle erbjuda mellan 30%-50%, allt under vilket sågs som orättvist - ett exempel på vår empati mot en annan människa. Ultimatumspelet kan fungera som en ögonöppnare för hur våra uppfattningar skiljer sig beroende på vem som tittar ut.

Men med en liten modifiering är det möjligt att avsevärt minska denna känsla: att flytta spelare till separata rum. När människor inte längre kan se eller aldrig har träffat sina motsvarigheter - eller aldrig har känt till dem - blir det mycket svårare att simulera sina känslor; så småningom blir en abstraktion helt och hållet och deras andel faller under 20 % i genomsnitt.

Paul Slovic genomförde ytterligare ett experiment genom att be om donationer. En grupp såg en bild på Rokia från Malawi – ett undernärt barn som lever på välgörenhet – innan hon visade sitt foto och visade hur mycket pengar som skulle hjälpa.
Efter att ha fått statistik om Malawis hungersnöd donerade människor i en grupp i genomsnitt 2,83 USD av 5 USD som de fick för att fylla i en kort undersökning; efter att ha visat statistik som visar mer än tre miljoner undernärda barn som drabbats, minskade genomsnittliga donationer med 50 %; detta verkade kontraintuitivt eftersom man skulle tro att människors generositet skulle öka med kunskap om dess omfattning; tyvärr verkar detta inte vara fallet; människor inte statistik driver våra handlingar!

Medieorganisationer har länge insett att tråkiga faktarapporter och stapeldiagram inte drar in läsarna; som ett resultat har deras riktlinje för att rapportera berättelser länge varit att ge varje händelse en "bild". När man rapporterar om ett företag eller en stat som presenteras i nyheterna, till exempel, dyker det vanligtvis upp en bild av dess VD bredvid (antingen flinande eller grimaserande beroende på marknadens efterfrågan), med statspresidenter eller guvernörer som blir ikoner i dessa berättelser; när något som en jordbävning slår till, blir dess offer ansikte utåt för det hela.

Denna besatthet förklarar framgången för en av kulturens stora uppfinningar: romanen. Denna litterära "mördarapp" projicerar individuella och mellanmänskliga konflikter på individuella öden. Istället för att en akademiker skriver en uttömmande avhandling om psykologisk tortyr i puritanska New England, läser vi fortfarande Hawthornes The Scarlet Letter; liknande för The Great Depression? Även om dess statistik kan tyckas avlägsen för de flesta av oss, som upplevt genom Steinbecks The Grapes of Wrath förblir den levande i minnet.

Slutsats: Var försiktig när du möter mänskliga berättelser. Fråga efter deras fakta och statistisk fördelning så att du bättre kan kontextualisera deras berättelse. Om du vill flytta eller motivera människor för dina egna syften, se till att din berättelse innehåller namn och ansikten, eftersom detta kommer att ge mer kraftfull berättelse.

Se även Story Bias (kap. 13); Nyhetsillusion (kap. 99); Linking Bias (kap. 22)

Efter kraftiga regn i södra England svämmade en flod över sina stränder. Polisen stängde och ledde om trafiken vid korsningen i två veckor - men minst en gång varje dag körde minst en bil förbi varningsskyltar och in i det snabbt strömmande vattnet, helt omedveten om vad som låg direkt framför dem.

Harvard-psykologerna Daniel Simons och Christopher Chabris genomförde ett experiment där två lag av elever skickade en basketboll fram och tillbaka mellan lag klädda i svarta eller vita t-shirts - där svarta klädda i svarta t-shirts var mer effektiva på att skicka bollar tillbaka än sina motsvarigheter i föra dem baklänges. Det här korta klippet som kallas "The Monkey Business Illusion" kan ses online (titta på det innan du läser mer!). Ta en titt här innan du läser vidare! Tittarna uppmanas att räkna hur ofta spelare i vita t-shirts skickar bollen mellan kl. båda lagen när de väver sig genom cirklar som väver in och ut och passerar fram och tillbaka. Vid ett tillfälle i videon inträffade något oväntat: en elev klädd som en gorilla kom plötsligt in och började dunka sig för bröstet innan han snabbt åkte iväg igen. Du tillfrågas kl. slutet om du märkte något ovanligt; hälften av tittarna svarade i misstro att det till och med hade förekommit något konstigt beteende; de kunde inte förstå någon sådan närvaro - visst finns ingen gorilla här?

Monkey Business Test är ett av de mest välkända experimenten inom psykologi och belyser vad psykologer kallar en illusion av uppmärksamhet: vi tror att vi märker allt som händer runt omkring oss när vi i verkligheten tenderar att bara lägga märke till det vi koncentrerar oss på - här, passningar gjorda av Team White; oanmälda avbrott kan till och med vara lika stora och iögonfallande som en gorilla!

Ibland kan ringa telefonsamtal under körning äventyra vår uppfattning om uppmärksamhet. De flesta gånger ger detta inga problem; att ringa samtal har i allmänhet ingen negativ inverkan på köruppgifter som att hålla sig inom körfält och bromsa vid behov. Men när något oväntat inträffar - som ett barn som springer över vägen - blir din uppmärksamhet för tunn för att reagera korrekt i tid; studier visar att detta stämmer med antingen mobiltelefoner eller alkohol inblandat.
Oavsett hur du håller eller använder en telefon förblir dess inverkan på din svarstid på oväntade händelser begränsad.

Känner du igen frasen 'Elefanten i rummet?' Detta syftar på ett uppenbart ämne som ingen vill diskutera; ett outtalat tabu. Däremot skulle vi kunna definiera "Gorillan i rummet" som: en fråga som måste diskuteras omedelbart men som förbises eller ignoreras eftersom ingen vet om det.

Swissair var ett flygbolag så fokuserat på expansion att det ignorerade dess snabbt minskande likviditet, vilket ledde till dess konkurser 2001 och 2002. Eller överväg misskötsel inom östblocksnationer som ledde till deras separation, vilket ledde till att Berlinmuren föll och risker på bankernas böcker. ingen brydde sig särskilt mycket om före 2007. Dessa exempel visar oss hur ofta gorillor strövar omkring bland oss utan att vi inser det.

Inte varje extraordinär händelse undgår oss; snarare, det vi misslyckas med att lägga märke till förblir obemärkt och försvinner osedd för oss; vilket lämnar oss omedvetna om några betydande föremål vi förbiser och ger upphov till den falska tron att allt av betydelse observeras av oss.

Då och då, befria dig från illusionen av uppmärksamhet. Tänk igenom alla möjliga och till synes osannolika scenarier - oväntade händelser kan uppstå som ingen pratar om; lurande frågor som ingen tar upp, tas inte upp; vara vaksam på tystnad lika mycket som buller; kontrollera perifera områden istället för bara centrala; förutse något ovanligt men enormt - att vara stor garanterar inte att bli uppmärksammad; något ovanligt måste också förväntas dyka upp!

Se även: Funktionspositiv effekt (kap. 95); Bekräftelsebias (kapitel 7-8), tillgänglighetsbias (kapitel 11) och Primacy and Recency Effects (kapitel 73)

Föreställ dig att ansöka om ditt drömjobb: du putsar upp ditt CV tills det gnistrar, lyser under en intervju och lyfter fram alla dina prestationer och förmågor samtidigt som du förringar eventuella svagheter eller motgångar. När de frågar om du kan öka försäljningen med 30 % samtidigt som du kan minska kostnaderna med 30 %, bör ditt svar vara: "Tänk på att det är gjort." Oavsett eventuella bekymmer inom dig om hur detta kan hända, fokusera på att imponera på intervjuare först; detaljerna kommer att följ senare; alla försök att ge icke-fantasisvar kan potentiellt sätta dig själv ur strid och i slutändan leda till att du diskvalificeras från ytterligare övervägande av intervjuare; ge till och med halvrealistiska svar som kan göra dig själv ur övervägande - oavsett hur bra de låter i gengäld.

Föreställ dig dig själv som en journalist med en enastående bokidé som alla pratar om. Efter att ha hittat en intresserad förläggare som är villig att betala ett förskott, frågar han när han kan förvänta sig manuskriptet (kan det vara klart om ett halvår?) Du stammar: 'Hmm... Ingen aning. Hur lång tid tog det för mig senast?" Du svarar med: 'Anse att det är gjort.' När kontraktet är undertecknat och pengarna finns på ditt bankkonto finns det alltid tid för andra projekt och att skriva berättelser!

Strategisk felaktig framställning är den officiella termen för sådant beteende: ju högre insatserna är, desto mer överdrivna bör dina påståenden bli. Även om strategisk felaktig framställning inte kommer att fungera överallt - till exempel om en ögonläkare lovar fem på varandra följande gånger att ge dig perfekt syn bara för att ge sämre resultat än tidigare efter varje ingrepp, kan du till slut sluta helt och hållet tro på hans löften - strategisk felaktig framställning kan fortfarande visa sig värdefull när du försöker engångsinsatser, som intervjuer (där ett företag inte kommer att anställa dig mer än en gång!). Men det borde inte fungera här heller; istället kan det mycket väl fungera när man ställs inför endast engångsförsök eller unika försök som involverar unika försök - något som en ögonläkare inte skulle göra.

Megaprojekt är särskilt känsliga för felaktig framställning när deras ansvarsskyldighet är diffus, till exempel när regeringen som ursprungligen finansierade dem inte längre har makten, många företag deltar och ofta pekar finger, eller när slutdatumet är några år kvar. Bent Flyvbjerg från Oxford känner storskaliga projekt ingående. Kostnader och schemaöverskridanden är vanliga eftersom vinnande erbjudanden inte alltid återspeglar övergripande förträfflighet; snarare handlar det om vad som ser bäst ut på pappret - något Flyvbjerg kallar "omvänd darwinism": den som producerar mest het luft kommer vanligtvis att vinna. Är strategisk felaktig framställning helt enkelt vilseledande praxis? Inte nödvändigtvis; precis som att kvinnor som bär smink är bedrägligt medan män som leasar Porschar för att visa ekonomiska förmågor är bedrägligt - bedrägligt men socialt acceptabelt så att vi inte blir upprörda av det - samma sak gäller med missvisande metoder som används när kvinnor bär smink eller män som leasar Porscher för att visa ekonomisk förmåga är objektivt lurade men socialt acceptabla så vi blir inte upprörda av det heller! Samma sak gäller för strategiska missvisande system som används under förhandlingar - även om bara en part känner till missvisande taktik som används mot en annan part men kan komma undan med att bli felaktigt framställd under förhandlingar; Samma poäng när den tillämpas strategiskt felaktig framställning kan komma undan med att vara ansedd när den tillämpas i termer av bedrägeri när den tillämpas strategiskt också - som att män leasar Porscher som signalerar ekonomisk förmåga för att signalera ekonomisk skicklighet ljuger helt enkelt i detta avseende liamousness men bli inte upprörd av socialt acceptabelt så att vi inte blir upprörda över strategiska felaktiga framställningar. Detsamma gäller för strategiska felaktiga framställningar som används mot dem som båda bedrägligt används mot den ena eller den andra än förväntat eller behandlas olika beroende på. Samma sak med felaktig framställning när den används när den är felaktig.

Strategisk felaktig framställning kanske inte alltid får allvarliga återverkningar; men när det kommer till saker som verkligen betyder något som din hälsa eller framtida anställda, var försiktig. När du har att göra med människor (oavsett om det är kandidater till ämbetet, författare eller ögonläkare), lita inte på vad de påstår; titta på deras tidigare prestationer istället. När man hanterar projekt (vare sig det är liknande projekt eller nya förslag som verkar orealistiskt optimistiska). Var försiktig med alla som verkar orealistiskt optimistiska; be en revisor att noggrant granska planer; lägga till en klausul i kontrakt som anger påföljder om de skulle inträffa; och överför dessa pengar direkt till ett spärrat konto för att skydda dess depositionskonto som en extra åtgärd mot kostnadsöverskridanden.

Se även Overconfidence Effect (kap. 15) för detaljer och var är avstängningsknappen.

ÖVERTÄNKANDE

Det var en gång en intelligent tusenfoting som satt sysslolös vid en bordskant när de lade märke till ett ljuvligt sockerkorn i rummet. Han utvärderade snabbt sina alternativ: vilket bordsben ska han krypa upp eller ner på först? Därefter fick han bestämma vem som skulle ta det första steget och i vilken ordning. Eftersom han var skicklig i matematik gjorde han alla nödvändiga beräkningar och valde en väg framför alla andra innan han slutligen tog sitt första steg. Tyvärr fick hans beräkning och kontemplation att han trasslade ihop sig i luften vilket fick honom att stanna död innan ytterligare framsteg kunde ha uppnåtts; I själva verket svälter han ut honom och så småningom svälter han ut innan han någonsin gjort framsteg kunde ha nåtts och svälts ut innan han någonsin kommit närmare eller längre i livet än någonsin föreställt sig innan och dog utsvält på grund av övertänkande.

På British Open 1999 spelade den franske golfaren Jean Van de Velde felfritt fram till det sista hålet, där han ledde med tre skott. Även med den fördelen med tre skott hade han bekvämt råd med två slag över par utan att hamna kort; gör entré till de stora ligorna bara några ögonblick bort! När Van de Velde klev in på banan började svettpärlor bildas på hans panna. Hans första sväng slutade med att han flög in i buskarna tjugo fot från målhålet och gjorde Van de Velde allt mer nervös inför efterföljande skott som bara ökade denna känsla av ångest. Van de Velde slog sin boll i knähögt gräs innan han tappade den i vattnet och tog av sig skorna för att vada igenom. Ett ögonblick övervägde han att skjuta från dammen; till slut bestämde han sig för att ta ett straffslag i sanden; efter att ha skjutit in i den sju gånger tog den sig till slut in på green och in i hålet; Van de Velde förlorade British Open men säkrade sig själv en plats i sporthistorien genom denna nu berömda trippelbogey-prestation.

Consumer Reports genomförde ett provsmakningsexperiment med erfarna provare på 1980-talet, som involverade 45 sorter av jordgubbsgelé. Senare genomförde psykologiprofessorerna Timothy Wilson och Jonathan Schooler liknande tester med studenter från University of Washington; liknande resultat framkom, med både experter och studenter som gynnade liknande smaker av gelé. Men Wilson gick längre: Han genomförde ytterligare ett test med en annan grupp elever som föredrog andra än tidigare - bara den här gången valde de helt olika alternativ!
I den första gruppen fyllde deltagarna i ett långt frågeformulär som motiverade sina betyg i detalj och kom fram till helt skeva rankningar, med några av de finaste varianterna i botten.

I grund och botten hindrar för mycket tänkande ens tillgång till dina känslors visdom. Även om detta uttalande kan verka ovanligt från någon som jag själv som strävar efter att rensa bort irrationalitet från mina tankeprocesser, så bildas känslor precis som kristallklara rationella tankar; känslor representerar helt enkelt en annan form av informationsbehandling som kan ge klokare råd än rationella.

Detta leder till en viktig fråga: när ska man lyssna på sitt huvud eller sin magkänsla? Tumregeln kan inkludera detta: när det kommer till aktiviteter som motorik (tusenfoting, Van de Velde eller att lära sig ett musikinstrument) och frågor som du har tagit upp många gånger tidigare (som Warren Buffetts "cirkel av kompetens"), är det bäst att inte överanalysera för noggrant. Deliberativt beslutsfattande undergräver din intuitiva förmåga att ta itu med problem. Precis som på stenåldern, när man fattade matrelaterade beslut och vänskapsbeslut, var så kallad heuristik överlägsen rationellt tänkande. Men med komplexa frågor som investeringsbeslut som kräver nykter reflektion, har evolutionen inte rustat oss för sådana överväganden, så logiken överglänser alltid intuitionen.

Se även Action Bias (kap. 43); Information Bias (kap. 59)

VARFÖR TAGER DU FÖR MYCKET SKULDER (91 KAP.).

PLANERINGSFEL

Varje morgon när du gör din att göra-lista, når du ofta framgång med att bocka av allt i slutet av varje dag? Hur ofta är detta fallet för de flesta? De flesta kan bara nå detta tillstånd en gång varannan månad. Enkelt uttryckt tar du på dig för mycket. Dina planer är orealistiskt ambitiösa - något som skulle vara förlåtet om det här var första gången du sammanställer att göra-listor, men detta beteende har blivit en del av din rutin med tiden. Därför är du väl bekant med dina förmågor och kommer sannolikt inte att överskatta dem dagligen. Det här är inget att skratta: inom andra områden av livet lär vi oss av erfarenhet - varför finns det ingen när det gäller planering? Även om de flesta av dina tidigare ansträngningar var för optimistiska för verkligheten idag. Daniel Kahneman hänvisar till detta fenomen som planeringsfelet.

Roger Buehler och hans forskargrupp bad sin sistaårsklass, ledd av den kanadensiske psykologen Roger Buehler, att identifiera två inlämningsdatum: det ena var realistiskt medan det andra speglade ett osannolikt värsta scenario-datum. Endast 30 % uppfyllde realistiska deadlines medan de vanligtvis behövde 50 % extra tid än vad som ursprungligen planerats och ytterligare sju dagar än förväntat för inlämningsdatum som ställts in i värsta fall.

Planeringsfelet är särskilt uppenbart när människor samarbetar, vare sig det är inom affärer, vetenskap eller politik. Grupper tenderar att överskatta varaktighet och fördelar samtidigt som de systematiskt underskattar kostnader och risker. Ett utmärkt exempel är Sydney Opera House som planerades 1957 med färdigställande förväntat 1963 till en initial beräknad kostnad av 7 miljoner dollar men så småningom öppnade för affärer på 102 miljoner dollar; 14 gånger högre än förväntat!

Varför verkar vi inte vara naturliga planerare? Det kan finnas två anledningar till vår ineffektiva planeringsförmåga. Ett är önsketänkande: Vi strävar efter framgång i allt vi tar oss an. Två: Alltför ofta fokuserar vi för intensivt på vårt projekt samtidigt som vi försummar influenser utifrån såsom oväntade händelser som uppstår oväntat (detta kan också hända med dagliga scheman, t.ex. att din dotter vill ha något) som sedan leder oss in på en oförutsägbar väg; eller för lite uppmärksamhet åt dessa händelser på grund av att de är för snävt fokuserade på dem (detta kan till och med gälla här - vid planering).
Din hund sväljer ett fiskben. Ditt bilbatteri slutar oväntat på dig. Ett erbjudande om ett hus dyker upp och behöver omedelbart övervägas på ditt skrivbord - planer går snett som ett resultat! Skulle stegvis förberedelse vara någon lösning? Nej; steg-för-steg förberedelser förstorar bara planeringsfel genom att minska fokus ytterligare, vilket minskar din förmåga att förutse överraskningar i livet.

Så vad ska du göra? Flytta ditt fokus från interna saker - som ditt projekt - till externa som liknande projekt. Se över basräntan och bedöm tidigare ansträngningar. Om liknande satsningar varade i tre år och förbrukade 5 miljoner dollar, kommer det sannolikt att gälla för ditt projekt också - oavsett hur noggrant planerat. Därför, innan beslut fattas för några beslut relaterade till det är det avgörande att en "premortem" session (ordagrant betyder "innan döden") utförs innan dessa viktiga val görs. Gary Klein föreslår att hålla detta korta tal för alla sammansatta lag: "Tänk dig att det är ett år senare och att allt gick enligt planen men i dess ställe har det inträffat en katastrof - ta fem eller tio minuter att skriva om denna katastrof - berättelser kommer att visa dig hur saker kan utvecklas."

Se även Prokrastinering (kap. 85); Prognos Illusion (kap. 40); Zeigarnikeffekt (kap. 93); Groupthink (kap. 25) för mer.

VILDANDE HAMMAR SER ENDAST NAGLAR

PROFESSIONELLT DEFORMATIONSSYSTEM

En individ tar ett lån och startar sitt eget företag bara för att kort därefter försättas i konkurs.

Han upplever depression och begår sedan självmord.

Läser du den här historien som affärsanalytiker? Som sådan bör du som en del av ditt jobb försöka bedöma varför denna idé inte lyckades: Var han en ineffektiv ledare, strategin fel, marknaden för liten eller konkurrensen för hård? Som marknadsförare kan du anta att kampanjerna var dåligt organiserade eller att han inte nådde sin avsedda målgrupp. Finansiella experter kan ifrågasätta om lånet är det lämpliga finansiella instrumentet. lokala journalister ser en möjlighet i den här historien: vilken tur att han tog sitt liv! Som författare kan du fundera över hur en incident kan bli en forntida grekisk tragedi. Bankirer kan misstänka att ett fel inträffade i låneavdelningen. Socialister tenderar att skylla på kapitalismens misslyckande; religiösa konservativa kan se denna händelse som ett gudomligt straff eller så skulle psykiatriker känna igen låga serotoninnivåer. Så vilken syn bör råda?

Ingen. Mark Twain observerade en gång: "Om alla dina verktyg är hammare, kommer alla dina problem att vara spikar." Charlie Munger, Warren Buffetts affärspartner och författare till The Snowball Effect påpekade för Charlie Munger följande effekt av att bara använda en modell: 'Men detta kan vara ett fullständigt katastrofalt sätt att tänka och arbeta i världen; Därför måste flera modeller komma från olika områden eftersom inte all visdom ligger inom en enda akademisk institution.

Här är några exempel på deformation professionelle: kirurger försöker lösa alla medicinska problem med kirurgi; arméer tenderar att föredra militära lösningar först; ingenjörer är specialiserade på konstruktionsarbete; trendguruer gör ofta absurda förutsägelser – kort sagt: när de tillfrågas om en fråga relaterar de flesta svar vanligtvis till ett av deras expertområden.

Varför ska inte skräddare öva på att skrädda så som de kan bäst? Deformation professionnelle uppstår när människor tillämpar sina specialiserade processer inom områden som de inte borde. Utan tvekan har du sett det hända själv?
Lärare skäller ut vänner som studenter. Nyblivna mammor som behandlar sina män som barn. Eller ta Excel-kalkylblad – vi använder dem även när deras användning inte är meningsfull, till exempel när vi projicerar ekonomiska prognoser för nystartade företag eller jämför potentiella älskare vi hittat via dejtingsajter – de kan mycket väl vara en av de farligaste uppfinningarna sedan datorer .

Även inom sina egna domäner tenderar litteraturrecensenter att överanvända hammaren. Granskare är utbildade i att upptäcka referenser, symboler och dolda meddelanden i böcker; som författare själv tycker jag att denna praxis är irriterande när recensenter trollar fram sådana apparater där det inte finns några. Inte olikt vad affärsjournalister gör - som letar igenom till och med mindre kommentarer från centralbankschefer efter antydan till förändringar i finanspolitiken genom att analysera ord som uttalas högt av dem.

Slutsats: När du konsulterar en expert, förvänta dig inte en övergripande bästa lösning; förvänta sig snarare ett tillvägagångssätt som kan lösas med hjälp av deras verktygslåda. Kom ihåg att våra sinnen inte är centraliserade datorer utan istället innehåller flera specialiserade verktyg som kan behöva användas på olika punkter under deras resa. Tyvärr är våra "fickknivar" ofullständiga. På grund av livserfarenheter och professionell expertis äger vi redan några blad. Men för att finslipa vår kompetens ytterligare är det nödvändigt att lägga till två eller tre verktyg - mentala modeller som faller utanför vårt expertområde - i vår verktygslåda. Under de senaste åren har jag anammat ett biologiskt perspektiv på livet och fått ny insikt i komplexa system. Gör en inventering av dina brister och sök lämplig kunskap och metoder för att åtgärda dem; att göra det tar ungefär ett års ansträngning men kommer att ge utdelning: din fickkniv blir större och mer mångsidig, ditt sinne skarpare!

Se även Volontärens dårskap (kap. 65); Domain Dependence (kap. 76) och Gambler's Fallacy (kap. 29)

UPPDRAG SLUTFÖRT

ZEIGARNIK EFFEKT

Berlin, 1927: Flera universitetsstudenter och professorer besöker en restaurang där servitören tar beställning efter beställning utan att någon dokumentation är nedskriven, och oroar dem att något dåligt säkert kommer att hända. Men efter bara en kort väntan fick alla matgäster exakt vad de begärde. Ute på gatan efter middagen insåg den ryska psykologstudenten Bluma Zeigarnik att hon hade lämnat sin halsduk kvar på restaurangen. Tillbaka på restaurangen möter hon servitören som är känd för sitt otroliga minne och frågar om han har sett den. Men han är fortfarande omedveten om henne eller var hon hade suttit; vilket hon svarar indignerat på genom att fråga hur det var möjligt att han glömde vem eller var de satt när hans minne är så otroligt! "Hur kunde du glömma mig?" frågar hon, förtvivlad över hans bristande medvetenhet. Hans svar: "Jag håller varje beställning i mitt huvud tills den serveras" han svarade kortfattat: "Jag håller varje beställning i mitt huvud tills den serveras" han svarade kortfattat: 'Jag behåller varje beställning till servering' 'Servitören svarade kortfattat: 'Jag håller varje beställning i mitt huvud tills servering' och kom inte heller ihåg mina tidigare beställningar' (c).

Zeigarnik och Kurt Lewin studerade detta mystiska beteende och drog slutsatsen att människor i allmänhet fungerar som servitörer: vi glömmer aldrig oavslutade uppgifter; de tjatar på vårt medvetande tills vi ger dem uppmärksamhet; när de är klara försvinner dessa objekt från minnet helt och hållet.

Forskare hänvisar nu till detta fenomen som Zeigarnik-effekten. Hennes undersökning avslöjade dock några ovanliga fall: till exempel förblev vissa individer helt ostressade trots att de hade flera projekt på gång. Roy Baumeister och hans forskargrupp vid Florida State University kastade nyligen lite ljus över detta fenomen. Han delade in elever som var nära att göra sina slutprov i tre grupper; Grupp 1 bestod av fester som hölls under denna termin medan grupp 2-4 fokuserade på formella examinationer. Grupp 2 fick fokusera på sitt kommande prov medan grupp 3 behövde skapa en detaljerad studieplan. Baumeister bad sedan eleverna i grupperna 2, 3 och 4 att slutföra ord under tidspress - vissa såg "Panic", medan andra tänkte på "Party" eller Paris. Den här övningen visade sig vara oerhört insiktsfull; grupp 1 verkade avslappnad när de gjorde sin tentamen medan de i grupper 2 kunde inget annat komma på, men det som verkligen stack ut var grupp 3, där deras resultat var verkligen häpnadsväckande!
Även om dessa elever var tvungna att fokusera på ett kommande prov, förblev deras sinnen avslappnade och fria från ångest. Efterföljande experiment verifierade denna observation: utestående uppgifter tenderar att gnaga i oss bara tills vi har en organiserad plan för hur vi ska ta itu med dem; Zeigarnik trodde felaktigt att slutföra uppgifter skulle räcka i detta avseende; istället borde det räcka med ett strategiskt tillvägagångssätt.

David Allens bästsäljande bok Getting Things Done (GTD) proklamerar att hans mål är att ha ett sinne så klart som vatten. För att uppnå detta mål behöver man inte ett liv i perfekt ordning utan måste skapa en handlingsplan för att ta itu med livets oplanerade frågor och skriva ner dem i steg-för-steg-uppgifter – först då kan ditt sinne finna sinnesro. Medvetenhet i planering är av största vikt; vaga mål som "organisera min frus födelsedagsfest" eller "att hitta ny sysselsättning" kan inte ge lättnad; Allen tvingar sina kunder att dela upp dessa projekt i tjugo till femtio individuella uppgifter innan han påbörjar sådana projekt om möjligt för att säkerställa framgång och uppnå fred i sinne.

Allens rekommendation kan strida mot planeringsfelet (kapitel 91): detaljerad planering kan få oss att förbise faktorer utifrån som kan spåra ur projekt, men däri ligger nyckeln: för sinnesfrid, välj Allens tillvägagångssätt och för mer exakta uppskattningar av kostnader , förmåner, varaktighet och andra projektaspekter slå upp liknande projekt istället för att skapa en detaljerad plan. Eller gör båda!

Du behöver dock inga högteknologiska prylar för att klara detta själv - håll bara ett anteckningsblock vid din säng och använd det när du inte kan sova för att skriva ner utestående uppgifter och hur du kommer att ta itu med dem - detta bör hjälpa till att tysta inre röster som hela tiden ropar: 'du vill ha Gud men har ingen kattmat kvar', som Allen uttryckte det - hans råd förblir giltiga även om du redan har hittat Gud eller inte äger några husdjur!

Se även Prokrastinering (kap. 85); Planeringsfel (kap. 91) för ytterligare överväganden.

Varför är det så få serieentreprenörer

Varför verkar det finnas så få serieentreprenörer - affärsmän som startar flera lönsamma företag i följd? Visst, Steve Jobs och Richard Branson finns - de representerar dock en liten minoritet. Serieentreprenörer står för mindre än en procent av alla startupgrundare. Men går alla dessa serieentreprenörer i pension till privata yachter efter att ha upplevt framgångar, som Microsofts grundare Paul Allen gjorde? Aldrig. Sanna affärsmän besitter för mycket energi för att bara sitta på en solstol i timmar i sträck. Kanske beror det på att de inte vill släppa taget och tjata om sina företag förrän de fyller 65, även om de flesta grundare säljer av sina aktier inom 10 år efter att de grundade sina företag. Man skulle kunna tro att människor utrustade med talang, ett expansivt personligt nätverk och solida meriter skulle kunna grunda många andra nystartade företag - men många lyckas inte med det. Varför slutar de? De slutade inte; de misslyckades bara med att göra det framgångsrikt. Tur spelar en större roll än skicklighet när det kommer till affärsframgång, vilket ingen affärsman gillar att höra talas om. Jag minns att jag kände mig obekväm när jag först fick höra om den här idén; min omedelbara tanke var: "Var min framgång bara slumpmässig?". Till en början kan det kännas kränkande att turen har spelat så stor roll.

Låt oss ta ett ärligt, realistiskt förhållningssätt till affärsframgång. Hur mycket av det handlar om hårt arbete och distinkt talang kontra tur? Tyvärr kan denna fråga lätt leda till missuppfattningar; medan talang spelar en viktig roll i alla företags framgångssaga, kan hårt arbete inte uppnå resultat ensam. Tyvärr är varken färdigheter eller hårt arbete ensamt tillräckligt för att nå framgång; båda delarna är nödvändiga - men inte tillräckliga - faktorer. Hur kan vi veta detta? Det finns ett enkelt och okomplicerat test: när någon njuter av långsiktig framgång jämfört med mindre kvalificerade kamrater, blir talangen avgörande. Tyvärr gäller detta inte företagsgrundare; annars skulle de flesta framgångsrika entreprenörer fortsätta att lansera flera nystartade företag efter att den första framgången uppnåtts.

Vilken roll spelar företagsledare för ett företags framgång? Forskare identifierade egenskaper förknippade med att vara en stark VD - ledningsprocedurer och tidigare strategisk briljans som exempel.
Forskare mätte sedan sambandet mellan VD-beteenden å ena sidan och företagsvärdetillväxt under deras tid å andra sidan. Deras slutsats: Om två företag jämförs slumpmässigt, leder i 60 % av fallen den starkare vd:n det mäktigaste företaget. Kahneman fann att i 40 % av fallen ledde svagare vd:ar starkare företag; detta representerade endast 10 procentenheter mer än inget samband alls. Han avslutade med att notera hur folk i allmänhet inte entusiastiskt köper böcker skrivna om företagsledare som bara är något bättre än genomsnittet; inte ens Warren Buffett ser någon mening med att höja vissa vd:ar; hans ta?

"[?...?] Ett bra chefsrekord beror mer på vilken båt man går in i än på hur effektivt man styr den"

Vissa områden förlitar sig inte alls på skicklighet. Kahneman beskrev i sin bok Thinking, Fast and Slow sitt besök hos ett kapitalförvaltningsföretag som skickade ett kalkylblad med varje rådgivares prestation under åtta år som en del av deras genomgång för honom. Av dessa data tilldelade Kahneman varje grupp en rankning: 1, 2, 3 etc i fallande ordning. Han beräknade snabbt deras förhållande över årens ranking. Han beräknade sedan korrelationen mellan rankningar från år 1 till år 8 - med rådgivare ibland i vardera änden. Det visade sig vara en ren slump; ibland skulle de till och med synas närmare toppen än ibland botten. Rådgivarens prestation var oberoende av tidigare eller efterföljande år - korrelationen var noll! Och ändå fick dessa konsulter bonusar för sin prestation. Med andra ord belönade företaget tur framför skicklighet.

Slutsats: Vissa yrken är starkt beroende av att människor använder sina förmågor, såsom piloter, rörmokare och advokater. Andra områden kräver skicklighet men det är inte kritiskt - som entreprenörer och ledare. Och ibland avgör slumpen allt, som på finansmarknaderna; här kan illusionen av skicklighet regera. Så visa respekt för rörmokare samtidigt som du njuter av framgångsrika ekonomiska gycklare!
Se även Nybörjarlycka (kap. 49); Survivorship Bias (kap. 1), Authority Bias (kap. 9), Övertroendeeffekt, Illusion av kontroll och Outcome Bias i efterföljande kapitel (20 respektive 21).

Vid första anblicken verkar serie A tillräckligt enkel. Alla dess nummer har något gemensamt - 394, 411, 054, 646 är sammanlänkade av fyra funktioner, vilket gör den här serien relativt enkel att lösa. Därefter kommer serie B; alla dess nummer använder sex funktioner någon gång. Vad kan du lära dig av detta? Frånvaro kan ofta vara svårare att upptäcka än närvaro; vi tenderar att lägga större vikt vid sådant som existerar snarare än det som inte finns.

Förra veckan när jag var ute på en promenad gick det upp för mig: inget gjorde ont. Detta var ganska överraskande med tanke på att jag ändå sällan upplever smärta och när det inträffar kan det kännas intensivt; men erkänner sällan dess frånvaro; sådan var dess skönhet att den för bara ett ögonblick gav glädje - bara för att det hela snabbt skulle glida ur sinnet igen!

Vid ett klassiskt konsert framförde en orkester Beethovens nionde symfoni till stort bifall i en entusiastisk konsertsal. Tårar kunde ses välla upp under dess fjärde sats ode, vilket gör att man känner sig tacksam för att det finns; men är det sant? Utan tvekan inte; hade verket inte komponerats skulle ingen missa det och regissören skulle inte få arga samtal som krävde att detta konstverk skulle skrivas och framföras omedelbart - detta fenomen som kallas feature-positive effect är det som verkligen gör oss glada idag.

Förebyggande kampanjer använder denna strategi effektivt; till exempel är "Rökning orsakar lungcancer" mycket mer övertygande än "Att inte röka leder till ett liv fritt från lungcancer". Revisorer och andra yrkesverksamma som förlitar sig på checklistor ger ofta efter för denna funktionspositiva effekt: utestående skattedeklarationer visas omedelbart i deras listor medan bedrägliga aktiviteter som de vid Enron eller Bernie Madoffs Ponzi-plan inte gör det. På sådana listor saknas också företag av "skurkaktiga handlare", som Nick Leeson och Jerome Kerviel som orsakade ekonomiska nyckfullheter som dessa - och därmed döljer sådan verksamhet från offentlig granskning.
Det finns ingen checklista för att spåra devalveringar; och även om olagliga handlingar kan komma under övervägande av hypoteksbanker, kan devalvering på grund av förbränningsanläggningar inträffa utan att deras övervakning uppmärksammas.

Föreställ dig att skapa en oönskad produkt som salladsdressing med ett förhöjt kolesterolinnehåll, men du vill att konsumenterna ska känna sig säkra på användningen? När du märker en sådan produkt, lyft istället fram alla dess positiva egenskaper. Kunderna kommer inte att märka dess frånvaro; medan positiva egenskaper kommer att säkerställa att konsumenterna förblir informerade.

Akademisk forskning uppvisar ofta den funktionspositiva effekten. Bekräftelse av hypoteser leder vanligtvis till publikationer och kan till och med tjäna Nobelpriser; medan förfalskning av hypoteser, även om det är vetenskapligt fördelaktigt, är mycket svårare att publicera och har aldrig fått denna typ av prestigefylld erkännande. Ett annat resultat av den funktionspositiva effekten är vår tendens att acceptera positiva råd – som att göra X – framför negativa råd (glöm Y). Detta gör oss mycket mer mottagliga för positiva råd än negativa förslag (som att glömma Y).

Slutsats: Människor kämpar ofta för att uppfatta icke-händelser korrekt. Vi tenderar att ignorera det som inte finns. Till exempel inser vi om det finns krig men uppskattar inte dess frånvaro under fredstid; på samma sätt överväger vi sällan att vara sjuka när vi är friska; likaså efter att ha anlänt till Cancun utan att ha upplevt en flygkrasch! Genom att odla mer mindfulness kring frånvaro kan vi mycket väl bli lyckligare; även om detta kräver hårt mentalt arbete och eftertanke - ett användbart verktyg är att ifrågasätta varför något existerar snarare än ingenting eftersom denna fråga fungerar som ett användbart sätt att bekämpa positiva effekter!

Se även Forereffekt (kap. 64); Confirmation Bias (kap. 7-8); Självvalsbias (kap. 47); Tillgänglighetsbias (kap 11); Illusion av uppmärksamhet (kap 88)

BEKRÄFTELSE BIAS MELLAN PIL OCH SPARV

Hotell presenterar sig själva i sitt bästa ljus online. Foton som porträtterar vackra, majestätiska bilder är noga utvalda; alla föga smickrande vinklar, läckande rör eller oattraktiva frukostrum döljs helt enkelt av trasiga mattor - självklart vet du att detta är sant när du möter en ful lobby för första gången; istället rycker du bara på axlarna och går mot registreringsdisken så snabbt som möjligt.

Plockning av körsbär, som utövas av hotell, innebär att endast välja och betona attraktiva egenskaper samtidigt som andra döljer. Du bör närma dig andra erfarenheter på samma sätt: broschyrer för bilar, fastigheter eller advokatbyråer är något annat du måste närma dig med försiktighet - att veta hur de fungerar snärjer oss inte i deras trans!

Men man brukar reagera annorlunda när man läser årsredovisningar från företag, stiftelser och statliga organisationer. Här brukar man förvänta sig objektiva skildringar; tyvärr skulle du ha fel: dessa kroppar väljer ofta körsbär: uppnådda mål hyllas medan motgångar inte nämns.

Föreställ dig att du är chef för en avdelning. Din styrelse inbjuder dig att presentera ditt lags läge. Hur skulle du förhålla dig till denna presentation? Genom att betona dess segrar samtidigt som du inkluderar några bilder som lyfter fram utmaningar. Alla ouppfyllda prestationer glöms lätt bort.

Anekdoter utgör en unik utmaning när det gäller plockning av körsbär. Tänk dig att vara VD för ett företag som tillverkar tekniska apparater. Efter att ha genomfört en kundnöjdhetsundersökning blir det uppenbart att de flesta kunder inte kan använda din gadget på grund av dess komplexa natur. Nu ringer personalchefen in: 'Min svärfar fick det här igår och lärde sig genast hur man arbetar med det. Hur mycket vikt skulle du tilldela just detta körsbär? Nära noll." Att vederlägga en anekdot kan vara utmanande eftersom det handlar om miniberättelser som tilltalar våra hjärnor. För att motverka denna effekt tränar skickliga ledare sig själva under hela sin karriär att bli överkänsliga för anekdoter som kommer i deras väg och svara omedelbart med avlossade skott mot alla sådana berättelser som dyker upp.

Körsbärsplockningen blir mer uppenbar när vi blir nedsänkta i mer upphöjda eller elitfält. I Antifragile beskriver Taleb hur alla forskningsområden - från filosofi till medicin och ekonomi - skryter med sina resultat: "Precis som politiker är akademin skicklig på att berätta för oss vad de gjorde för oss istället för vad som inte gjorde det, och bevisar därmed deras oumbärliga metoder ." Detta kan mycket väl vara körsbärsplockande men vår respekt för akademiker gör detta omöjligt för oss att upptäcka.

Eller överväg läkarkåren: att säga åt folk att inte röka är den största medicinska bedriften sedan andra världskriget slutade, enligt läkaren Druin Burch i sin bok Taking the Medicine. Några få körsbärsliknande antibiotika fungerar som distraktioner och drogforskare tenderar att bli hyllade medan antirökaktivister inte gör det.

Administrativa avdelningar på stora företag tenderar att bete sig som hotellägare genom att glorifiera sig själva genom att hylla allt de har åstadkommit men aldrig kommunicera vad som inte har åstadkommits för verksamheten. Vad kan du göra åt detta? När du sitter i en organisations styrelse, se till att fråga om "överblivna körsbär" som misslyckade projekt eller missade mål - du kommer att lära dig mycket mer av dessa än av framgångar! Det är förvånande hur sällan sådana frågor tas upp! För det andra: Istället för att anställa en armé av finanskontrollanter för att beräkna kostnaderna ner till sista centen, ta dig tid att se över målen regelbundet. Du kanske blir förvånad över att upptäcka att vissa ursprungliga mål med tiden har blivit mindre påtagliga och har ersatts med självpåtagna mål som alltid är tillgängliga; Varje gång sådana mål uppstår bör de lyfta röda flaggor; det skulle vara likvärdigt med att skjuta en pil och skapa en blick runt där den landar!

Anteckningar om fördomar (kap. 13); Självbetjäningsfördomar (kap. 45);

STENÅLDERS JAKT PÅ SYNDBOCKAR

MISSLYCKANDE MED ANALYS AV EN ENDA ORSAK

Chris Matthews är en av MSNBC:s främsta journalister. I hans nyhetsprogram intervjuas politiska experter. Jag förstod aldrig vad deras jobb innebar eller varför sådana karriärer existerar, även om USA:s invasion av Irak 2003 stod i centrum. Chris Matthews frågade expert efter expert om dess motiv - från 9/11 återbetalningsteorier till massförstörelsevapen som ligger bakom denna konflikt - så viktiga var hans frågor: 'Vad är motivationen för krig? ', till "varför invaderade vi Irak, förutom försäljningsföreställningar." Och så vidare... och så vidare... och så vidare... och så vidare...

Frågor som denna passar mig inte längre; de återspeglar ett av de vanligaste mentala felen - något som det inte finns någon vardaglig term för; därför kommer jag att använda besvärligt språk som "the felacy of single cause" istället.

Fem år senare, 2008, rådde paniken igen på finansmarknaderna och banker kollapsade, vilket tvingade skattebetalarna att rädda dem med skattemedel. Investerare, politiker och journalister undersökte varje aspekt av denna finansiella härdsmälta: Greenspans lösa penningpolitik? Investerardumhet? Tveksamma kreditvärderingsinstitut? Korrupta revisorer? Dåliga riskmodeller eller ren girighet var alla möjliga orsaker - alla var klandervärda i lika stor utsträckning. Ingen enskild faktor kan ta ensamt ansvar men alla kan bidra väsentligt.

En idyllisk indiansommar, en väns skilsmässa, första världskriget, cancer, en skolskjutning, ett företags världsomspännande framgång eller till och med skrivandet är händelser som orsakas av flera faktorer som bidrar till dem - men vi försöker fortfarande lägga all skuld på en individ eller sak ensam.

Vad som får ett äpple att mogna och falla är inte klart: är det tyngdkraften som drar det mot jorden, är dess stjälk som vissnar under solljusets torkande strålar, att dess vikt har ökat, att vindbyar gör att det välter eller att ett ivrigt barn som står under vill att snacka på det? Ingen enskild faktor förklarar dess fall.' I War and Peace av Tolstoy illustrerar denna passage detta vackert.
Föreställ dig att vara produktchef för ett ikoniskt varumärke för frukostflingor och nyligen ha introducerat en organisk sort med låg sockerhalt som visar sig vara ett överväldigande misslyckande efter en månads försäljning. Hur skulle du gå till väga för att undersöka dess orsaker? För det första, förstå att ingen enskild faktor kommer att förklara detta misslyckande; varje faktor spelar sin roll. Ta ett papper och skissera alla potentiella orsaker, tillsammans med deras grundorsaker. När du är klar kommer du att ha skapat ett utarbetat

nätverk av potentiella influencers. Identifiera sedan de du kan ändra (som den mänskliga naturen) samtidigt som du kasserar alla som inte kan. Slutligen, genomför empiriska tester genom att variera markerade faktorer mellan marknader - detta tar tid och pengar men det är nödvändigt om vi vill gå bortom ytliga antaganden.

Misstaget med enstaka orsakssamband är både gammalt och farligt. Under årtusendena har vi kommit att tro att människor är herrar över sina egna öden - Aristoteles gjorde detta påstående för mer än två årtusenden sedan! Nu förstår vi att detta är felaktigt och att den fria viljan är en öppen fråga. Våra handlingar bestäms av en komplex väv av faktorer som sträcker sig från genetisk predisposition och miljö, utbildning, hormonkoncentration i hjärnceller och fortfarande håller vi fast vid en förlegad bild av självstyre. Denna praxis är både skadlig och moraliskt tveksam. Så länge vi tror på unika orsaker till händelser eller katastrofer, kommer det alltid att vara möjligt att lägga skulden på individer. Dessutom har människor länge spelat det här spelet att hitta någon eller något de skyller på - skapa uppfattningen att makt måste utövas genom en individ eller grupp över en annan.

Ändå kunde Tracy Chapman bygga hela sin världsomspännande framgång på det - särskilt genom låten "Give Me One Reason". Men var det inte andra faktorer inblandade också?

Se även "Because" motivering (kap. 52); Historieförfalskning (kap. 78); Hindsight Bias (kap. 14) och Fundamental Attribution Error (kap. 36) för ytterligare förklaring.

Även om det kan vara svårt att tro, kör hastighetsdemoner faktiskt säkrare än så kallade "försiktiga" förare. Tänk på detta: från Miami till West Palm Beach ligger cirka 75 miles. Förare som kör en sträcka på mindre än en timme klassificerar vi som hänsynslösa eftersom deras medelhastighet överstiger 75 mph; alla andra tillhör vår grupp av försiktiga förare. Vilken grupp råkar ut för färre olyckor? Det måste vara de hänsynslösa förarna. Alla tre förarna genomförde resan inom en timme och borde därför inte ha varit inblandade i några olyckor; alla som råkade ut för olyckor faller automatiskt i kategorin långsammare förare. Det här exemplet exemplifierar en lömsk felslutning som kallas för avsikt att behandla fel som tyvärr saknar ett attraktivt namn.

Detta kan låta likt survivorship bias (kapitel 1), men det finns en viktig skillnad. Med överlevnadsbias ser du bara framgångsrika projekt eller bilar inblandade i olyckor, medan dessa misslyckade projekt eller bilar med intention-to-treat-fel uppträder framträdande men helt enkelt under en olämplig kategori.

Nyligen fick jag se en ögonöppnande studie utförd av en bankman som avslöjade ett intressant faktum: företag med skulder på sina balansräkningar tenderar att vara betydligt mer lönsamma än företag som bara har eget kapital som finansiella instrument (dvs. inga skulder på balansräkningen) . Bankmannen insisterade på att varje företag skulle låna efter behag, med hans bank som den bästa platsen för detta ändamål. Jag undersökte hans studie närmare. Hur skulle det kunna vara? Från 1 000 slumpmässigt utvalda företag gav de som fick stora lån högre avkastning både på eget kapital och totalt kapital än oberoende finansierade företag. De var överlag mer framgångsrika. Snart kom insikten: olönsamma företag kvalificerar sig inte för företagslån och faller därmed in i en "bara aktiekapital"-grupp, där företag med större kontantkuddar tenderar att hålla sig flytande längre och förbli en del av denna studie trots eventuella hälsoproblem de kan ge upphov till. Å andra sidan tenderar företag som lånar mycket att misslyckas snabbare. När de inte längre kan betala tillbaka räntan på sina skulder tar bankerna över och säljer av dessa verksamheter; de som är kvar inom "skuldgruppen" tenderar att förbli relativt friska oavsett hur mycket skuld som finns på deras balansräkningar.
Var försiktig om du tror att du förstår. Att känna igen avsikt att behandla fel kan vara utmanande; låt oss använda medicin som exempel: Ett läkemedelsföretag har skapat ett nytt läkemedel för att bekämpa hjärtsjukdomar. En studie "bevisar" att denna medicin avsevärt minskar patienternas dödlighet jämfört med att ta enbart placebo-piller; bland vanliga användare sjunker femårsdödligheten från 15 % till 11 % inom fem år, och två gånger högre bland irreguljära användare som tog det i olika mängder; så kan det verkligen anses lyckat eller misslyckas?

Problematiskt är att piller kanske inte är den avgörande faktorn; snarare är det patientens beteende som i slutändan betyder något. Kanske avbröt patienterna på grund av allvarliga biverkningar och hamnade i kategorin "oregelbundet intag" eller var för sjuka för att fortsätta att ta det regelbundet; hur som helst, bara relativt friska individer kvarstod inom gruppen "regelbundet intag", vilket gör att läkemedlet verkar mycket mer effektivt än det egentligen är; de riktigt sjuka patienterna som inte kunde ta regelbundna doser var de som befolkade "oregelbundet intag"-kohorter.

Ansedda studier gör det möjligt för medicinska forskare att analysera data från alla patienter som de från början hade för avsikt att behandla; oavsett om de deltog i rättegången eller inte. Tyvärr ignorerar många studier denna regel antingen avsiktligt eller oavsiktligt; var på vakt: Kontrollera alltid om testpersoner - förare inblandade i olyckor, konkursföretag och kritiskt sjuka patienter av någon anledning har försvunnit från din urvalspopulation och arkivera studien där den hör hemma: i papperskorgen.

Se även: Survivorship Bias (kap. 1); Will Rogers Phenomenon (kap. 58);

Nyheter Illusion Earthquake in Sumatra. Flygkrasch i Ryssland. Man håller dottern fången i källaren i 30 år; Heidi Klum splittras med Seal; rekordlöner på Bank of America; attack i Pakistan; Malis presidents avgång; nytt världsrekord i kulakast.

Behöver du verkligen denna kunskap?

Vi är utomordentligt välinformerade, men är ändå väldigt okunniga. Det beror på att vi för två århundraden sedan uppfann en giftig form av kunskap som kallas nyheter som tilltalar sinnet som socker gör för kroppen - läcker men ändå potentiellt destruktiv över tiden.

För tre år sedan gjorde jag ett experiment. Jag slutade läsa och lyssna på nyheter och sa upp alla tidnings- och tidskriftsprenumerationer; TV- och radiokanaler klipptes bort från min lineup; nyhetsappar från min iPhone raderades helt och hållet. Till en början var det svårt, eftersom jag var ständigt orolig för att något viktigt skulle kunna glida igenom mitt grepp; men efter en tid utvecklade jag en annan syn. Tre år senare gav mina ansträngningar resultat med klarare tankar, djupare insikter, bättre beslut och mycket mer fritid. Bäst av allt - inget viktigt missades på grund av att mitt sociala nätverk i verkligheten fungerade som ett informationsfilter och höll mig uppdaterad.

Först och främst reagerar våra hjärnor oproportionerligt på olika typer av information: skandalösa, chockerande detaljer stimulerar oss; abstrakta, komplexa eller obearbetade detaljer har liten effekt. Nyhetsproducenter förstår denna dynamik perfekt - deras gripande berättelser, skräniga bilder och sensationella "fakta" fångar vår uppmärksamhet medan annonsörer köper utrymme så att deras annonser kommer att synas; Därför måste alla subtila, komplexa eller djupgående berättelser noggrant filtreras bort även om dessa kan ha mycket större effekt för samhället som helhet.
Nyhetskonsumtion förvränger vår förståelse av världen, vilket leder till att vi lever med en felaktig representation av risker och hot vi faktiskt står inför.

För det andra är nyheter irrelevanta. Under de senaste tolv månaderna kan du ha konsumerat cirka 10 000 nyhetsutdrag (kanske upp till trettio per dag). Var ärlig: nämn en som hjälpte dig att fatta bättre beslut i livet, karriären eller affären jämfört med att inte ha den här nyheten jämfört med att inte ha den alls - av 10 000 artiklar som konsumeras. Ingen jag frågade kunde nämna mer än två hjälpsamma delar av allt som konsumerades - ett eländigt resultat från nyhetsorganisationer som hävdar att deras information erbjuder konkurrensfördelar när konsumtion i verkligheten utgör en ekonomisk nackdel; Hade de hjälpt människor att avancera längre med karriäravancemang skulle journalister vara i toppen av inkomstpyramiden - tvärtom är sant

Nyheter är också en ineffektiv användning av tid: i genomsnitt slösar varje människa en halv dag varje vecka på att läsa om aktuella frågor, vilket leder till enorma produktivitetsförluster över hela världen. Ta till exempel terrorattackerna i Mumbai 2008: enbart av en outsläcklig törst efter erkännande dödade terrorister 200 oskyldiga liv enbart för att vinna berömmelse och erkännande. Låt oss säga att en miljard människor tillbringade en timme efter efterdyningarna: tittade på uppdateringar minut för minut och lyssnade på kommentarer från experter och analytiker - ett extremt troligt scenario med tanke på att Indien har över en miljard invånare. Därför är vår konservativa beräkning: en miljard människor multiplicerat med en timmes distraktion motsvarar en miljard timmars arbetsstopp. Om vi omvandlar denna siffra till förlorade liv på grund av nyhetskonsumtion kontra attackförluster, ligger denna siffra på cirka 2 000 dödsfall som slösas bort enbart på grund av konsumtion - en tydlig men exakt observation.

Att vända sig bort från nyheter kan ge lika djupgående resultat som att rensa ut någon av de andra 98 dåliga vanorna vi har beskrivit här. Bryt din nyhetsvana helt; läs långa bakgrundsartiklar eller böcker istället - inget slår böcker för att förstå vår värld!

Se även Fundamental Attribution Error (kap. 36); Sleeper Effect (kap. 70); Confirmation Bias (kap 7-8); Information Bias (kap. 59); Personifiering (kap. 87) och Story Bias (kap. 13) som relaterade fenomen.

EPILOG

Påven frågade Michelangelo: 'Berätta för mig hemligheten med ditt geni. Hur har du skapat denna staty av David, mästerverket bland alla mästerverk?' Michelangelo svarade helt enkelt genom att ta bort allt som inte var David.

Låt oss vara tydliga. Ingen vet riktigt säkert vad som gör oss framgångsrika eller lyckliga, men vi förstår ändå vad som förringar antingen framgång eller lycka. Negativ kunskap (vad man inte ska göra) är mycket mer kraft än positiv kunskap (vad som bör göras).

Michelangelo använde Michelangelos metod för att tänka tydligare och handla klokare: istället för att bara titta på David, koncentrera dig på allt som står i hans väg och ta bort dem bitvis; på samma sätt i vårt fall: eliminera fel för förbättrat tänkande!

Grekiska, romerska och medeltida tänkare myntade en term för detta tillvägagångssätt som kallas via negativa - bokstavligen "negativ väg", ett förhållningssätt till försakelse, utanförskap och reduktion. Teologer var tidiga pionjärer för via negativa: vi kan inte säga vad Gud är; istället kan vi bara definiera Hans frånvaro; tillämpas på det moderna livet: framgång kan inte definieras direkt; bara det som blockerar dess strävan kan identifieras och elimineras - i huvudsak allt vi behöver veta!

Denna heta teori om irrationalitet bubblade i århundraden. John Calvin, grundare av den strikta protestantismen på 1540-talet, trodde att sådana känslor representerade ondska och att endast genom att vända dig mot Gud kunde du stöta bort dem. Människor som upplevde vulkanutbrott av känslor betraktades som anhängare av Satan; därför följde tortyr och dödande. Enligt den österrikiska psykoanalytikern Sigmund Freuds teori, som antyder att vårt ego och moralistiska överjag kontrollerar vår impulsiva id och undertrycker den genom plikt eller disciplin är något som inte kan hända. Glöm skyldighet eller disciplin - att tänka ensamt kan inte styra våra känslor i någon högre grad än att försöka få ditt hår att växa ut enbart med viljestyrka!

Å andra sidan är den kalla teorin om irrationalitet fortfarande ung. Efter andra världskriget försökte många bortförklara nazisternas till synes irrationella – varken känslomässiga utbrott eller eldtal hördes från Hitler själv i ledarled; till och med hans eldtal var bara mästerliga framträdanden - det var kall kalkyl snarare än plötsliga utbrott som ledde dem ner på deras mörka väg; detsamma gäller Stalin eller Röda Khmererna.

Psykologer började gå bort från Freuds påståenden på 1960-talet och titta vetenskapligt på vårt tänkande, beslut och handlingar. Det som dök upp var en kall teori om irrationalitet som

postulerade att själva tänkandet är långt ifrån rent; även mycket intelligenta människor faller offer för kognitiva fällor som leder till fel. Dessutom är fel inte slumpmässigt fördelade: fel tenderar att samlas i förutsägbara mönster - vilket gör misstag mer förutsägbara men aldrig helt fixbara - men deras källa var okänd i årtionden - medan allt annat i vår kropp verkade relativt tillförlitligt jämfört med våra hjärnor.
Varför måste våra hjärnor drabbas av ständiga bakslag?

Tänkande är ett biologiskt fenomen, där evolutionen har spelat sin roll i att forma det precis som vilken annan aspekt av naturen som helst. Föreställ dig att gå tillbaka 50 000 år och ta med oss en av våra förfäder tillbaka in i nuet – skicka honom på frisör, skicka honom körlektioner eller lära honom hur man använder en mobiltelefon, men utan tvekan skulle han passa in; trots allt har den biologiska evolutionen gett oss alla dessa förmågor som jägare-samlare som har Hugo Boss (eller H&M i vissa fall) kostymer! Om vi kunde göra just detta, tänk dig att gå tillbaka 50 000 år, ta ut en förfader och ta med honom/henne/dem till dagens tidsresor; då kanske istället för att bli utstött på gatan och skicka honom/henne/dem från den tiden i dagens kläder; skicka iväg honom/henne för att klippa/klippa sig/klä på frisörsalongen/kläda dem/dem/oss för att sminka sig i modern klänning/kläder? Nej; Biologin har motbevisat allt tvivel; fysiskt inklusive kognitivt, vi är jägare-samlare klädda i Hugo Boss (eller H&M för den delen).

Det som har förändrats avsevärt sedan urminnes tider är vår livsmiljö. Saker och ting var enkelt och stabilt då – människor levde i grupper på upp till femtio personer utan att betydande tekniska eller sociala framsteg ägde rum. Först under de senaste 10 000 åren har vår värld börjat genomgå dramatiska förändringar, med grödor, boskap, byar, städer, global handel och finansmarknader som alla framstår som viktiga krafter i dess utveckling. Sedan industrialiseringen har mycket av det som var optimalt för mänsklig hjärnfunktion försvunnit. Tillbringa 15 minuter i vilket köpcentrum som helst och du kommer att passera fler människor än vad våra förfäder såg under hela deras livstid. Alla som hävdar att de vet hur världen kommer att se ut om 10 år blir vanligtvis utstötta inom några månader efter att ha gjort sådana förutsägelser. Sedan 10 000 år har vi skapat en värld som vi inte längre förstår. Allt har blivit mer sofistikerat men ändå mer intrikat sammankopplat. Som ett resultat har det ekonomiska välståndet skjutit i höjden men även livsstilssjukdomar (som diabetes typ två, lungcancer och depression) och tankefel har skjutit i höjden eftersom komplexiteten bara har fortsatt att öka - detta kommer bara att förvärra deras fel ytterligare och förstora dem ytterligare.

Vid våra jägare- och samlarrötter visade sig aktiviteten ofta vara mer lönsam än eftertanke. Blixtsnabba reaktioner var nödvändiga, medan långa funderingar visade sig vara ödesdigra. Om en av dina jägare- och samlarkompisar plötsligt slog till, var det vettigt att följa efter; oavsett om en tiger eller galt hade skrämt dig. Att inte fly kan kosta livet; däremot om bara springa från en galt orsakade fel kan det kosta bara kalorier; att ha fel i liknande frågor

lönade sig: alla som var kopplade på ett annat sätt gick ur innan ens möten inträffade - vilket gjorde oss alla till ättlingar till dessa homines sapientes som tenderar att vidta åtgärder snabbt av tidiga generationer som ledde. Vi är deras ättlingar idag.
Det moderna samhället förespråkar singulär kontemplation och självständigt agerande - alla som har fallit för aktiemarknadshypen vet detta från första hand.

Evolutionspsykologi förblir mestadels en hypotes, men är ändå mycket övertygande när det gäller att förklara många brister; även om inte alla. Ta till exempel detta uttalande: 'Varje Hershey bar kommer i ett brunt omslag; därför måste alla godisbarer som delar denna egenskap också vara Hershey-bars.' Till och med intelligenta individer kan falla offer för denna fälla - liksom inhemska stammar som lever obehindrade av civilisationen - precis som våra jägare-samlare förfäder fortfarande kan uppleva fel i logik som inte har något att göra med miljöförändringar.

Varför är det så? Evolution skapar inte perfekta människor; så länge vi avancerar bortom våra konkurrenter (d.v.s. slår neandertalarna), tolereras feltyngt beteende av evolutionen. Ta gökfågeln som ett exempel - i miljontals år har de lagt ägg i sångfågelbon där mindre fåglar sedan ruvt och matat kycklingarna som föddes från dessa ägg - en handling som representerar ett beteendefel som evolutionen har misslyckats med att rätta till eftersom det var t anses allvarligt nog av mindre fåglar.

En ytterligare förklaring till våra misstag dök upp i slutet av 1990-talet: våra hjärnor är kopplade för reproduktion snarare än att söka efter sanning; det vill säga, vi använder våra tankar i första hand för att övertala snarare än att söka sanning; den som kan övertyga andra får makt och resurser - tillgångar som ger en betydande fördel vid parning och uppfödning av avkommor. Romaner säljer vanligtvis mer än facklitteraturtitlar trots deras större uppriktighet.

Slutligen kan intuitiva beslut - även de som saknar logik - vara fördelaktiga under vissa omständigheter. Så kallad heuristisk forskning utforskar detta fenomen. Eftersom vi ofta saknar all nödvändig information när vi fattar viktiga beslut, blir mentala genvägar eller tumregler (heuristik) oumbärliga. Till exempel, när du väljer romantiska partners som du dras till, skulle det enda rationella beslutet vara att enbart förlita sig på logik; att använda intuition istället leder ofta till bättre resultat i detta fall. Många beslut måste också motiveras senare med skäl eller motivering av något slag - något logiken helt enkelt inte kan.
Beslut (karriär, livskamrat och investeringar) sker ofta undermedvetet. Vi formulerar senare motiveringar så att vi känner att vårt val var medvetet, även om detta ofta inte ser ut som vetenskapliga metoder: istället hittar vi skäl för att motivera förutbestämda slutsatser snarare än objektiva fakta.

Glöm därför dikotomi mellan vänster och höger hjärna som beskrivs av självhjälpsböcker; mycket viktigare är skillnaden mellan intuitivt och rationellt tänkande - båda har giltiga användningsområden; intuitiva sinnen tenderar att vara snabbare, spontana och energibesparande medan rationell tanke kräver mycket mer energi än sin intuitiva motsvarighet. Daniel Kahneman förklarade detta fenomen berömt i Thinking Fast and Slow.

Folk frågar ofta hur jag lyckas leva ett felfritt liv sedan mina kognitiva fel började växa fram, men sanningen är att jag inte gör det. Och svaret? Nej; inte ens i närheten. Som alla andra fattar jag snabba beslut genom att inte konsultera mina tankar utan känslor istället; när man fattar beslut snabbt frågan "Vad tycker jag om detta?" ersätts ofta av "Hur känner jag om det här?" Att förutse och undvika villfarelser är en dyr ansträngning;

För att hålla saker raka och tydliga har jag satt upp följande regler för beslutsfattande i situationer med stora potentiella konsekvenser (d.v.s. att göra viktiga personliga eller affärsmässiga val), jag försöker förbli så rimlig och rationell som möjligt när jag väljer mellan alternativen . Mitt tillvägagångssätt liknar en pilot: jag tar ut min lista över fel och bocka av dem ett i taget, som en flygpilot skulle göra. För att hjälpa mig själv att fatta välgrundade beslut mer effektivt (dvs vanlig Pepsi eller diet, mousserande eller platt vatten?), använder jag också ett utmärkt checklista-beslutsträd. I situationer med minimala konsekvenser (d.v.s. mousserande vs platt vatten?), hjälper beslutsträdet oerhört - till exempel när du väljer mellan vanlig diet mot Pepsi eller mousserande eller platt vatten). Jag avstår ofta från rationell optimering och låter min intuition leda vägen istället. Att tänka kan vara tröttsamt; därför, om den potentiella skadan är minimal, ansträng dig inte för triviala saker; sådana fel kommer inte att få bestående återverkningar och det här sättet att leva kan leda till bättre upplevelser överlag. Naturen verkar inte bry sig om huruvida våra beslut är perfekta eller inte; allt som betyder något är att vi navigerar oss själva genom livet framgångsrikt - så länge vi är beredda att agera rationellt när saker och ting blir svåra. Dessutom förlitar jag mig ofta på min intuition när jag arbetar inom min kompetenskrets. Träna på ett instrument och dina fingrar lär sig att spela dess toner. Med tiden blir dina fingertoppar skickliga på att manipulera tangenter eller strängar; noter visas och noter spelas nästan automatiskt - Warren Buffett använder balansräkningar som professionella musiker gör noter!
Hitta din kompetenskrets - det område där du intuitivt förstår och utmärker dig - och få ett fast grepp. Tips: det kan vara mindre än du inser! När du fattar följdbeslut utanför denna cirkel, använd hårda rationella tänkandetekniker medan du för mindre pressande beslut använder intuition fritt.

SLUTET